[英] 肖恩·麦克布林（Sean MacBlain）/ 著　　邓欣媚　游园园 / 译

How Children Learn

读懂儿童的学习：
理论、研究
和实践运用

北京师范大学出版集团
BEIJING NORMAL UNIVERSITY PUBLISHING GROUP
北京师范大学出版社

北京市版权局著作权合同登记号：图字 01-2017-3169 号

图书在版编目(CIP)数据

读懂儿童的学习：理论、研究和实践运用/(英)肖恩·麦克布林(Sean MacBlain)著；邓欣媚，游园园译. —北京：北京师范大学出版社，2018.10(2022.2 重印)
(西方儿童学习与发展指南丛书)
ISBN 978-7-303-23589-6

Ⅰ.①读… Ⅱ.①肖…②邓…③游… Ⅲ.①儿童教学－研究 Ⅳ.①G61

中国版本图书馆 CIP 数据核字(2018)第 058139 号

营 销 中 心 电 话 010-58802181 58805532

出版发行：北京师范大学出版社 www.bnupg.com
　　　　　北京市西城区新街口外大街 12-3 号
　　　　　邮政编码：100088
印　　刷：保定市中画美凯印刷有限公司
经　　销：全国新华书店
开　　本：710 mm×1000 mm 1/16
印　　张：17
字　　数：280 千字
版　　次：2018 年 10 月第 1 版
印　　次：2022 年 2 月第 2 次印刷
定　　价：42.00 元

策划编辑：罗佩珍　　　　　责任编辑：李云虎　许晓诺
美术编辑：焦　丽　　　　　装帧设计：焦　丽
责任校对：韩兆涛　　　　　责任印制：马　洁

译者序

　　孩子是天生的学习者和哲学家，作为一个 20 个月大的男孩的母亲和发展心理学研究者，无论在私人领域还是在工作环境中，我都越来越能感受到作为家长和教育工作者的新奇和焦虑。在与孩子生活的每一天里，我都能感受到他强大的学习能力和对新事物的敏感。从出生的那一刻起，他就无师自通地吸吮乳汁喂饱自己，知道通过哭泣来获得大人的注意，与周围的人沟通交流，了解这个纷繁复杂的世界。作为一个成人，我常常自动化地去应对一些熟悉的事物，对新事物的感知往往依赖过往的经验，固化的大脑让我时常抗拒接触新事物。孩子们却有着新鲜而充满活力的大脑，能像一块海绵一样不断地汲取外界的知识和力量，去塑造他们的小世界。除了学校教育外，玩耍、聊天、阅读、看电视、运动甚至逛街都可以是他们学习的方式。这种多样化的学习使他们从一张张白纸变得充满个性。面对孩子这种强大的学习能力，我们时常会失去主张。

　　这个世界太过复杂，太过绚烂。生活在信息爆炸的时代里，我们有太多选择，不知道如何为孩子选择或营造一个最好的环境。像其他家长一样，我也希望我的孩子能够不输在起跑线上，但是面对那么多教育理念，作为一个发展教育心理学研究者，我也瞬时变得选择困难。看着美丽纯真的孩子，有时候感性会占据我的整个大脑，让我无法按照自己所学的专业知识去理性地思考一些简单的问题。"究竟如何是好"等一系列问题仍萦绕在我心中，让我感到焦虑不安，唯恐为孩子选错了一步。可是随着儿子的长大，我发现，我以为只停留在书本上的皮亚杰、蒙台梭利、斯金纳等渐渐地走入了我的生活。我开始跳脱出一个母亲的角色，从一个发展心理学研究者的视角去观察儿子的学习行为。一些复杂的名

1

词变得具象化，一些复杂的发展机制得到证实，一些有效的策略被使用。虽然有一些理论仍待证实，但这些发展的朴素规律让我的为母之心得到安慰，育儿焦虑稍有缓解。家长或者教育工作者在实践的过程中如果没有理论的指导就犹如在没有灯塔的黑海中航行，唯恐偏航。当这趟旅程承载的是我们孩子的未来时，我们就更容易因为焦虑而失去方向。

《读懂儿童的学习：理论、研究和实践运用》这本书中讲述的一些理论尽管离我们年代稍久，但是其中却蕴含着教育的真理，这些真理对制定并实施现代学校和幼儿园教育政策起着重要的作用。在编译此书的时候，我时常有醍醐灌顶之感，在斟酌翻译细节的同时也在回顾自己是如何把这些关于儿童学习的理论加以实践的。本书的正文部分共十章，从不同侧面讲述了儿童是如何学习的。

第一章介绍了学习的概念以及在学习和实践领域中对我们有重要影响的理论。不同年代的人对如何学习和教养孩子的认识具有很大的差异。在这章中，我们可以看到现今的教育学家是如何与几百年前的先辈们产生头脑的碰撞，并给我们带来一些新的理念和冲击的。

第二章重点介绍了学习理论在实践中的应用。第三章介绍了个体早期发展的思维和学习。家长和教师看到的更多的是孩子在学习过程中的一些行为表象。然而，同一个行为背后的发生机理和逻辑可能大为不同。第二章皮亚杰、维果茨基和布鲁纳等人的理论可以帮我们解除迷惑。我们也可以从第三章讲述的大脑发展和学习之间的关系中了解影响儿童学习的更多因素。

第四章和第五章介绍了影响儿童学习的两个重要的环境因素——家庭和学校。在这两章中，我们会发现，就像中国现今各位为了孩子而焦虑的父母一样，国外的家长也关注家庭教育和学校环境对儿童发展的影响。学区房、重点学校、辅导班不是中国特有的现象。为儿童塑造良好的成长环境是家长和教育工作者的重要任务之一。儿童就像是一面奇妙的"镜子"，这面"镜子"反映出了成人世界的缺失。父母的教养方式、学校环境的塑造、教育机制的建立都能够在这面"镜子"中体现出来。

第六章和第七章重点阐述了智力、情绪智力对儿童学习的影响及二者之间的关系。情商和智商这两个概念已经被越来越多的人熟知，无论多么不关注儿童教育的父母或教师，都能够在这个热门话题上说几句自己的理解。然而，智力和情绪智力这两个概念如何在儿童学习中发挥作用，大家都是知其然而不知其所以然。通过这两章，我们可以大概理解这两个重要的影响因素是如何渗透在儿童学习和发展的过程中的。

第八章介绍了各种学习障碍以及具有额外需求支持的学习是如何进行的。第九章阐述了各种学习社区，并探讨了在不同的环境中儿童的学习是如何发生的。最后一章展望了未来的学习。这三章内容能够为我们中国的家长和教育工作者带来非常多的反思。特殊教育、学习社区和不同类型的学习在中国均是非常新颖的课题。这些在国外已经受到普遍关注的问题也将会在中国得到同样的体现，我们不得不去正视。幸运的是，在前人的基础上，我们可以获得非常多的经验。

要想了解儿童学习的重要性，就要了解关于儿童学习的多种因素和多层次影响。儿童学习不是呈直线发展的，而是一个螺旋上升的过程，其中充满了挑战。作为天生的学习者，孩子能够敏感地发现周遭的新事物，并对自身的行为进行调整，构建起一个新的世界。换言之，孩子必须被当作一个独立的个体而获得足够的尊重。在教育和指导孩子的过程中，如果我们没有根据其发展的规律制定出"以孩子为中心"的教育策略，那么我们永远也无法给他们最好的教育。就此而言，《读懂儿童的学习：理论、研究和实践运用》一书是一本给教育工作者和现代家长的启示录。

在编译本书时，儿子正经历着快速发展的婴幼儿时期，他强大的学习能力让我深感儿童学习的美妙，感谢他在生活和学术上带给我的灵感。同时，非常感谢我的两位研究生游园园和胡丽君在编译本书时做出的贡献。本书尽量忠实原文并保留原作风格，由于译者水平有限，不足之处敬请读者和同行批评指正。

邓欣媚
2018 年 2 月

3

我从未停止过向我最亲爱的布莱恩（Brain）哥哥学习，我的爸爸妈妈也教我如何学习，我的妻子安吉拉（Angela）和我们四个可爱的孩子马蒂（Marty）、纳特（Nat）、尼布斯（Nibs）、海兹（Hayz）一如既往地给予我爱和支持。

作者简介

肖恩·麦克布林(Sean MacBlain)是圣马克与圣约翰大学(University of St. Mark & St. John)儿童发展与缺陷方面的研究学者,他曾担任专业教育研究中心的负责人,现在是圣马克与圣约翰大学教育和应用研究方向的带头人。在就任现职之前,肖恩曾在贝尔法斯特女王大学(Queen's University of Belfast)的斯特兰米尔斯大学学院担任教育和发展心理学的高级讲师。在从事学术工作之前,肖恩是贝尔法斯特和萨默塞特的一名教育心理学家,并在此领域里开展实践工作。肖恩感兴趣的研究包括教师和早教从业者的职业发展,以及有特殊教育需求的儿童和青少年的社会性及情绪情感发展。

致 谢

　　我想要向从一开始就鼓励我并促使本书的想法最终成书的祖德·鲍恩(Jude Bowen)表达谢意。我还要感谢在整个过程中给予我最大支持与鼓励的米里亚姆·戴维(Miriam Davey)。我还要感谢给予我支持并使我有时间完成此著作的圣马克与圣约翰大学的同事们，尤其是144室的凯西·贾勒特(Kathy Jarrett)、卡伦·拉塞尔(Karen Russell)、安妮·珀迪(Anne Purdy)和沙伦·詹姆斯(Sharon James)，是他们引发了我如此多的想法，并提供了无尽的鼓励、咖啡和饼干。最后，我还要感谢我的好友及同事科利特·格雷(Colette Gray)博士，她总是愿意给出她的宝贵意见，并付出时间。

前　言

为什么研究儿童的学习很重要

从出生的那一刻起，儿童就与他们周围的人交流并且通过交流来了解他们所生活的世界。尽管他们的学习很多时候带有偶然性，但也有不少是在成人的指导下完成的。例如，我们时常能够看到父母与他们的孩子一起游戏。通过这样做，父母能够以许多不同但具有目的性的方式来指导孩子的学习。婴儿在开始学习时所处的环境也很重要，这会对他们未来的学习和发展产生很大影响。然而，有太多的儿童不能有效地学习，这会使他们在从儿童阶段过渡到成年时产生自卑心理，能力低下，并且把由于低效学习而产生的负面效应内化为一种阻碍他们发展能力、实现潜力的恶性循环。实际上，很遗憾的是，我们大多数人都缺乏对"为什么儿童会在学习中失败"的理解。也许更令人担心的是，我们存在着一些由于学校教育的失败而产生的对儿童未来发展和人生际遇有不利影响的误解。

在英国的教育史上有很多重要的里程碑，它们已经定义了儿童学习的本质，如义务教育的引进、《1944 年教育法》(1944 Education Act)、把离校年龄提高到 16 岁的政策以及教师和早期教育从业者的能力提升培训。然而，这些里程碑的重要性都比不上在 1978 年《沃诺克报告》(Warnock Report)(DES，1978)影响下产生的《1981 年教育法》(1981 Education Act)(DES，1981)。在许多方面而言，《1981 年教育法》结束了一种观察儿童学习的过时方法，启动了一种新的希望哲学，最重要的是，它起着催化剂的作用，不仅能够解决学习的复杂性问题，而且还试图理解如何以及为什么许多儿童和青少年无法学习并实现自己的潜力。

《沃诺克报告》认为当时用来识别有特殊教育需求的儿童的 11 种"残障"应该被废除，而要用认真评估得到的"需要"的概念取而代之。报告还呼吁需要更加有效而准确地统一实施特殊教育，许多在特殊学校里接受教育的儿童应该与同龄人一起在主流学校里接受教育。这对教育、学校教育实践和成千上万的儿童的学习产生了不可磨灭的影响。

《1981 年教育法》（随后在 1996 年 1 月 11 日被废除）采纳了沃诺克的建议，并且给予了学校和地方教育当局（Local Education Authorities）（LEAs）许多法律义务。也许最重要的是，这项法令的重点从诊断儿童以便确定障碍转移到了评估他们的需求上来。这使我们对学习的思考发生了巨大的观念上的转变。尤其是大家的思想和实践开始偏离了通常被称为残疾人的"医疗模式"，而当时这种"医疗模式"还被认为完全在合理的范围之内，并造福了那些在学习方面进展不良的儿童。然而，这种"医疗模式"主要侧重于对儿童自身因素的诊断。但是，一些从业者仍然坚持认为，特殊儿童的教育需求和正常儿童的教育需求并没有很大差异，特殊儿童所需的仅仅是排除其他环境因素，如缺乏规定和适当的教学。

在带来思想转变的同时，《1981 年教育法》不像之前的那些教育法案，它不仅在儿童的自身因素方面寻求促进学习的方法，也在家庭和学校中为儿童提供适当的支持，并认识到评估和干预时也应考虑儿童的优势，而不仅考虑劣势。接下来的章节探索了儿童学习的本质，如果我们试着去理解为什么儿童不能有效地学习，我们就能更好地实现对学习的理解。

本书的结构

本书的开篇即让读者思考学习这一名词的复杂性，然后思考它对儿童来说意味着什么以及它在个体生命的各个时期是否为一个一致统一的结构。我们通过探讨一些著名的哲学家和理论家的观点，试图将读者的注意力集中到怎么做才能达到教育从业者现在所处的水平，尤其是希望能够指引读者严格地进行独立的思考和实践。在第二章中，我们将向读者介绍学习的行为理论，尤其是巴甫洛夫和斯金纳等人在行为主义方面的著作、皮亚杰的认知建构主义、维果茨基的社会建构主义以及布鲁纳的发现学习和学习建构主义理论。这些人都极大地影响着我们对学习的理解。第三章将集中在个体早期的思维与学习方面，尤其是学习大脑发育、游戏和语言以及新近的关于教育方面的各项倡议等内容。第四章主要强调了在家庭环境中进行的学习活动。我们特别强调了在 21 世纪的家庭中的学习是如何进行的。第五章我们更详细地考察了学校教育的功能、课程性质、不同学校教育阶段之间的过渡以及在全球环境中的学习。

第六章考察了学习的核心——整个智力概念，还探讨了智力（Intelligence）的本质以及智商（Intelligence Quotient）（IQ）的概念，并解决了在天赋这一问题上所存在的争论。本章还探索了霍华德·加德纳和鲁文·福伊尔施泰因这两个很有影响力但也备受争议的人物的著作，他们挑战了我们对智力功能的看法，尤其是对能力和潜力的本质的看法。第七章将第六章探索的观点进行了拓展，并考察了促进以及扭曲和阻碍情商学习的因素。第八章主要关注了一些需要提供额外帮助的特殊发展人士的相关领域。这章着重关注了阅读障碍、运动障碍、阿斯伯格综合征、计算障碍和注意力缺陷多动障碍、品行障碍以及将英语作为非母语语言（English as an Additional Language）（EAL）的个体学习模式。第九章探索了学习社区的概念，它包括学习、隔离以及影响学习的重要的经济和社会因素。最后一章探讨了未来学习可能呈现的模式，特别是对儿童期发展理解的不断革新、创造力和成功的关系以及学习和创业之间的联系都备受人们关注。

读者如何从本书中获益

本书全文通俗易读，大家不妨把它当作一本教育的参考书籍来阅读。例如，在探索玩与学习这一话题时大家可以参考第四章讨论的家庭角色的内容以及第七、八章考察的儿童的情绪发展和具有特殊需求或残疾对学习的影响等内容。希望通过对本书的初步阅读，读者能够找到一些与自己的思考和实践相关的感兴趣的领域。

全书为读者提供了许多案例，它们可以为读者自己的亲身经历以及在每章中提出的观点和问题提供参考。本书还提供了许多练习，它们旨在使读者能够通过这些练习来思考本书的内容以及促进读者自己在职业实践中的观察和解释。

哲学和理论如何影响我们对儿童学习的理解

当前对学校和幼儿园的教学实践指导主要源于一批在几世纪前就具

有重要影响的哲学家和理论家。他们的贡献使我们可以更加深入地了解儿童是如何学习的以及他们怎样才能得到更好的教育。然而，任何一个具有哲学常识的学生都能够很快地意识到这些哲学家和理论家提供给我们的是许多相互冲突的学习观点。他们带给我们的疑问多于答案。尽管如此，哲学家和理论家确实为教师和早教从业者提供了一种可行的途径，我们可以带有批判性地思考和评判他们的实践以及支撑实践的想法。换言之，需要强调的是，虽然目前在学校和幼儿园里的实践已经在几代人身上得到了演变，但是随着新的哲学和理论的出现，实践将会在未来几十年里继续发生重大的变化。

理解哲学和理论的意义并不是一项简单的工作，尽管所有的从业人员都表现出了他们对不同的哲学和理论有着不同程度的理解，但是在哲学和理论到底是什么以及我们对这些哲学和理论的理解能如何帮助我们思考和实践这一问题上还存在许多困惑和不确定性。让我们以哲学作为开始。当代哲学家德·波顿（De Botton）（2000，p.205）以一种轻松而幽默的方式引用了著名德国哲学家尼采的话，"……大多数哲学家都是'卷心菜脑袋'"。然而，德·波顿（2000，p.9）也认为：

……哲学家不仅能诠释出我们的感受是什么，还能将我们的经历表达得比我们自己更加深刻、有智慧。他们给予了我们意识到但却解释不出的关于生活各个方面的答案。他们向我们清晰地解释了我们自己的状况。

德·波顿在这里所说的是虽然我们都体验生活并反思自己和他人的行为，但哲学家为我们提供了一种能更充分地了解我们的想法和行为的方式。

在古特克（Gutek）（1997，p.2）的著作中我们可以找到探索哲学及其与学习之间的联系的有用切入点，他将哲学定义为：

在最普遍的术语中，哲学是人类推断、反复和系统地思考宇宙和人类与宇宙的关系的尝试。

在教育方面，古特克进一步评论道：

随着时间的推移，一些系统的哲学思想一直在发展……指导教育过程并为各种课程设计提供内容……当代教育哲学的两种方法是存在主义和哲学分析。存在主义者关心的是一个大众社会和官僚学校的兴起，这些学校通过将学生学习的对象和功能减少使学生失去人性。哲学分析则是寻求用我们在公共和科学话语中使用的语言来建立意义。(pp. 8-9)

写这本书的时候，世界正在经历着重大的经济困难，同时伴随着社会危机。有些人认为我们的童年正在消失，教育应该彻底改革，儿童在学校中学到的东西不能为他们提供应对成人世界的各种挑战所需的必要配备。要正确地探索儿童的学习，我们需要花时间去了解那些在过去已经有了一些相关想法和实践的哲学家、理论家和实践者。然而，我们也必须探索更当代的思想家的观点，那么现在我们来看一下当代哲学家的著作。

例如，法国哲学家米歇尔·福柯（Michel Foucault）(1926—1984)认为，控制我们如何与另一个人交流的一系列规则并不存在于我们的意识形态，而是来自我们成长和发展的那些历史背景。他认为，支配我们如何看待世界的规则是随着时间的推移而演变的。这种思维方式对我们如何使用语言进行交流有着重要的影响，尤其是对我们使用概念起着重要的作用。在福柯看来，规则随着时间的推移而演变这一论断并不永远正确。他的思想可以追溯到哲学家康德(1724—1804)的最初思想，康德要求我们不要问世界是由什么构成的，而应关注我们为什么以我们现有的方式看待它。所以，为什么我们会以我们的方式来看待世界以及为什么我们会以我们的方式来看待学习和教育儿童呢？我们应该将学习和儿童期视为不会随时间而改变的概念吗？也许更重要的是，我们不应该质疑为什么我们会继续按照我们的方式来看待这些观念，如果有必要，我们是不是要去理解和挑战主导这两个领域的流行思想的历史规则呢？

再来看看法国哲学家让—弗朗索瓦·利奥塔(Jean-Francois Lyotard)(1924—1998)的著作，他谈到了人们理解和运用知识的方式，以及随着时间的推移这些知识是如何改变的。因此，他的思想是学习的核心。在第二次世界大战之前他使我们注意到追求知识是追求真理的核心。然而，从那时起，人们越来越意识到知识是某种能够在经济上获得然后在扩大和多样化的市场范围内销售的东西，这就是利奥塔提到的知识的"商业化"。在第四章中我们将会进一步探索这个概念，还会就法国哲学家皮埃尔·布尔迪厄的"知识作为资本"这一观点进行讨论。当然，这样的观点对每天看孩子用手机、社交网站和流行媒体来获取信息的教师和家长都有影响。例如，有多少上学的儿童拥有由父母资助的笔记本电脑和手机，并以此作为他们"在那里"能够"购买"信息的手段呢？

试让我们思考一下德国哲学家尤尔根·哈贝马斯（Jürgen Habermas）（1929—）的理论，他认为人们总是不断地为为什么别人的行为像自己以及为什么他们自己也会这么做寻求理由。简单地说，我们坚持向他人证明和解释我们的所作所为以及为什么我们要这样做。哈贝马斯承认尽管当今社会越来越依赖科技，但是组成社会的个体也存在着一种质疑和理解界定社会的传统的内在需求。此外，哈贝马斯还认为一些由个人或商业团体操控的媒体很可能会因为强加给个人某些信息而产生潜在的问题，这可能会使许多人变得对各种垃圾信息不加以思索和过滤地全盘接收。在这里我们需要再三强调，哈贝马斯提出的观点对教师如何认识学习有着巨大的影响。例如，教师应该更积极地鼓励儿童掌握传统文化吗？教师应该与父母一起来限制儿童对某些媒体和垃圾信息的接触吗？

现在我们一起来了解一下跟"解构"（Deconstruction）这一概念有很大关系的雅克·德里达（Jacques Derrida）（1930—2004）的观点。德里达提倡我们应以不同的方式思考我们如何阅读书本。德里达在书中提到了他从原始希腊文中简译过来的"Aporias"这一概念。"Aporias"指的是一些与矛盾有关的事物。德里达认为，我们需要改变现状，我们需要以不同的方式来读书。在提出这一观点时，德里达创造了"Différance"一词，用以对照"Difference"，这个词说明了我们所读、所说的词语的含义是如何随着我们的使用而发生改变的。对德里达来说，"解构"是我们可以探索思维方式的一种手段。特别是在思考我们的思维如何典型地以"二元"思维为特征时，解构更能体现出其重要性。其中一个例子就是英国的一些学校会把儿童评估测量这个复杂问题简化为"我们应该有考试或者我们不应该有考试"这样两个简单而对立的讨论。正是由于这种新出现的双极辩论的简单性，许多潜在和重要的问题都未能被考虑和解决。麦克卢尔（MacLure）（2003，p. 44）评论道：

与学习如何阅读相类似，对德里达来说，人们为了达到批判和分析的效果就需要让手指抓住不断编织和解开文字的线索。

在思考德里达的著作时，我们会发现他所说的很多论断都是具有二元性的，它们大多围绕着如何学习以及孩子应该如何接受最好的教育这样的话题。再举一个关于目前英国开设免费学校的例子。关于这方面的讨论似乎很少涉及这些学校的教学是否符合孩子学习的自然规律，以及他们对具有特殊教育需求的儿童的社会能力和情感发展的贡献是如何进行量化评估。如果我们采取德里达的观点，我们就需要认真且有目的地对其进行解构，并需要牢记他围绕儿童学习的核心而展开的很多讨论都是非此即彼的，很可能会因此掩盖很多更重要的问题。

出生于德国法兰克福的西奥多·阿多诺（Theodor Adorno）(1903—1969)，作为法兰克福学派的一员，致力于探索资本主义的发展，特别是大众媒体即电视的影响。像利奥塔和哈贝马斯一样，他提出大众媒体的某些方面会削弱个体的智力功能和个人敏感性。这种对个体智力功能和敏感性的削弱其实等于是削弱了个体依仗道德做出各种选择和决策的思考能力。他认为，人们更倾向于选择观看那些不需要动脑筋的电视节目，而这些电视节目其实并不会在理性思考和提高敏感度方面对他们有任何的促进作用。他认为，这些决定其实是具有道德基础的。这种逻辑会对整个社会产生不利影响。阿多诺认为我们在做决策的时候不能够完全将情感因素排除，仅靠理智推理做出判断。他认为，科学在弱化情绪的过程中扮演着核心角色，因为科学的目标是将情感与智力活动分离开来。从某种意义上说，这种决策方式是非人性化的。

后来的一位哲学家汉斯—乔治·伽达默尔（Hans-Georg Gadamer）(1990—2002)则强调我们必须重视历史和文化。他关注我们的观念是如何受历史和文化的影响的。伽达默尔认为我们在试图了解周围世界的过程中是不可能完全客观的。所有人的思维都受我们在成长中所处的历史和文化环境的影响，这些阻碍因素影响着我们如何看待事物以及理解自我和他人。伽达默尔的哲学方法存在于"解释学"或解释的艺术领域。

在下一章开始介绍主要的哲学家和理论家之前，我们需要考虑"理论"的概念。纽比（Newby）(2010，p.71)对"理论"的概念做出了很好的解答，他将解决学习和儿童发展、学校教育和课程以及说明过程的研究理论等教育理论进行了重要区分。纽比认为：

　　总的来说，教育理论塑造了我们的理解，并在我们做出教育决策时给予我们不同的选择。研究理论是一本规则手册，其合法性源于学术界所接受的原则，其一致性取决于习惯和实践与基本理论的符合程度。（2010，p.71）

　　纽比继而指出我们存在两种类型的教育理论。第一种为"规范性理论"（Normative Theory），它解释了我们"如何组织事情或者要达到什么样的目标"。第二种则是"解释理论"（Explanatory Theory），它一般用于"……解释事情如何运作"。例如，在解释理论下，行为主义者试图通过建立一种基于他们断言的理论来解释学习，即所有行为都是后天习得的。纽比强调教育理论起着至关重要的作用，因为它为我们提供了一个框架，通过这个框架，我们可以建立起对特定事物的理解和认知结构。在寻求理解教育理论的过程中，贾维斯（Jarvis）（2005，p.204）为我们提供了一个最有用的起点，同时，他也提出了一个可能让读者忧心忡忡的断言：

　　教育学不同于医学和心理学这种同类专业，它虽然有一个蓬勃发展的专业研究领域，但是专业的研究与实践却严重分离。不经常阅读医学研究文献的医生是罕见的，不涉猎新近心理学文献的心理学家是不寻常的。对他们来说，对研究文献的钻研是工作的必需……然而，教师则在很大程度上忽视了教育研究。

目　录

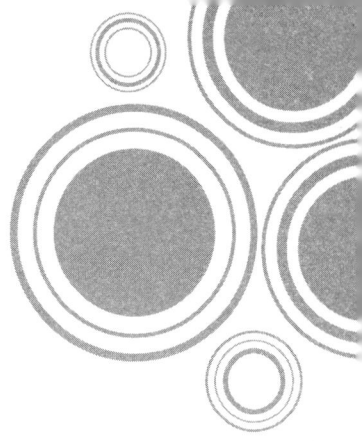

第一章　什么是学习

本章主旨：

• 突出从业者要有批判性思想并改变构成他们实践框架的哲学观点；

• 探索一些著名的哲学家、理论家和从业者对我们理解学习的影响以及世世代代不同的方法如何促成了当前的实践；

• 增强儿童工作的从业者需要清楚地理解学习和儿童这些术语的认识并通过这种方式来探索它如何影响他们的实践。

导　言

在 21 世纪，要批判地参与对于学习认知的更深刻的研究，我们不仅要具备影响我们至今的历史和文化知识，还要意识到当前的想法和实践将彻底改变未来的认知。相比以往，儿童工作的从业者需要细致地评估自己的观点和实践，并且要意识到他们的行为不仅与时代有关，还来源于数位历史上重要的思想家的想法，是他们奠定了如今实践的基础。对思想家的观点有越多的理解和认识，就越有助于促进批判性反思和评估的进程。

本章介绍了许多著名的哲学家和理论家的观点，虽然他们的想法根植于他们所处的时代，但对我们研究孩子如何学习这一进程产生了深远的影响。首先，在第二章更透彻地解释学习这一概念之前，我们必须试着将我们认为的"学习"这一术语概念化。我们先从贺豪（Howe）（1999，p.2）在近 20 年前提出的一个相当具有挑战性的命题开始，这一命题是

1

"实际上'学习'这一术语指各种心理活动，因此以单一而精确的形式来定义学习是不可能的"。

一、我们所指的学习是什么？

我们在一开始就强调的十分重要的一点就是：学习不是简单地在教室内获取新的信息和知识的行为。学习的概念要复杂得多，读者在阅读整本书时应该不仅要考虑学习的复杂性，也要考虑学习在众多层面上所存在的实际意义。例如，贾维斯（2005，pp.2-3）强调了该术语的复杂性：

当我们停下来并尝试深入地定义学习时，我们都不禁为这个具有令人敬畏的广度和复杂性的概念而感到震惊。学习是在个体中还是在人际交往的过程中发生的呢？我们应该将其视为一套认知机制还是一种有情感的、社会性的和动机性的经验呢？什么才是学习的核心，事实还是技能？

我们认为界定学习是现今心理学领域的很多研究正在进行探讨的一个重要难题，就像贾维斯（2005，p.3）所说的：

它不是一个统一结构的知识和理解，相反，它来源于大量的理论观点或范式。不同的心理范式都有可能为其实质提供一种不同的解释。

因此，当学生尝试探索学习的本质时，会派生出更多的关于这个复杂且有挑战性结构的问题，而不是答案。不过，这并不是一件坏事。

在我们理解学习的过程中，史密斯等人（Smith et al.）（2003，p.34）的著作给予了我们有用的启发点。他将学习定义为：

学习是指特定的环境信息对行为的影响。在大范围的变化中，动物的行为方式取决于它从环境中学到的东西。因此，同一物种的个体可能会在学习的行为模式上差别很大。

值得注意的是，史密斯等人在定义中使用了"环境"和"物种"这两个词。此外，他们也使用了"行为"和"行为模式"等术语。他们在使用"物种"一词时，也似乎将人类比作了动物。将这些术语用于人类和学习与第二章将讨论的行为主义者的传统理论十分一致，它强调行为变化是我们理解和定义学习的核心。更重要的也许是史密斯等人对学习的定义引导我们走向了行为主义者所提出的学习这一概念。行为主义者定义的学习行为可以纯粹地在刺激和反应、强化和可观察的行为方面得到充分解释。

为了使我们更加清晰地理解学习这一术语，封塔纳（Fontana）（1995，p.145）认为我们要考虑学习具有其"描述性"概念。这时，他提出了传统行为主义和传统认知主义（更直接地讲，就是操作性条件反射和工具概念论）之间具有重要的区别：

> 这个有点令人生畏的标题［工具概念论（Instrumental Conceptualism）］被杰罗姆·布鲁纳（Jerome Bruner）用来描绘学习概念中的一个最连贯和一致的认知部分。这个理论最适用于教师的实践……"学习不是个人的事情。正如在操作性条件反射模型中，个体是在利用他们惯用的模式去处理接收到的信息，并把这些信息付诸使用。"

这种传统行为主义和传统认知主义的区别至关重要，它向我们介绍了儿童的学习是主动的学习过程这一概念。因此，更清晰地理解和描述学习是非常重要的，特别是它关系到我们如何理解学习行为背后所包含着的一系列的认知过程与驱动行为。不同于行为主义理论和构建主义学习理论如让·皮亚杰（Jean Piaget）和列夫·维果茨基（Lev Vygotsky）的观点（将在第二章中讨论），儿童的学习是通过自身经验与外界环境的交互来进行意义构建的。尤其是，他们把学习看作是一个积极、动态的过程，儿童通过把自己现有的知识链接到新接收的信息中，从而产生新的认识。

在了解了学习的各种理论基础之后，我们现在把注意力转向儿童期。大多数人在儿童期开始接受正规的教育。虽然儿童期是一个在表面上被普遍认同和理解的词语，但它仍然给试图定义它的人带来了很大的挑战。正如我们所了解的那样，这些关于儿童期的挑战被几代人公认，如法国哲学家让—雅克·卢梭（Jean-Jacques Rousseau）在两个世纪前提出了"儿童期是未知的，从错误的想法出发，一个人走得越远，越会迷失方向……"（Rousseau，1911）。

二、我们所指的儿童期是什么？

对儿童期的定义比比皆是，如詹克斯(Jenks)(1996，p.6)把儿童期描述为"它就像是一个社区，每个人在某个时候都会成为这个社区中的一员"。几年前，1989年的《儿童权利公约》(*Convention on the Rights of the Child*)第1条规定，"儿童指的是未满18岁的自然人，该划分适用却不限于某些特定法律所规定的人群"(UNCRC，1989，p.314)。在此10年后，詹姆斯(James)和普劳特(Prout)(1997，p.245)指出，"在日常生活中，以年龄作为分界线以一种看似合法的方式把孩子们从各种各样的'成人'空间中排除"。由此，贝克汉姆(Buckingham)(2000，p.6)提出以下观点：

"儿童期"的内在含义受到了一系列争辩和谈判的影响，无论是在公众范畴内(如在媒体、学校或社会政策中)还是在同辈和家庭这样的人际范畴中都对儿童期的意义产生了很多争论。

博伊登(Boyden)等人(1997，p.190)则把儿童期看作一个个体发展阶段，认为儿童是"……根据成人划定的生理或心理因素来划分的，而非用社会特征作为划分依据"。这一阶段的概念可以清楚地在理论学家皮亚杰的研究(稍后在第二章讨论)中体现，但是这种把儿童期看成一个发展阶段的论述带来了很多问题和争议。例如，在这样做的时候，我们很可能会有意识地把处于儿童期的个体描绘成是具有依赖性的、尚未成熟的。阿查德(Archard)(1993，p.30)曾提出，"……这是一个比成年人无能的时期"。然而，任何把儿童期看作相对于成年的无能状态的想法，都需要三思。一个值得关注的问题在于我们错误地降低了对孩子能力的期望，更重要的是我们低估了他们的潜力。不同儿童的发展方式各异，差距很大，有一些儿童甚至展现出非常老练的思维和成熟的行为，这些远超出了他们的年龄。因此，将生物学作为基础的詹姆斯和普劳特(1997，p.10)是儿童期阶段概念的倡导者。他们认为儿童期的生物学基础"……本质上是一种进化模型"，其中，"……发展为成人的儿童代表着一个思想从简单到复杂的过程，行为显现从非理性到理性的过程"。

由于信息通信技术(Information and Communications Technology，ICT)

以及媒体的普及性的发展、物质主义的大幅增长，儿童期的本质正在经历着重大的改变。在儿童和学习的复杂性方面，我们确立了一个基本的立场。现在让我们回头看看那些影响了世代实践的重要思想家的思想，他们的思想将继续影响我们的生活。我们将重点介绍一些对我们理解学习有贡献的重要人物，他们的理论使我们能够更深刻地认识到认知、社会和情感发展的最重要特征。我们的讨论将始于 3 个世纪前的一位杰出思想家，他的思想甚至在 21 世纪的现今仍对实践发挥着重要的作用。

练　习

> 　　请思考教师和早教从业者清晰地理解学习和儿童的概念具有什么益处。为什么这在 21 世纪尤为重要？

三、在学习和实践领域中对我们有重要影响的思想理论

(一)早期影响

1. 约翰·洛克(1632—1704)

约翰·洛克(John Locke)诞生于一个充满迷信、无知和宗教色彩浓重的世界，他被认为是我们最开明的思想家之一。洛克认为，我们对世界的认识和理解是通过感官经验来实现的。因为持有这样的观点，所以洛克被划分到经验主义哲学家这一派别。经验主义(Empiricism)的核心是"经验思维"概念，它是"科学"的核心，它关注观察、收集和量化数据。洛克认为，个人应该运用理性来解释他们所生活的世界和所遭遇的事件，并拒绝接受权威告诉他们的事情。在许多方面，他对当时的传统信仰做出批判，他认为其中许多是以迷信和恐惧为基础的。洛克认为刚出生的我们像一块"白板"(文献中经常提到的 Tabula Rasa)一样开启我们的生活，正是在这块白板上，我们写下了通过感官获得的生活经历。洛克认为这一过程恰恰是学习的核心，也是所有人获得知识的方式。洛克相信我们的知识世界和我们理解世界的方式是通过感官体验来实现的。

在第一次世界大战和第二次世界大战期间，经验主义认为我们是通过对行为的观察及分析来理解我们的经验的。这种经验由我们对外界感官刺激的反应而产生。特别是在心理学领域，这一观点的发展大大促进了后来被称为行为主义者(Behaviourist)的传统(见第二章)。实际上，经

验主义给心理学，特别是行为主义，提供了一种观察、记录和量化行为的方法(Gross，1992；Smith et al.，2003)。需要注意的是，经验主义的观点不同于先天论的重要观点。先天论认为我们的各种能力都是通过遗传获得的。

洛克认为教育的主要目的是，向儿童灌输对美德需要的真实且重要的理解，这一思想是英国当今许多社会改革的思想核心。洛克远远超越了同时代的主流思想，因为他认为学习应该是愉快的，孩子们受益于鼓励学习以及知道如何学习。他还认识到语言在学习中所起的重要作用。事实上，其他如裴斯泰洛奇（Pestalozzi）、弗里德里希·福禄贝尔(Friedrich Froebel)、约翰·杜威（John Dewey）和玛丽亚·蒙台梭利(Maria Montessori)等人都跟随洛克的思想提出了自己的见解，他们也身体力行地传播洛克的思想。

现在，我们介绍另一个有影响力的哲学家，他认识到了承认孩子的个性和他们出生时所具备的潜力的重要性。他这样做，不仅增强了我们对学习的理解，还向我们介绍了概念化的儿童期，最重要的是，他寻找到了个人成长以及社会和情感发展的新途径。

2. 让—雅克·卢梭(1712—1778)

尽管他诞生于很早的时代，但我们相信卢梭的思想至今仍然适用。卢梭所生活的时代的主导思想是我们生来就有"原罪"，教育的主要功能是清除孩子们的罪恶和伴随而来的罪恶感。相反，卢梭认为人们性本"善"，我们继承了许多构成个人潜能的东西。尽管如此，他还认识到，社会在影响儿童发展的过程中也发挥了重要作用。特别是，他认识到社会的各个方面都可能会妨碍儿童的思维和行为，这很可能构成了儿童发展的潜在危害。

卢梭在他的著作《爱弥儿》（Emile）(1911)中阐述了他的教育思想，他向我们介绍了一个名叫爱弥儿的小男孩，并介绍了他从婴儿期发展到成年期的生活。在当时，人们普遍认为孩子生来就有内在的动力、需要和冲动，如果不解决这些可能就会导致"邪恶"。而对于卢梭来说，教育的一个核心特征是儿童导师的作用，导师们应以积极和有目的的方式引导这些动力、需求和冲动。他认为正规的教育过程应努力遵循孩子的自然成长而不是社会的要求。因此，卢梭认为导师的作用是极其重要的，特别是在孩子被引入新的学习环境、开始积极适应环境的过程中。卢梭相信孩子们正是通过这一过程去开始了解并理解他们所生活的世界。更具体地说，他相信经历这一过程的孩子能够更好地理解内化尊重自己和他人、对与错、自己行为的后果、诚实和不诚实、谦卑和同情等重要概念。对于卢梭来说，教育的核心功能是，"'l'art de former des hommes"（形成人的艺术），他认为教育机制不仅应该向孩子提供信息，而且应该提供一种孩子用来造福社会的手段，如学习如何积极且有目的地与其他人建立联系。

尽管卢梭的这本著作写于 300 年前，但是他当时已经认识到了儿童和青年人是如何经历其人生各个阶段的。他认为学习是一个发展的过程。对于卢梭来说，孩子们经历的第一阶段是从出生到 12 岁，这个阶段的儿童主要受冲动和情绪的影响。第二阶段是到 16 岁，卢梭认为，理性占主导地位并开始取代由情绪和冲动诱发的行为。在第二阶段之后，青少年进入成年期。卢梭强调了人性的内在发展，这为未来的思想家和实践者的观点奠定了基础。其中，对裴斯泰洛奇的影响尤为巨大。

现在我们来谈一谈伟大思想家之一——福禄贝尔的学习理论。他的许多理论影响至今并且正掀起一股复兴之潮。虽然福禄贝尔的大部分著作只涉及儿童早期，但是其贡献仍不可小觑。和卢梭一样，他让我们了解到早期学习是如何为我们将来的发展和成年做好准备的。

3. 弗里德里希·福禄贝尔(1782—1852)

很有把握地说，福禄贝尔在过去几百年对教师和早教从业者的实践影响巨大，直到今天仍然如此。对此，米勒（Miller）和庞德（Pound）（2011，p. 64）评论道：

福禄贝尔的理论支持者们将继续影响着各种教育政策的颁布和实施……例如，哈多（Hadow）的报告（1933），普洛登（Plowden）的政策［教育中央顾问委员会（Central Advisory Council for Education，1967）］；以质量为先的政策（Starting with Quality，DES，1990）；基础阶段课程指导（Curriculum Guidance for the Foundation Stage，DfEE，2000）；出生至 3 岁政策（Birth to Three Matters，DfES，2002）；早期基础阶段政策（The Early Years Foundation Stage，CCSF，2008）。

米勒和庞德（2011，p. 64）对最近出现的福禄贝尔训练的突发事件产生了关注，他们的报告如下：

最近，关于福禄贝尔训练的认证机构已重新在罗汉普顿大学建立，并在爱丁堡地区得以发展……下一代的福禄贝尔理论支持者正逐步形成规模，他们以一种学徒制的模式受到了各种相关训练，这些训练将通过在职培训促使这些理论支持者进行一些具有反思性的实践。

实践者们非常重视福禄贝尔强调的游戏的重要性并且发挥其在教育、社会和情感发展方面的重要作用。虽然所有的从业者如今都意识到游戏的价值并非一成不变，但事实并非总是如此，当福禄贝尔发展他的教育理念和游戏价值观时，情况就并非如此。福禄贝尔认为，年幼的孩子能通过游戏来表达自己，他让我们对游戏有了新的理解，他的这一贡献在今天仍受人们广泛认可。例如，蒂泽德（Tizard）和休斯（Hughes）（1984，p.4）认为：

学习是通过游戏的价值来体现的，首先由德国教育家福禄贝尔提出……从他的作品中发展出来的幼儿园运动不再倡导幼儿排排坐和写 ABC。

从本质上说，福禄贝尔将游戏作为孩子们的学习和发展的中心。由于对游戏的重视，他写了一系列特殊教育的材料，以供幼儿工作的从业者使用。正如福禄贝尔所说，这些材料或恩物包括一系列有形状的物体，如方形块和球体。这些物体可以用来刺激孩子们的思维和学习。福禄贝尔还认为活动是儿童学习和发展的核心，因此他开发了多项他称为职业的活动项目。此外，福禄贝尔还认识到了音乐在幼儿学习中的重要作用，尤其是儿童在游戏时的歌唱具有重要的价值。

福禄贝尔留给我们的不仅是一种重要的教育思想，在实践中，如何与孩子们一起工作，也是一份财富。在许多方面，福禄贝尔为那些赞同其观点的人树立了榜样，让他们进一步深入地探究儿童的内在生活，更重要的是，这些情感、创造性和认知方面的基础支撑着学习和学校教育。鲁道夫·斯坦纳（Rudolf Steiner）作为福禄贝尔的追随者继续影响着今天的教育。

4. 鲁道夫·斯坦纳(1861—1925)

鲁道夫·斯坦纳对现代学习理论和教学的影响是巨大的。但是,有些人对他的看法持反对意见,他的著作已引起一波又一波教育从业者之间的争论。他甚至被称为"一位特立独行的奥地利科学家"(Edwards,2002,p.2)。目前,已有1000多所斯坦纳学校和2000多所遍布世界各地的早教机构。尽管最初的理念在这些学校还能够保全,但是,许多学校已经开发出了不同的教育模式。

鲁道夫·斯坦纳的教学方式是相信孩子们能够通过模仿学习。斯坦纳被一位经营着一家非常大的卷烟厂的著名实业家华德福·阿斯托里亚(Waldorf Astoria)邀请在斯图加特市创办了自己的第一所学校。创办这所学校的目的是教育工厂里工人的子女,因此斯坦纳学校也被称为斯坦纳—华德福学校。斯坦纳—华德福教育传统的一个核心特征是相信孩子们能通过模仿学习。米勒和庞德对鲁道夫·斯坦纳教育理念的实施者进行了生动的描绘:"孩子身边的一切都会对孩子产生影响,他们不仅对成人的外部行为进行了模仿,还受成人的内在态度的影响。"对于教育从业者和孩子之间的关系如何对儿童的学习起到至关重要的作用,米勒和庞德(2011,p.92)认为:

斯坦纳教育理念的实施者意识到了年幼的孩子可以通过由深思熟虑和重复动作带来的安全感得到滋养,在进行反复思考和重复动作时他们可以炫耀他们固有的技能。反复思考和重复动作能够帮助孩子养成有用的习惯(正确地洗手)、自重感(在餐桌旁创造一个平和的氛围)以及进行自我安慰("在这里我们总是这样做的")。

斯坦纳认为教育的作用在于满足儿童不断变化的需要,这不仅指他们的生理需要,还包括智力需要,也许最重要的是,他们的情感需要。斯坦纳理念的基础源于以下关键的几点。在1～7岁儿童的教育中,游戏、绘画、艺术以及儿童所处的自然世界得到了高度重视。在这个时期,孩子们的科学教育与艺术教育之间有着重要的联系。在7岁前,孩子们并不需要以很正式的方式去学习如何阅读。如果孩子们在社交和情感上得到发展,他们自然就会阅读了。数学也是如此。相较于公办学校的孩子,实行斯坦纳教育理念的学校的孩子较晚接触正式的数学教育。斯纳的教学理念倡导儿童在学习如何阅读之前应先学会如何写作。

实行斯坦纳教育理念的学校鼓励孩子们每天唱歌，也鼓励他们学习演奏乐器。此外，教师们会教孩子们去制作自己的课本，鼓励他们写作和画插图。学校对孩子的评估主要通过教师的观察，教师会尤其关注儿童的社会和情感发展。在可能的情况下，每个孩子都要和同一个教师保持持续的联系。这些做法背后的逻辑是当孩子们开始重视人际关系的重要性时，教师对他们的社会和情感发展的积极关注会给他们带来正面的影响。

斯坦纳学派的另一个特点是教师采用"叙事"（narrative）的教学方法。在进行叙事教学时，教师们非常关注倾听的作用，他们会鼓励孩子们表达其内心的想法。利用这种方式，孩子们就可以很好地发展他们的想象力了。一旦教师把某个故事教给孩子们后，孩子们就可以通过第二天重新阅读这些内容得到鼓励和支持。在这里，教师的教学目的是提高孩子们的口语和记忆能力。倾听和回忆这一过程会在孩子们身上奏效并有助于他们写下自己的故事。

在实行斯坦纳教育理念的学校里，观察在教师的实践中发挥着巨大的作用。尼科尔（Nicol）（2010，pp. 85-86）提出了一些关键的原则，这些原则让那些在斯坦纳—华德福学校工作的幼儿园教师知道：

理解学习和发展是一个连续的过程，我们应该耐心地等待孩子们的发展……我们需要用洞察力，而不是测量。我们关注的关键问题应该是"你是谁？"而不是"你可以做什么？"……我们应该尊重孩子的自然发展规律，而不是揠苗助长……我们应该为孩子好好规划，好好保存他们内心的想法（这一过程被称为"内部工作"）……协助孩子们关注并参与到自己的发展中去。

在小学和初中阶段的教育实践中，这些关键原则是值得我们遵循的。在英国，越来越多的学校开始实行斯坦纳的教育理念。在最近的一篇文章（2012）中，英国《卫报》记者吉万·维萨戈（Jeevan Vasagar）报道说：

在英国，斯坦纳教育正处于大规模扩张的边缘。目前，该学院在赫里福德郡（Herefordshire）是唯一一个获得国家资助的 34 所学校之一。在

9月，它将加入由国家资助的"自由派"。在利兹和埃克塞特，另外两所学校正在申请免费学校资助。

接下来，我们将给大家介绍雷切尔·麦克米伦（Rachel McMillan）和玛格丽特·麦克米伦（Margaret McMillan）的理论，她们在解决她们所处时代的一些重大社会不公问题上起到了重要作用。当我们了解这两姐妹的观点的同时，我们应该想到现今社会仍存在着很多急需改革的教育问题。我们应该思考一下如何才能让孩子不在贫困中长大，让孩子不再面对忽视和虐待，每个孩子都应该有学习的机会，我们应该让每个孩子都能够适当地开发自己的潜能。

5. 雷切尔·麦克米伦(1859—1917)和玛格丽特·麦克米伦(1860—1931)

为了更好地理解麦克米伦姐妹对教育需求的贡献，我们需要了解在她们所处的时代人们是如何谋生的。那时的伦敦贫富悬殊。像当时其他亟须社会改革的工业城市一样，那里不仅有格外富有的人，还有许多贫民，环境卫生糟糕，有非常高的死亡率、破烂不堪的房子以及全欧洲最糟糕的贫民窟。在1831年到1866年，超过15万人死于霍乱。19世纪40年代伦敦的人均寿命为30～40岁，到了1911年他们的平均寿命上升到50岁。据估计，在1900年到1950年，大约有3万个无家可归的孩子流落街头。他们大都营养不良、没受过教育并且无人监管。直到1899年，即雷切尔和她的妹妹搬去伦敦的10年后，强制性的义务教育开始正常实施。这些事情都发生在著名的开膛手杰克(Jack)刚被报道的时候。

之后，麦克米伦姐妹因让孩子在学校中能享用免费的伙食这一诉求而获得关注。由于她们的诉求，政府在1906年通过了《学校饮食供应法》(*Provision of School Meals Act*)。这个事件在当时引起了很多人的关注，它甚至是英国当地的权威人士讨论的热点。麦克米伦姐妹的影响力更是源于她们促成了政府对在校儿童的医疗检查政策，随着政策的实施，第一家诊所在1908年正式营业。麦克米伦姐妹特别强调儿童生活的第一年尤为重要，因为在此时期我们可以为孩子们培养正确的理念，她们把这个重要时期称为保育时期。为了使儿童生活和成长得更好，她们强调了户外学习的好处。她们从几个方面向人们解答了成千上万的儿童如何在拥挤和肮脏的城市中成长和接受教育的问题。

在 1904 年，玛格丽特出版了《通过想象进行教育》（*Education through the Imagination*）一书，这本书后来对如何培养教师产生了重要的影响。玛格丽特在 1930 年创立了雷切尔·麦克米伦学院，她希望这能成为一种提高孩子在保育学校中的生活质量的手段。麦克米伦姐妹坚信孩子在保育学校中照顾动植物对他们的发展尤为重要，且利人利己。

接下来，我们将目光聚焦到对处于 21 世纪的我们有直接影响的哲学家和科学家。这其中一员就是生理学家伊万·巴甫洛夫（Ivan Pavlov），他于 1904 年因发现消化腺的生理机制获得诺贝尔奖。

📖 练 习

明确早期哲学家对我们理解儿童学习所做出的贡献，并考虑他们的思维在 21 世纪继续对从业者有什么意义。

(二)现代影响

1. 伊万·巴甫洛夫(1849—1936)

没有学生能在学习的时候避开巴甫洛夫的名字。1849 年生理学家巴甫洛夫出生，他是家里 11 个兄弟姐妹中最大的，其中有 6 个兄弟姐妹在儿童期就去世了。特别要注意的是巴甫洛夫除了为生理学领域打下了重要的基础外，他的条件反射理论特别是经典条件反射理论对心理学和其他学科产生了重要的影响。

尽管巴甫洛夫通常并不被认为是教育领域的学者，但是他的理念和观察实验的方式毫无疑问地给我们提供了一种重要的学习方法。事实上，所有的教师和从事早期教育的工作者无论自觉与否，在他们每一天的工作中都会运用到巴甫洛夫最先运用的原理。这个原理在今天仍然和人们思考如何学习这一问题紧密相关，并且这一原理经常被运用在教师如何教学中。在许多方面，巴甫洛夫对我们了解个体如何学习有非常大的贡献。我们将会在下一章对巴甫洛夫的理论进行更加详细的讨论。

在巴甫洛夫完善他的理论的同时，一个年轻的美国人也在完善着他关于教育特别是学校教育的理论。他的这个理论对西方的无数教师产生了影响，他的名字叫约翰·杜威。

2. 约翰·杜威(1859—1952)

尽管杜威的学习和教育思想备受争议，但是这仍然对我们产生了很大影响。我们可以通过两段引言来了解杜威思想的所受争议之处。英国的教育学家理查德·普林(Richard Pring)(2007，p.3)提及：

1989年我来到牛津，当时我在和洛德·基思·约瑟夫(Lord Keith Joseph)共进晚餐，他当时是首相玛格丽特·撒切尔(Margaret Thatcher)夫人的教育国务大臣。他告诉我要对我们学校的所有问题负责，因为我的教师是约翰·杜威。

然后，美国教育学家内尔·诺丁斯(Nel Noddings)(2005)曾经说过：

在一些人眼中杜威是美国教育界的救世主，因为他鼓励学生花更多的时间在自己的计划和活动当中，但是也有人认为杜威"比希特勒更可恶"，因为他们认为杜威改变了学校的认识和道德相对论，用社会化代替了真正的教育。(p.3)

杜威的理论往往会跟以儿童为中心的教育(Child-Centred Education)的概念联系到一起。然而，人们普遍会认为杜威是学生导向教育的提倡者。实际上，杜威看到了学习结构的重要性。他做到了，并且他也发现了对儿童来说经验和教育与学习处于同样重要的地位。为了能让儿童发挥他们的潜能并从学习经验中获得最大的好处，杜威认为直接学习知识是个好方法。杜威认为孩子们表现出的个性显而易见，教育者应该充分考虑每个孩子的个性。当时，杜威的想法与孩子的实际情况相差很远。事实上，杜威认为孩子的个性是受先天和后天共同影响的。

杜威认为孩子们应该以不同且富有个性化的方式完成学校课程。另外，他认为学校的课程也应该允许有所不同。事实上杜威曾经说过教育应该有一个广泛的目标，这也说明那些正准备进入社会的青年人能与其他人有更加深入的联系。最后，杜威还说过教育和民主在本质上是有联系的。

杜威教育思想的核心能从他的"实验学校"中所见端倪。1896年他在芝加哥创立了这所学校，孩子们可以在这里从幼儿园读到十二年级。通过这所学校杜威可以更好地观察在自己的教育理念下孩子是怎样学习和受教育的。哲学家理查德·普林(2007，p.16)对此曾经说道：

年轻的初学者对杜威的实验学校有特别的看法，有些人会感到好奇和有兴趣，但当他们看到学习方法不考虑学习兴趣的时候，他们的好奇和兴趣就被削弱了。

杜威的教育理念包含两个重要的观点：第一，学校应该像一个社区一样，能被人看到；第二，成人在教育孩子和青年人的时候不能改变他们原有的经验。他认为教育工作者应该涉及他们自己的过去与未来，因为只有包含了这两方面才会产生有意义的影响。当然，这并不是说教育工作者可以不去管孩子们过去的经验。杜威认为学生使用自己的经验进行学习的方法也可以带来更多裨益。普林（2007，pp. 15-17）对杜威的观点进行了以下评述：

第一，学校应该是家庭和社区的扩展。第二，学校应该有各种供学生进行体验和练习的活动。第三，青年人的兴趣应该被视为他们的重要特质，教师不应该利用激励的方式让学生去做他们不感兴趣的事情。第四，学校的课程应该是有用的。第五，如果学生对某一系列的东西感兴趣，老师应该帮助学生发展兴趣……这些将成为学生追求他们的兴趣的规则。

普林将杜威的观点进行了实践，他认为青年人过去的经历对他们未来如何经历事件和学习产生了重要的影响。杜威提出每个人从他们的经历中汲取到的内容都是重要的，每个人经历事件的方式不同，对一个人有利的事件对另外的人未必有利。

接下来，我们将目光转向学习领域，特别是在儿童的学习和发展领域做出突出贡献的伟人身上，即使是在今天，她的思想仍然众所周知。

3. 玛丽亚·蒙台梭利（1870—1952）

玛丽亚·蒙台梭利的贡献是使我们普遍认识到了儿童的学习和发展。实际上，玛丽亚对在学习上有困难的孩子的需求特别感兴趣，在当时，很多这样的孩子经常被当作朽木，而她在这方面取得了杰出的成就。她关于学习和儿童发展的许多观点至今仍影响广泛。米勒和庞德（2011）已经注意到了支持蒙台梭利观点的人曾和英国教育标准局（Ofsted）合作过。

在今天，许多教育权威人士都鼓励尝试利用蒙台梭利的观点提高儿童的教育水平。实际上，他们已经意识到了蒙台梭利的观点能促成有效的实践：

在2008年，88％的蒙台梭利的幼儿园被英国教育标准局评估为"杰出的"或"优秀的"。当地的权威人士有权利去监督这些学校的早期阶段课程（Early Years Foundation Stage）并挑出质量合格的地方给予一定资助。然而，每个权威人士对教育纲要的解释都不一样，他们会很容易地忽视蒙台梭利教育的核心。（Miller and Pound，2011，p.81）

在早期教育中，玛丽亚·蒙台梭利被认为是一个重要且具有影响力的人物，玛丽亚认为学习不仅是一项任务，也是一段旅程。她认为直接引导孩子的发展已经成了自然而然的事情（Gray and MacBlain，2012）。因此，玛丽亚特别强调孩子的学习环境的作用，特别是监护人的环境。通过改变环境，教师能够照顾每个孩子的发展。创造力不仅需要被给予时间和空间来进行成长，还需要孩子们自身的学习。玛丽亚还认为音乐在孩子的发展中起到了重要作用。

蒙台梭利给我们介绍了儿童之家（Children's House）的概念，教师可以在儿童之家创造环境来刺激孩子学习。在那里，孩子可以得到免费的学习，每个人都可以拥有自己独特的学习方式。此外，蒙台梭利还专门为儿童之家设计了特别的家具。她特别强调了在儿童学习的过程中如何运用感知觉，这促使孩子在自己的学习过程中取得更好的效果，是教育过程的核心。

蒙台梭利的观点的核心是"水平"（Planes），或者说是孩子所能通过的学习的阶段。第一个阶段是孩子体验到自己在生理、社会和情感上的变化。在第一个阶段中，婴儿会踏出自己的第一步，说第一个字，并且会与周围的人建立联系。然后他们会准备进入第二个阶段，他们会跑，会跳，会爬，还会与他人进行交谈。再然后，他们能使用复杂的语言。他们开始理解别人的感受，并且会感受到自己的行为对他人的影响。他们开始交朋友并和家人们在外面进行一些复杂的社会活动。这是基于他们已经通过了的第一个阶段，孩子们提高了自己的记忆能力、发展了自己的语言表达能力。蒙台梭利用11个"感性"词语定义了第一个阶段：运动（Movement）、语言（Language）、小物品（Small Objects）、秩序（Order）、音乐（Music）、优雅和礼貌（Grace and Courtesy）、精细化感觉（Refinement of the Senses）、写作的魅力（Writing Fascination）、阅读（Reading）、空间关系（Spatial Relationships）和数学（Mathematics）。（参见 Gray and MacBlain，2012，pp. 152-155）

尽管蒙台梭利的教育理念获得了很多教育实践人士的支持和认可，但也有人对她提出了批评。例如，作家约翰·霍尔特（John Holt）（本章稍后会提及），他在他的《儿童是如何学习的》（*How Children learn*）（1967，p. 243）中说道：

蒙台梭利和她的一些追随者并不提倡和鼓励孩子想象……当然一些支持蒙台梭利的人不赞同这个……无论蒙台梭利学校模式的照旧程度如何，我都认为这是非常错误的。

在学习方面，如果将蒙台梭利和她的前辈们的观点与我们即将介绍的下一个著名教育家进行对比，我们会发现尽管在那一时期心理学非常流行，但是她的观点仍然留下了很多争议。尽管有争议，但是他们给许多教师和家长带来了什么是自由教育的思考，也给孩子带来了拥有更少压力的学校。

4. 亚历山大·萨瑟兰·尼尔（1883—1973）

也许，亚历山大·萨瑟兰·尼尔（Alexander Sutherland Neill）是因为他对孩子激进的教学方法和他建立的独一无二的学校闻名于世。在第二次世界大战后尤其是 20 世纪 60 年代那个具有极大社会变革的时代，尼尔的理念在很多方面都给青年人带来了挑战。那个时代也是历史上新思想流传最广泛的时期之一。

尼尔在教学方面的思想源自精神动力学和那个备受争议却在当时具有很高普及度的弗洛伊德（Freud）的精神分析学。实际上，那个时候许多关于儿童发展的思想都直接受到了弗洛伊德心理学的影响。米勒和庞德（2011，p. 22）对精神分析学进行了评论，"……被植入在工业发展世界的文化当中，其中包括儿童的发展"。

精神分析学对尼尔的思想和教育理念的影响可以从他新写的书——《夏山》（*Summerhill*）中有所窥见：

弗洛伊德认为每一种神经症都来自性本能的压抑。我说，"我能够建立一所没有性本能压抑的学校"。弗洛伊德认为无意识比有意识更重要并更具力量。我说，"在我的学校里我们不会有指责、惩罚、说教。我们允许每个孩子按照他自己的想法去生活"。(1968，p. 20)

尼尔提出了对儿童发展的意见："孩子天生就是聪明和现实的，如果没有成年人跟他们说去做一件事，他们会发展成最能施展他们能力的样子。"(1968，p. 20)关于他在自己的夏山学校里积累的有关孩子的经验，他根据自己的教学理念如此写道：

在夏山学校里如果你有能力当一名学者你就能当一名学者，如果你只有能力扫大街你就只能扫大街。但是我们不会要求街道必须十分干净……课程是可以选择的……孩子们可以根据自己的意愿决定是否要去上课。

尽管尼尔关于教育的观点非常有趣，但毫无疑问他的许多观点存在争议。他的学校今天仍然存在，这是多么有趣的事情！

尼尔的教育理念和心理学领域的精神分析学非常相关，现在让我们将目光转向一个心理学行为主义领域的人物，他同时也是行为主义的创始人之一。

5. 伯尔赫斯·弗雷德里克·斯金纳(1904—1990)

伯尔赫斯·弗雷德里克·斯金纳(Burrhus Frederic Skinner)是美国的一位心理学家，他的理论属于心理学领域的行为主义学派。人们认为他发展了操作性条件反射(Operant Conditioning)的概念，这个概念我们在后面的章节中会有更多的描述。行为主义被认为是当时心理学的一大流派，许多学者位列其中。行为主义的观点给当时最流行的精神分析学派以及其代表人物弗洛伊德等人带来了挑战。

斯金纳研究的成功很大程度上归功于爱德华·桑代克(Edward Thorndike)和约翰·华生(John Watson)的研究，他们试图通过实验去探究、去实证行为的本质和更具体的学习。虽然斯金纳不是真正意义上的哲学家，但是毫无疑问我们对学习的理解很大一部分要归功于斯金纳的工作。就像是巴甫洛夫的理论一样，无论是在当时还是在现今都有许多专业人士追随着斯金纳的研究脚步，使用了很多斯金纳首次提出的新的想法和规则。专业人士当然想通过行为主义的方法去改变和纠正孩子的行为。斯金纳为行为主义打下了坚固的基础，后来他的许多学生中最为著名的杰罗姆·布鲁纳(Jerome Bruner)也提出我们每个人的学习都是主动的而不是被动的。我们将会在第二章中详细讨论斯金纳的观点。

当斯金纳为学习这一领域打下基础的时候，其他人在思考的是：在怎样的组织下学习，人们才不会受到社会和政治的影响。我们现在来看看两个主要贡献者，约翰·霍尔特(John Holt)和伊万·伊利奇(Ivan Illich)。他们两个就像其前辈一样提出了一些在他们所处的时期具有挑战性的思想。

6. 约翰·霍尔特(1923—1985)

约翰·霍尔特出版的《儿童是如何失败的》(*How Children Fail*)(1964)和《儿童是如何学习的》(1967)两本著作受到广泛阅读和讨论，他的经验影响了很多专业人士。就算时代发生再巨大的改变，他的这两本著作至今仍然被广泛阅读。在那个时代，青年人的自信出现了前所未有的增长，家长在孩子身上的花费也越来越多。随着人们意识的提高，挑战也随之增加起来。从许多方面来说，这是个以实验法为主、大家都敢于挑战先前学说的时代，尽管这些学说奠定了我们现今生成的教育实践的基础。值得一提的是，当约翰·霍尔特写下著名的《儿童是如何失败的》时，第二次世界大战结束仅20余年，世界仍受战争余波的影响。事实上，许多教师和专家都在1939年到1945年参与了军事活动。

在很多时候，霍尔特的观点都可以被广泛传播，却很少被采纳。他指出了为什么那么多的学生很少意识到上学的好处。举例来说，在《儿童是如何学习的》(1967，p. viii)中，霍尔特说道：

在学校里只有很少的一部分学生擅长以我们想让他们学习的方式学习。大部分的孩子在学校里都觉得丢人、惊悚和沮丧。他们只是在用脑，而不是在学习，他们只是在做一些我们要他们做的事情而已，如让他们学习。

霍尔特还表示，孩子在学校里不爱学习还有一个重要的原因，那就是害怕。这很大一部分是由孩子在教室里回答问题后得不到教师正确的回应或受到同学们的耻笑导致的。其实一些稍微年长的读者对这个原因并不会感到惊讶。在那时，体罚在学校里是很普遍且被大家广泛接受的。以撰写《纳尼亚传奇》(*Chronicles of Narnia*)而被众人熟知的著名哲学家和神学家克莱夫·斯特普尔斯·刘易斯(C. S. Lewis)，曾对他的学生时代给以很负面的评价。给刘易斯写传记的威尔逊(A. N. Wilson)(1991，p.23)对刘易斯的上学情况是这么写的：

刘易斯一辈子都不会忘记他的预备学校——温亚德(Wynyard)。虽然他只在里面待了18个月，但是他在他的自我传记中却差不多花了1/10的笔墨来专门描述它，他认为那段时间是耸人听闻的，他把那个地方称为"集中营"。

霍尔特还认为孩子们在学校里失败是因为他们在多个方面都存在缺失感。其中一个重要的方面就是孩子们的自尊。如果霍尔特在20世纪60年代就提出的许多值得大家关注的问题到现在仍然是一个未解决的问题，那么我们就需要自警了。霍尔特批评了我们把孩子关在学校里让他们学习一些他们根本没有兴趣的东西的做法。在那个时候，学校主要关注正统学校教育的重要性。学生在教室里面整齐地坐着，只有很少的一部分教师认为互相交谈在孩子的学习过程中是重要的甚至是必要的事情。霍尔特经常在电视上出现，并通过他的著作获得了很高的社会地位，他普及了儿童学习的概念以及导致他们学习失败的因素。他也赞同父母在家里教育孩子，在1981年，霍尔特出版了《自己教孩子》(*Teach Your Own*)一书，这是一本充满争议的书并且成了父母在家里教育孩子的重要资源。

7. 伊万·伊利奇(1926—2002)

伊利奇出生在维也纳，他的父亲是一名土木工程师。他小时候因为纳粹主义离开了学校，因为他的母亲拥有犹太人的血统。10年之后伊利奇成了一名牧师，但随后在1969年他辞去了这份工作。他的两本具有影响力的著作分别是《意识的庆典》(*The Celebration of Awareness*)(1971)和《非学校化社会》(*Deschooling Society*)(1973)。在这两本书中，他对他的观点和想法进行了大量的解释。伊利奇和霍尔特将会被记住，因为他们都是在巨大的社会和政治变革下进行写作的。"摇摆的 60 年代"对青年人产生了巨大的影响，特别是在 1968 年末。1968 年 5 月，在法国巴黎，学生们举行了一场声势浩大的示威游行。在那个时候美国也希望结束越南战争——第一个被电视媒体播报的战争。

伊利奇以对社会的许多方面的严格评论闻名，特别是对他所处的政治和经济领域进行了大量的批判。他尤其批判西方的经济制度及其消极影响。伊利奇对制度方面的批判是值得思考的，因为它可以避免在现代生活中可能出现的危机，特别是银行机构带来的危机，银行机构的影响是非常大的，它不仅影响了企业和家庭、个人和学校，还影响了与上述相关的大部分系统。

伊利奇对相关的专业人士也提出了批评，他关注体育锻炼应该在学校的学习生活里占多大比重。他认为很多的教育制度和教育专业人士在教育的过程中过于功利，给孩子的教育不够人性化。这些制度会降低个人的自信和自尊，并对个体的能力产生危害，它削弱了孩子主动并参与焦点解决的思想和处理问题的能力。值得反思的是，这个问题已经影响到了英国的发展，政府应通过改革学校课程来解决问题。

伊利奇认为发展中的社会的一个具体指标就是怎样增加机构的数量。在他的书《无能化的职业》(*Disabling Professions*)(1977)中，伊利奇为他专业化的评价发声。他认为，卫生保健制度，如英国的基础医疗信托(Primary Care Trusts)，以及针对有学习障碍的儿童的看护服务(Care Services)掩盖了一些真正存在的问题。他们以为这些问题被解决了，但其实这些卫生保健制度对个人和整个社会都产生了不利的影响。伊利奇还认为生活在现代的个人从小就在教育制度中学习，因此生活更具制度化。伊利奇批评了在现代社会中专家的数量增长得很快，在有意或无意中，他们控制了人们应该知道什么和应该怎么知道。

现在我们将目光转到一名美国当代的哲学家，她的观点获得了很多人的支持，她不仅挑战了我们对家庭角色和养育孩子这些重要领域的认知，还将教育视为一种护理性的职业。

8. 内尔·诺丁斯(1929—)

可以这么说，在很多方面内尔·诺丁斯都给我们带来了一缕清风。在 21 世纪的当下，在学习和儿童发展方面，诺丁斯为我们带来了更好的阐述和理解。诺丁斯提出了道德是如何与"照顾"相联系的，这个观点优于同时代的思想家和前辈，诺丁斯将其写入著作。特别是她把照顾的概念和教育联系了起来，探究孩子要怎么在家里和在学校里学习。诺丁斯认为家是孩子受教育的核心，家在孩子的教育和发展过程中起到了重要的作用。她的一些观点引起了人们对教养的实质的讨论，也提出了现今家庭所面临的一些挑战。

诺丁斯（2005，p.1）阐述了教师的两种不同关怀及其区别，她评论道：

> 我们有时会说"全部由教师关怀"，那是因为教师负责人们的教育。但是，这不常常都是对的，我们都知道也有残酷的和冷漠的教师，这些人根本不会教学。但大多数人在道德意识上都有"关怀"的想法，他们在教育过程中宣传关怀并且努力去为之工作。然而，他们当中的很多人并没有建立起关怀的人际理念认识。他们的关怀是认真负责让孩子达到特定的目标，他们努力工作以让学生达标。这些教师只体会到了关怀的字面意思，其实他们并不能和学生建立起关怀和信任的关系。关怀的人际理念让我们关注的重点是关系的建立。

诺丁斯提出一些真正关心学生的教师面临着巨大的挑战。她认为有时候这些教师和学生所面对的外在环境实在太差，以至于影响到了他们关怀关系的建立。她认为这是由如标准化考试的压力、太大的教室和烦琐的课程内容等一系列问题导致的。

诺丁斯还说在教育领域有人很难接受她的关怀关系的理念，这是由于一些教师认为他们自己在教育上是知道得最多的。但是因为世界上孩子的成长具有复杂性，所以没有教师能够说自己在教育上是知道得最多的，她举了个案例，说道：

> ……我们不能保证所有人都需要知道（除了一些重要的小技能和概念外）。每个学生在打基础的时候都需要很多知识，但约翰需要的知识和安的可能是有很大不同的。具有关怀理念的教师会根据约翰和安的需要，用不同的方式帮助他们获得知识，让他们达到目标，而不是仅仅以一些预先已经准备好的课程。（2005，p.3）

在学生打下基础之前知道他们到底需要学习什么，是每个教师应该了解的。即当孩子刚进入小学的时候就要考虑孩子能力的发展、背景和每个人在学业、社会性和情绪上的需要，这些都很重要。如今社会变化日新月异，对教师如何教育学生产生影响（MacBlain and Purdy，2011）。进一步说，教师必须比以前更加了解每个儿童的学习需求，这在很大程度上是因为他们的责任更重了。

📖 **练 习**

> 找出更多现代哲学家和理论家提出的关键问题，并考虑这些与21世纪的教育有多大关系。

———— * ———— * ———— * ————

◎ **总 结**

不同时代的人对如何学习以及如何教育孩子的看法显然不同，肯定会有人通过经验和思考产生新的想法。所以，所有在教育和教学领域的实践者更应该开动脑筋，思考前人给我们提供的方法和手段，这样更加有助于检查我们的教学方法。更重要的是，当教师用她自己的方法去教育学生的时候应该更加具有批判性，这样才能将自己的想法和理念告诉政策的决定者。

🍎 **推荐阅读**

Beckley，P.（2012）*Learning in Early Childhood*．London：Sage．

Gray，C. and MacBlain，S. F.（2012）*Learning Theories in Childhood*．London：Sage．

🎤 **参考文献**

Archard，D.（1993）*Children：Rights and Childhood*．London：Routledge．

Boyden，J.（1997）Childhood and the policy makers：a comparative perspective on the globalization of childhood. In A. James and A. Prout（eds）*Constructing and Reconstructing Childhood*（2nd edn）．London：

Falmer Press.

Buckingham, D. (2000) *After the Death of Childhood: Growing Up in the Age of Electronic Media*. Cambridge: Polity.

DeBotton, A. (2000) *The Consolations of Philosophy*. London: Hamish Hamilton.

Edwards, C. (2002) Three approaches from Europe: Waldorf, Montessori, and Reggio Emilia, *Early Childhood, Research and Practice*, 4 (1).

Fontana, D. (1995) *Psychology for Teachers* (3rd ed). Basingstoke: Macmillan Press.

Gray, C. and MacBlain, S. F. (2012) *Learning Theories in Childhood*. London: Sage.

Gross, R. (1992) *Psychology: The Science of Mind and Behaviour*. London: Hodder & Stoughton.

Gutek, G. (1997) *Philosophical and Ideological Perspectives on Education*. London: Allyn and Bacon.

Hall, P. (1998) *Cities in Civilization*. London: Weidenfeld & Nicolson.

Holt, J. (1964) *How Children Fail*. Harmondsworth: Penguin.

Holt, J. (1967) *How Children Learn*. Harmondsworth: Penguin.

Horn, P. (1997) *The Victorian Town Child*. Stroud: Sutton.

Howe, M. J. (1999) *A Teacher's Guide to the Psychology of Learning* (2nd edn). Oxford: Blackwell.

Illich, P. (1977) *Disabling Professions*. New York: Marion Boyers.

James, A. and Prout, A. (1997) Re-presenting childhood: time and transition in the study of childhood. In A. James and A. Prout, *Constructing and Reconstructing Childhood* (2nd edn). London: Falmer Press.

Jarvis, M. (2005) *The Psychology of Effective Learning and Teaching*. Cheltenham: Nelson Thornes Ltd.

Jenks, C. (1996) *Childhood*. London: Routledge.

Locke, J. *Some Thoughts Concerning Education*, Vol. XXXVII, Part 1, p. 148. The Harvard Classics. New York: P. F. Collier & Son, 1909—14; Bartleby. com, 2001 http: //www. bartleby. com/37/1/[27. 06. 2012].

MacBlain, S. F. and Purdy, N. (2011) Confidence or confusion: how well are today's Newly Qualified Teachers prepared to meet the additional needs of children in schools? *Teacher Development*, 15 (3): 381-94.

MacLure, M. (2003) *Discourse in Educational and Social Research*. Maidenhead: Open University Press.

Miller, L. and Pound, L. (2011) *Theories and Approaches to Learning in the Early Years*. London: Sage.

Neill, A. S. (1968) *Summerhill*. Harmondsworth: Pelican Books.

Nicol, J. (2010) *Bringing the Steiner Waldorf Approach to Your Early Years Practice*. London: Routledge.

Noddings, N. (2005) Caring in education. In *The encyclopedia of informal education*, Available at: http: //infed. org/mobi/caring-in-education/.

Pring, R. (2007) *John Dewey: A Philosopher of Education for Our Time?* London: Continuum International Publishing Group.

Rousseau, J. J. (1911) *Emile*. London: J. M. Dent.

Smith, K. S. , Cowie, H. and Blades, M. (2003) *Understanding Children's Development*. (4th edn). Oxford: Blackwell.

The United Nations Convention on the Rights of the Child (UN-CRC) (1989) Official text and unofficial summary. In *Agenda for Children Children's Rights Development Unit*. 313-29.

Tizard, B. and Hughes, M. (1984) *Young Children Learning: Learning and Thinking at Home and at School*. London: Fontana.

Vasagar, J. (2012) 'A different class: the expansion of Steiner schools', *The Guardian*, 25, May.

Wilson, A. N. (1991) *C. S. Lewis: A Biography*. London: Flamingo.

第二章　学习理论在实践中的应用

本章主旨：

· 使读者熟悉并理解行为主义者研究的关键概念及他们对理解学习所做的贡献；

· 探索三个重要的理论学家皮亚杰、维果茨基和布鲁纳在行为主义领域所做的主要贡献并深化我们对幼儿学习和认知发展的理解；

· 突出各学习理论间的相似性及差异性并给出实际案例来说明理论与从业者实践之间的关联性。

导　言

许多年前，比吉（Biggie）和夏米尔（Shermis）（2004，p.5）做出了如下令人担忧的断言：

> ……在日常决策中不能利用系统理论体系的教师的行为是盲目的；在他们的教学中很少可以观察到长期理论、目的或计划。因此，没有强大理论导向的教师不可避免地只是忙于工作任务。确实，有些教师在实践中以大杂烩的方式教学而没有任何理论导向。然而，这种混乱的教学模式无疑要对当前人们对公共教育的不利批评负责。

本章讨论了理论导向在学习方面的重要性，并探讨了一些重要的理论家们为解释学习起源所做的尝试，从而给教师和其他从事儿童工作的专业人员以启迪。本章从行为学家的著作着手，我们将特别关注巴甫洛夫、华生和斯金纳等人的理论。接下来我们会考察和探索瑞士心理学家让·皮亚杰、苏联心理学家列夫·维果茨基和美国心理学家杰罗姆·布鲁纳的思想。本章以前一章为基础，在前一章中我们通过介绍前三个世纪的哲学家和理论学家的著作和思想探讨了对学习的理解，并且更多地关注那些解释学习的理论如何能够给予教师、早教从业者以及其他从事儿童工作的专业人员实践指导。本章以行为主义理论的重要概念以及爱德华·桑代克和约翰·华生早期著作所做的重要贡献开始。

一、行为主义

(一)行为主义中的重要概念

行为主义的思想是基于刺激和反应之间产生关联的观点，并且这些观点可以对个体的学习做出解释。例如，当孩子听到学校的铃声(刺激)时他会立即变得慌乱起来并开始收拾书包(反应)。借助约翰·洛克的著作(见第一章)中的经验主义的原始概念，行为主义学家最初提出，个人的行为可以被系统地观察和考察，几乎不需要考虑个体的思想或他们对周围的看法。

行为主义的探索始于心理学家伊万·巴甫洛夫的原始著作(见第一章)。巴甫洛夫观察其实验室里的狗是如何分泌唾液(看到或闻到食物后的自然反应)的。十分有趣的是，即使在一些没有呈现食物的情况下，即当刺激而并非食物出现的时候，狗也会分泌唾液。从这个观察中，他提出了条件反射理论，该理论成为理论学家检验学习本质的出发点。巴甫洛夫的理论最终因经典条件反射而出名，并且为心理学和教育学提供了一种可验证的途径以反对理解学习的尝试能够被检验和受到审查。格雷(Gray)和麦克布林(MacBlain)(2012，p.30)如下描述了一些关于巴甫洛夫的早期实验和观察：

在实验中，他注意到了当实验助手进入房间时狗会流口水。观察这只狗的数次行为之后，巴甫洛夫得出了结论：狗在期望着被喂食的时候会流口水。即使没有将食物带到狗的跟前，只是看到实验助手也就足以使狗流口水了。巴甫洛夫将此称为"联结学习"，意思是狗将实验助手与食物建立起了联系。基于这种形式的学习，巴甫洛夫发现他可以训练狗对着铃流口水。

现在，请大家考虑这种情况，当一个孩子看到她的妈妈看到蜘蛛时大声尖叫后，下次当她自己一个人看到蜘蛛的时候也会大声喊叫。事实上，她已经将恐惧与蜘蛛建立起了联系并且会进一步地使她对所有的蜘蛛产生恐惧，此时她会忘记产生联结的初始原因是她首先看到了妈妈惊恐地叫喊。联结的产生贯穿于整个儿童时期，并且时时都能够被教师和早期实践者观察到。巴甫洛夫提出一旦联结学习产生就很难消除。虽然他的理论因为基本上局限于实验室设计而被批判，但它仍然为某些形式的学习提供了强有力的解释。在接下来的时间里，他的原始观点被一些著名人物（如爱德华·桑代克、约翰·华生及最出名的伯尔赫斯·弗雷德里克·斯金纳）进一步采纳。

1. 桑代克

桑代克被公认为主动学习领域的先驱，简单地说就是应该鼓励儿童在他人尤其是教师的指导下进行自学。尽管桑代克大多时候被认为是一名教师培训者，而不是一名科学家，但是他仍然承认经典条件反射的原理。他认为大多数的学习产生于尝试和错误中，如果学习活动所产生的结果是积极的，那么这种联结就会导致重复行为的产生。桑代克尝试在他开展的实验中考察他认为能强化学习的准则。桑代克将一只饿猫放在他专门设计的实验迷笼里，猫能看到笼外放着一条鱼。他观察到猫为了能吃到鱼尝试着从笼子中逃脱出来。然而猫每次逃脱笼子时，都会被重新放到笼子里。刚开始猫尝试逃脱笼子用的是错误的方法，然而随着次数的增加，猫逃脱笼子变得更快了，因为它会在自己的逃脱能力和按下之后可以打开笼子的杠杆之间建立起了联系。桑代克看到猫的学习过程是从最初在笼子里乱碰乱撞到后来直接用爪子去碰杠杆，他将此称为效果律（Law of Effect）。相对比而言，桑代克认为导致负面结果的行为和产生的令人不愉快的结果之间的联系变得越来越弱直至消失。然而，这个观点由于过度简化，不能被推广到其他情况，所以不断受到挑战。例如，对一些在学校里总是行为不端的孩子，当给他们一些诸如放学后留校或者比同伴晚放学的惩罚时，他们的不端行为却不一定会因此减少或消失。除此之外，桑代克的效果律不能为动机、态度和意向等因素做出解释。

2. 华　生

像他的继承者一样，华生受巴甫洛夫的著作的影响颇深，并且开始将经典条件理论的原理应用于儿童。1913年华生成立了行为主义学派，该学派的理论基于所有的行为习得都是通过条件加工这一观点。事实上，华生确实是第一个拓展巴甫洛夫观点的学者，这一观点在本质上是将对动物的观察推广到人类。要说明的一点是，许多实验设计方面的工作最初都是由华生负责的，有些实验在今天看来可能是不道德的。例如，为了了解诱发儿童恐惧的可能性，华生在1920年进行了意向实验，此实验在心理学领域有记录并且以"小艾伯特事件"（The Case of Little Albert）而广为人知（Beck et al.，2009）。

小艾伯特事件

华生设计了一个行为实验去测试9个月大的艾伯特对一些物体的反应，包括面具、一只老鼠、一个铁锤、一些棉絮和一只狗。他观察到艾伯特只在用铁锤敲击铁轨发出尖锐声响时才产生恐惧。在艾伯特11个月大时，为了诱发恐惧，华生向艾伯特呈现了一只白鼠，并且当艾伯特观察白鼠时，华生会悄悄地在他后面使劲用铁锤敲击铁轨。华生重复着这种行为直到艾伯特一看到白鼠就哭叫。后来艾伯特的恐惧泛化至当呈现白色棉絮甚至有白胡子的圣诞老人的面具时都会产生与他看到白鼠时一样的恐惧。

根据艾伯特实验以及其他一些与儿童相关的类似实验，华生（1928，p.82）做出如下言论：

给我一打健康的婴儿，不管他们的智力、嗜好、天性、能力和种族如何，我都可以将他们其中的任何一个训练成我想要他们成为的领域专家，可能是医生、律师、艺术家、商人甚至是乞丐和小偷。

毫无疑问，经典条件理论的确为解释儿童是如何学习的提供了一些方式。事实上，读者可以看到华生的理论与几个世纪以前的哲学家约翰·洛克的白板说有些相似。洛克的白板说认为，新出生的婴儿就像一块白板，后天的所有经验都会被写在上面。可以说，华生和洛克都将学习定义为一种被动而非主动的过程。

大家一致认为华生的思想在教育领域有着巨大的影响。在他的实验工作之后的几年，甚至到20世纪60年代和70年代初，许多教师依然对获得问题的正确答案过分关注，而很少去关注促进自己的学生发展理解问题与反思能力的积极教育学。事实上，许多阅读此文的年长读者会回忆起他们上学时那种默默等待着被提问、然后会被直接给出标准答案的情境。现在我们了解一下斯金纳的著作，他进一步吸收了巴甫洛夫、桑代克和华生的观点，并将它们提炼成被大多数心理学家认可的一种复杂且可证实的学习观点。

3. 斯金纳

像华生一样，斯金纳很多实验室的实验都以动物为试验品，这些试验品大多是老鼠。斯金纳对探索动物行为强化的效应尤其感兴趣，并将他的观察结果应用于解释人类行为。更具体地说，他意识到积极的强化能促进个体积极行为的产生。例如，教师对儿童的积极强化可包括教师的微笑和口头表扬。一个在教室中更常见的现象是，当小学生成功地完成任务或者做出期望的行为时，他就能够在星星榜上得到一颗星星。另外，负强化的例子在教室中也能看到，教师会让正在表现出出格行为的学生"暂停"。在日常工作中，教师会采用积极强化去增加令人赞赏的行为而采用负强化去阻碍甚至打击不良行为。

重要的是，斯金纳也注意到了加强行为反应的频率是促进行为产生的一个重要因素。为了回答这些疑问，他提出了强化的四种程式，这为正在审视如何解决孩子在学校中的问题行为的心理学家和教育学家提供了方法。格雷和麦克布林(2012，p.37)对此做出了说明，见表2.1。

表 2.1　强化方式和可能出现的结果

强化方式	表扬的形式	重复的可能性
连续强化	对每一次发言都进行表扬	低/中等
定比强化	固定反应次数后表扬，第4次/第6次	低/中等
定时强化	在固定的时间段内说"请"字后表扬，如10分钟	低/中等
变时强化	不定时给予表扬，第3次/第8次/第11次	中/高等

格雷和麦克布林(2012，p.38)就斯金纳关于学校的原始观点的相关性给出了进一步的解释：

常见的方法有代币制和应用行为分析(Applied Behavioural Analysis)(ABA)。许多学校采用以代币式诱导的方案来奖励出勤、好行为的保持、整洁和好成绩。学生可以用代币来换取类似电影票这样的奖励。随着学生行为的进步，奖励逐渐由口头表扬代替，用这种方法最终可以使学生得到好的成绩。

在更进一步地吸收了巴甫洛夫、桑代克和华生的观点后，斯金纳提出了操作性条件反射这一作用极大且相关的概念。操作性条件反射这一概念是在斯金纳主张的学习不完全是被动而是主动的过程这一基础上提出来的。研究经典条件理论的早期行为主义学家认为学习是完全被动的。与经典条件理论相比，操作性条件反射理论认为，是学习者而并非是目标导致了行为的改变。操作性条件反射经常同工具性条件反射（Instrumental Conditioning）一起出现，当行为被奖赏或惩罚时，学习行为产生，事实上，是行为与行为结果之间建立起了联结。以达伦为例。

📡 案 例

4岁的达伦在每周六的早上都会跟妈妈去超市。在结束购物后的收银处他开始要糖果，每一次他的妈妈都会说"不可以"。在越接近收银处的地方他的请求就会越强烈，而妈妈说"不可以"的声音也会越大。到他们该结账时，达伦开始哭叫，并且哭叫的声音越来越大，他的妈妈屈服了，相当生气地说"好的"。她给他一些糖果他就停止了哭叫。这种情况每周都会上演。达伦得到了奖赏，但是哪种行为被强化了呢？

斯金纳做出的另一个贡献是我们对学习的理解来源于他提出的行为可以被"塑造"然后通过频率进行维持这一理论。例如，他认为，在达伦这个案例中，在收银处得到糖果这一令人愉悦的响应加强了行为，令人不愉快的响应会减弱行为。简单地讲，在学习上，积极的强化加强行为而消极的强化减弱行为。一个在教育中较常见的方法就是行为学家支持的应用行为分析法（Applied Behavioural Analysis）（ABA）。

应用行为分析法（ABA）

ABA是由洛瓦斯（Lovaas）在1987年提出的。ABA关注社会意义领域，致力于成为系统奖赏和强化行为的适宜方式。它被认为是一种治疗自闭症患儿的十分有效的方式。（Keenan et al.，2000）

（二）行为主义在实践中的应用

行为主义学说在日常教学中以及大多早年无意识水平的环境下都可

以被证明。教师和一些早期教育的从业者在向儿童提供刺激来强化他们的行为的时候，还没有意识到自己在做什么。事实上，比吉和夏米尔（2004，p.113）已经提出，斯金纳认为"……教师的主要作用是传授知识，同时说明教师的第一要务是塑造正确的反应，让孩子正确读写……"，他们的主要任务是"在许多种刺激的控制下一直做出正确的行为"。比吉和夏米尔拿拼写举例说明，对于斯金纳来说，教孩子拼写实际上是一种"复杂的行为塑造过程"。的确，像其他行为主义学家一样，斯金纳将电脑看作儿童学习的一种最好的方式，在电脑上，他们可以认真地跟进设计好的程序，在每一个学习阶段的程序中都设有恰当的奖赏并一步步实现教学计划。

（三）相关性及影响

尽管许多教师及早期教育从业者对行为主义这一术语很熟悉，知道像《保姆 911》（*Nanny* 911）、《超级保姆》（*Super Nanny*）、《小恐怖之家和乔·弗罗斯特》（*The House of Tiny Terrors and Jo Frost*）这类以行为主义原理为基础的电视节目，但几乎都没有真正理解并巩固过它的实际概念。此外，许多教师和教育从业者会使用"星星表格"和"笑脸"贴纸去奖励那些表现出期望行为的孩子，当他们希望阻止个别行为时会使用"暂停"或"调皮椅子"。20 世纪 50 至 70 年代的行为主义包括巴甫洛夫经典条件反射理论的原作以及斯金纳的操作条件理论，它们主导了教育和教学的思想和实践。

试图摆脱这种理论方法的尝试，可以在尼尔的理论和著作（见第一章）中看到，尼尔吸收的精神动力学遗产来源于弗洛伊德和他的弟子的原作，特别是瑞士心理学家皮亚杰的著作。当时，儿童学习以注重学习考试常识为特点。威斯特·尼尔挑战了这种学习方式的不理智的一面，并且强调了它对人格发展的有害影响，皮亚杰也以它完全没有强调儿童的思考为理由质疑了这种学习方式。同时，其他一些像约翰·霍尔特和伊万·伊利奇（见第一章）这样的人除了挑战他们对时间的思考，尤其是保守性的确立以及对保守性的强调之外，更把争论的范围扩展到学校的作用以及学习经历本身对儿童的影响方面。"注入式教学"法教学生安静地成排坐着记忆一些东西，然而他们很快就会对学习失去兴趣。现今，一些学校的学生们开始以小组的形式对坐，背对着教师，重点从学什么转变为如何学。

📖🔍 **练 习**

思考一下你在多大程度上相信行为主义能说明教师的实践以及如今我们对儿童思维的理解。

二、认知构建主义

(一)皮亚杰学习理论的重要观点

在皮亚杰理论的基础上提出的认知构建主义理论认为，教师或教育从业者能够预测在某一发展阶段的儿童能够理解与不能够理解的内容，以及随着他们的成长，他们的认知发展如何。皮亚杰认为，当幼儿面对新的信息时，如果在他们的环境经验中没有建立起与自己相关的理解和知识，他们可能就不能立即理解，这有助于创造和构建他们的内部心理表征，或者称为"图式"。纳特布朗(Nutbrown)(2006，p.7)将图式称为：

……一种标记儿童的一贯行动模式的方法……他们提供了观察儿童的另一种方法，通过关注那些与学习行为无关的一系列行为来注意观察性的细节。识别一个儿童在不同图式中的活动仅仅是这个过程的第一部分；下一步是用对儿童的详细观察来决定如何最好地拓展他们的学习。

吸收了幼儿认知发展领域的先锋心理学家之一詹姆斯·马克·鲍德温(James Mark Baldwin)(1861—1934)的理论，皮亚杰采用了鲍德温的两个名词"顺应"和"同化"，形成了图式包含的两个体系。同化就是新的信息在没有其他加工处理的情况下被吸收在图式里。顺应是图式自身为促进新信息的获得而发展。海斯(Hayes)(1994，pp.143-144)对图式和概念做出了如下重要区分：

……图式就像认知地图，基本上是关于行为的计划和行动的指导。概念……基本上是将物体和现象划分为不同的组合或类别……对皮亚杰来说，行动产生思考：儿童执行操作的行为对环境产生了影响，从而将得到的信息同化或调节成图式。因此，图式是儿童如何用经验指导自己的行为以及当他们执行行动时如何使结果变得有意义。

皮亚杰认为知识和意向是在儿童与环境的交流中主动建立起来的。这一点与行为主义有很大的分歧，行为主义认为，儿童处于一个相对被动的境地，是信息的接收者。皮亚杰的理论受到了教师和教育家的极大赞同和欢迎。他采用观察法取代了行为学家重视在实验室环境中进行儿童实验的方式，并且当儿童在自然环境下参加活动的时候，更加主动和有目的性地倾听儿童。皮亚杰认为不断的认知发展属于一系列的阶段，这其中包含了一些不变的"子阶段"；换句话说，儿童必须在依次完成每一个阶段之后，才能进入下一个阶段。他的阶段主要包含如下几个。

1. 感知运动阶段（0～2 岁）

皮亚杰把认知发展的第一个阶段命名为感知运动阶段（Sensorimotor Stage）。他认为，在该阶段，婴儿主要通过感觉进行学习，如吮吸手指和观察。他提出，虽然刚出生的婴儿没有"思考"的能力，但是他们会做出一些吮吸和抓握的先天性的反射活动。

2. 前运算阶段（2～7 岁）

在前运算阶段（Preoperational Stage），伴随着语言这一特质的发展，幼儿的思维不断发展，同化和顺应极大地促进了图式的发展。这一阶段包含两个子阶段：前概念阶段（Preconceptual Phase）（2～4 岁）和直觉阶段（Intuitive Stage）（4～7 岁）。在前一阶段，年幼的儿童不断地参加想象性和象征性的游戏，并且在这些游戏中不断增加单词以及象征性的符号的使用，如人和物体。在该阶段，通过观察模仿他人的行为也日益增加。皮亚杰认为游戏在年幼儿童的认知发展过程中扮演着不可或缺和十分重要的角色。然而，他也承认这一阶段的思维发展受到了很多因素的限制，如自我中心（egocentrism）、思维呆板（rigidity in thinking）和转换式思维（transductive thinking）。

首先，自我中心是指儿童不能从他人的角度出发来看待世界。例如，简是一个两岁的小孩，她在玩捉迷藏的游戏。当她捂上眼睛的时候，她认为所有的人都看不见她。皮亚杰认为，自我中心性渗透了儿童的所有思考，也能够解释年幼儿童把自身的感觉归属于周围的物体的原因。其次，思维呆板，皮亚杰认为该年龄阶段的儿童的思维仍没有发展到新的水平，尽管他们可以反向排序以及有意义和有目的地适应外界的变化。

案 例

马丁的妈妈去购物了，马丁的爸爸留下来照看他。他爸爸决定做中午饭，有四根香肠、一些豆子和一些土豆。当他做好饭之后，他把马丁放在了一个带有小碗的高椅上，并且分别给他自己和马丁的碗里各放了两根香肠。马丁和他爸爸都喜欢香肠。他爸爸一想到自己十分饥饿，就想要从马丁的碗里再拿出一根香肠给自己。于是，他从马丁的碗里拿出来一根香肠。这时，马丁一下子生气了，因为他的香肠被爸爸拿走了。可是，他爸爸学的是心理学，很快地就想到了皮亚杰的理论，立马把马丁的香肠切成了很小的四片。马丁看着他的碗里有这么多的香肠，一下子就停止了哭泣并且开始吃饭——因为马丁认为自己有很多的香肠，所以他一下子就开心了。

在转换式推理(transductive reasoning)的例子中，我们可以观察到幼儿会在没有推理关系的情况下做出推理。以上面的马丁为例，他的妈妈怀了一个宝宝，他观察到他的妈妈肚子很大，当他在街上看到其他肥胖超重的人时，他就会问妈妈他们是否也将要生孩子。这种思考模式在四岁左右时开始消失。前运算阶段之后的思考阶段具有直觉性，也就是说，它以可观察到的形状、大小、颜色等为依据，不考虑逻辑。

3. 直觉思维阶段(4~7 岁)

在直觉思维阶段(Intuitive Stage)，皮亚杰认为，儿童开始发展站在背面观察"整体"而反对"片面"具体的能力。他将此过程称为"分心"，但是他认为儿童有"思维"局限，他们还不能够从细节上转移自己的注意力并把它转换到整体，然后再次回到细节。例如，当该阶段的儿童观察到一个成人正在把同等数量的水从一个短且宽的杯子注入一个长且细的杯子中时，他们会认为更高的杯子里面的水更多。皮亚杰把这一类型的思维称为"物体守恒"，他认为儿童的守恒能力标志着前运算阶段的结束以及下一个阶段的开始，即具体运算阶段(Concrete Operations)。

4. 具体运算阶段(7~11 岁)

前运算阶段和具体运算阶段的主要区别在于后一阶段的儿童发展出了运用逻辑的能力，这是他们解决问题的一种方式。皮亚杰认为，逻辑具有运算规则的特征，伴随着儿童培养出更新和更复杂的技能并把这些技能逐渐整合成复杂的语义结构而不断演变。尽管儿童的思维受到他们需要把具体物体表征成更加复杂的"思维"的限制，但是他们的思维也变得更加灵活。皮亚杰采用水平变化（Horizontal Decalage）这一术语解释他观察到的儿童身上所存在的不一致。这一术语也被用来解释需要相似的心理运算的任务表现出的不一致。

5. 形式运算阶段（11～15 岁）

皮亚杰认为形式运算阶段（Formal Operational Stage）的儿童的思维处于最高的水平。这个阶段的思维更抽象和灵活。例如，儿童理解像"X"或"Y"这种字母符号可以解决类似于"如果 $X+Y=Z$，X 是 5 并且 Z 是 15，那么 Y 等于多少？"这种数学问题。皮亚杰还认为儿童在此阶段的思维能力已经不再局限于自己的经验或者事实。他认为，儿童已经能够开始考虑未来。他还认为，此阶段儿童的思维更具逻辑性并且已经开始参与演绎推理。他说儿童已经开始检验假设并且他们的思维会更客观深刻。然而，萨瑟兰（1992）认为，皮亚杰并没有能够完整地表述出发展的最后一个阶段，并且留给了像皮尔（Peel）（1971）和弗拉维尔（Flavell）（1963，1977）这些新皮亚杰派们去拓展此领域的空间。

（二）构建主义在实践中的应用

皮亚杰认为教育应该与儿童的年龄相符，尽管后来他修改了他的观点并且承认儿童在认知能力发展上有速度差异，有的年幼儿童相比同龄人来说已经能够接受更进一步的学习。他不仅对儿童是如何获得正确答案的感兴趣，还对为什么他们不能够获得正确答案感兴趣。他尤其关心"准备"的概念，并且认为儿童在进行有更高要求的任务时应该处于合适的水平"阶段"而不是加速他们的学习活动。

皮亚杰认为，教师让儿童参与的任务应该与他们的发展阶段相符合，反对试图加速他们学习活动的做法。这个观点在得到赞同的同时也被大约 1/4 的人质疑甚至批评，尤其是那些认为大部分儿童的认知能力发展不均衡的人。拥护皮亚杰观点的人，尤其是那些早教从业者们非常相信他的观点与前面章节中谈到的福禄贝尔、玛丽亚·蒙台梭利和约翰·杜威的思想存在相似性。尤其是当幼儿参与实践活动时，教师和从业者应扮演的角色，是通过移除那些可能会阻碍幼儿学习的环境因素来培养他们的情绪和社会性。像杜威一样，皮亚杰认为教师和从业者的角色非常重要，尤其是他们在以儿童为中心以及更大程度上依赖环境方面的作用。

他们两个都认为儿童的发现能力是学习的核心，应该受到重视。皮亚杰的"准备"和"以儿童为中心"的观点（Sutherland，1992）被当时早教的从业者拥护是一点也不值得惊讶的。

（三）相关性及影响

与行为主义学家相比，皮亚杰带领着教育工作者尝试探索和解释那些支撑学习和解释思维的内在加工过程。此外，他为心理学和教育学领域的研究者们研究早期的儿童发展尤其是观察力、以自我为中心以及儿童的语言方面提供了新的研究方式。对皮亚杰来说，儿童的全部都是研究的重点而不仅仅是可观察到的行为。在提出的儿童是如何思考的模型中他也为研究者和从业者们提供了理解儿童发展的新方法。

然而，皮亚杰也因为将认知能力发展划分成不同的阶段受到批评，这种划分与下面要讨论的维果茨基和布鲁纳的观点大相径庭。像他在理论的其他方面所做的一样，皮亚杰在晚年（1970）开始将自己的观点调整为儿童的智力发展是"螺旋上升"的过程，儿童重建知识体系的过程是不断扩大和向上发展的。也就是说，他不再将儿童的发展解释为由一个阶段发展到另一个阶段。

皮亚杰研究儿童如何学习时采用的方法也受到了很多批评，因为他观察的是自己的孩子，取样范围较小并且在他的实验中使用的语言有时对孩子来讲过于复杂（Meadows，1993）。这导致他低估了他的理论所依赖的那些被观察的儿童的智力。唐纳森（Donaldson）（1978）尤其批判皮亚杰在实验中提问孩子所用到的问题，他认为在实验中问题的措辞经常使孩子难以理解。皮亚杰的研究结果多数来自父母受过教育的中产阶级白人家庭的孩子，这也是大家批判其研究结果过度推断的主要原因之一。现在我们将研究转向另一个主要的理论家列夫·维果茨基，他在思维和实践领域颇具影响力。

📖 **练 习**

皮亚杰最初的理论可以为早教从业者以及当今的小学教师提供些什么呢？

三、社会构建主义

(一)维果茨基理论的重要观点

维果茨基的理论在 20 世纪 80 年代十分盛行。维果茨基生于白俄罗斯，值得一提的是他提出的观点与当时的共产主义和马克思主义思想相当一致。此外，当他的著作被翻译成英文时还包含了很多错误。维果茨基认为所有的学习都应建立在经验学习的基础上，并且很多学习发生在孩子上学之前。怀特布雷德(Whitebread)(2012，p. 127)描述了维果茨基理论的中心思想：

……所有的学习开始于社会环境中，社会环境支持儿童在此建立他们自己的理解……所有的学习最初以口语的形式存在于"内部心理"水平，然后是"工具化"水平（即以思维或内在语言的形式存在于儿童的大脑中）……这表明"社会构建主义"与学习接近。

只要一提到维果茨基的理论，学生们就能够快速联想起"最近发展区"(Zone of Proximal Development)(ZDP)这个概念。最近发展区过度概括了维果茨基的理论，甚至使大家忽视了他的其他很多重要的思想。尽管最近发展区是他研究的核心和重点，但是我们需要了解的仅仅是他众多论文著作中的一小部分。维果茨基对最近发展区的定义(1978，p. 86)是：

……那些正在发展却还没有完全完善的功能……它是发展过程中的"花蕾"或"花朵"，而不是最终的"果实"。个体实际的发展水平以一种回顾的方式描绘了其认知发展的特征，而最近发展区则是一种对个体认知发展特征的前瞻式体现。

现在我们来更多地关注一下社会构建主义的概念，社会构建主义尤其强调我们所生活和我们构建知识所依赖的世界的重要性。在这个世界上，文化仅仅指那些世代传承的社会行为和信仰模式。人们用一些像民间故事、童谣、艺术等文化工具使文化代代相传。当然随着电视、信息通信技术和社会网络的加快使用，这些工具形式在近几十年变得更为复杂多样。维果茨基认为这些文化媒介在思维上起着重要作用。近来这些工具的重要性更受到重视，皮尔(Pea)(1993，p.52)对此做出如下评论：

……这些工具在字面上携带智能，因为它们代表了一些个人或一些社会团体的决定，因此这些内容会被整理，使其能稳定地供其他人永久性使用。

更具体地讲，这些工具对我们感知身边的人和事，甚至感知世界产生了巨大的影响。进一步来讲，维果茨基认为调节学习的最重要的文化工具就是语言。维果茨基认为，儿童通过与他人的交谈和倾听来发展自己的理解能力。实际上，他对语言重要性的强调在他的著作中有所体现：

语言的结构不仅仅是思维结构的镜像。因此，它不能像衣服被摘下衣架一样被思维代替。言语不仅仅是高级思维的表达。思维重建于转换成语言的过程。它不是通过表达，而是通过词语完成的。因此，恰恰是因为运动的对比方向，语言的内部和外部方面的发展形成了新的统一。(Vygotsky，1987，quoted in Holzman，2006，p.115)

维果茨基认为语言是传递意义的途径。当儿童通过语言表达他们的所见所闻来与周围的环境进行互动时，他们也通过这种方式进入了促使他们的交际范围扩展到更广阔的社会中去的进程。这些互动的互惠性是维果茨基的社会构建主义的核心内容。

虽然他为学习和思维的研究贡献了很多精力，但他并没有专注于任何特定的与年龄相关的学习，也从未正确地建立起儿童发展理论。最近，谢弗(Schaffer)(2004，p.201)对此这样评价道：

他的唯一一个与年龄相关的说法就是两岁的儿童主要受生物因素的影响，影响孩子写作的社会文化在两岁以后才开始起作用——然而，这种说法不被近来的研究支持。

事实上，维果茨基对儿童时期的个性化学习并不太感兴趣，他对儿童所处的文化环境更感兴趣。如果考虑到他当时所处的是一个集体主义高于个人主义的环境的话，他的观点就不足为奇了。维果茨基认为儿童的发展更多的是他们与周围他人建立起的关系的总和，而不只是个体发展的过程。例如，他认为任何理解儿童发展的尝试都需要将儿童的成长和发展所处的社会文化环境作为重点。他认为，儿童的发展不是隔离起来的，而是通过与周围的人建立起动态和相互联系的社会矩阵中的一部分(Corsaro，1992)。他认为下面的论述很好地诠释了儿童发展的主体：

　　在发展的过程中，儿童开始使用他们最初与他人打交道时使用的相同的行为方式。儿童掌握社会行为方式，然后再将它们转化成自己的行为方式……通过别人的行为方式从而形成自己的……这的确不仅与个体还跟历史的功能有关。(Wertsch，1981，p.164)

　　维果茨基认为儿童生来就已具备了注意、记忆、视觉识别等认知发展的基础，这些为儿童向更高层次的发展提供了保障。事实上，儿童思维的发展使他们能够解决问题、运用推理以及进行回忆等心理活动(Rose et al.，2003)。维果茨基还提出了儿童生来就具有听从他们的父母、兄长和教师指导的能力。如此一来，社会文化规范和更直接的社会群体通过外在的形式传承至儿童，然后通过他们的经验内化并最终确立起来。换句话讲，父母和教师都属于孩子学习与发展的外部因素，这类外部因素通过为孩子提供一个从先天能力到内化思维和学习的途径来影响孩子的学习。维果茨基(1978，p.57)如此说道：

　　在儿童文化的发展方面能起作用的无非就是两个方面，首先是社会层面，然后是个体层面，即人与人之间(外部心理)与儿童内部(内部心理)。这对有意注意、逻辑记忆以及概念形成同等适用。所有更高级的功能都产生于人类个体间的实际关系。

　　维果茨基还将不同等级的思维进行了区别，他认为低级的思维方式涉及注意和记忆这类生物性的功能，而高级的思维方式包含自主性、问题解决和逻辑推理。他认为儿童所经历的社会活动可以被视为儿童由低水平的思维向更高水平的思维发展的桥梁。在此要说明的是，就"桥梁"而言，维果茨基对那些有特殊教育需求的或者有缺陷的儿童的学习和思维更感兴趣。他认为，成人通过为这些儿童创造经验而起着调节学习的关键作用。这也许就是该理论被许多教育有学习障碍的儿童的从业者们所支持的原因吧。

格雷和麦克布林（2012，p.75)将维果茨基的理论核心概括为以下四个阶段：

1. 原始阶段

两岁以下的儿童用声乐活动来表达自己的情绪和社会参与。此阶段中的非言语手势随着行为慢慢具有目的性和指向性而变得常见。在原始阶段，儿童的思维和语言是分离开的。在这个阶段"指"和"盯"很常见并且能够被细心的照料者理解，他们通过语言的形式去强化非言语交流。

2. 实用阶段

在此阶段，儿童的语言具备语法和逻辑性。这种形式的言语形成与儿童解决问题的活动有关。

3. 外部表征阶段

随着语言被用来帮助解决内部问题，出声思维在这个阶段就很常见了。外部社会言语和内部自我言语之间的转换被标记为自我中心言语，也称为出声思维。出声思维使儿童能够进行自我调整并规划他们的活动……

4. 外部表征的内化阶段

年龄在 7~8 岁的儿童进行的是内化思维，在这个时期自我中心言语开始消失。问题解决开始由内部言语（思维）来指导。在此阶段儿童的认知有更大的独立性、灵活性和自由性。思维开始通过个体、文化和社会规范来建立。

需要强调的是，维果茨基的阶段理论与皮亚杰的阶段理论不同。维果茨基没有提出固定阶段理论，而是由格雷和麦克布林（2012，pp.75-76)进一步概括的：

与皮亚杰不同的是，维果茨基不提倡发展的单向分段法……他认为发展是通过增长的途径进行的一个过程……他认为儿童在各个阶段之间有前进和倒退……像思维的发展一样。困难和挫折会使儿童退回至前一个阶段，而经验是随之发展的。

(二)社会构建主义在实践中的应用

角色扮演大概是学习活动最重要的基础，我们来讨论一下这个话题。维果茨基将角色扮演看作儿童学习活动的极其重要的基础。他认为通过游戏幼儿能建立起对周围其他人的关系的理解。一个很典型的观察就是幼儿会不断地模仿成人、卡通人物以及他们在电视中看到的"英雄"的行为。实际上，维果茨基将角色扮演看作"自我教育"的行为——而不仅仅是儿童对行为的重复，它是以独立模仿周围的人为特点的主动过程。通过角色扮演，儿童发展了许多方面的能力，如独自游戏、自主性和冒险能力。儿童的自信心随之增长，并且能更好地用自定规则去控制他们的角色，他们对别人的规则的可接纳度更大了。幻想在儿童期幼时的角色扮演中起着重要作用，维果茨基将儿童的角色扮演视为在很大程度上是自发的和自我启动的，这是自我调节过程的一部分。实际上，他认为儿童通过挑战的自我水平和自我控制能力，建立他们自己的最近发展区(Whitebread，2012)。通过这种方式，他们的活动对他们的发展阶段来说是合适的。

(三)相关性及影响

在教育中具有日益影响思想和实践的一个特定的相关领域是动态评估(Dynamic Assessment)(见第六章和福伊尔施泰因部分的内容)，其核心是社会构建主义概念。此时，可以看到教师和早教从业者扮演着对儿童的认知功能进行判断的重要角色。然而，弗雷德里克森(Frederickson)和克莱因(Cline)(2002，pp. 252-253)强调了与之相关的试图对能力进行量化和判断的实践之间的重要区别：

"静态"测试如 IQ 测试评估了孩子过去在特定的发展领域中学到了什么……这种测试被认为比评估维果茨基的最近发展区更有用……因此就采用了"动态"测试的方法……静态测试……建立目前的绩效标准，但很少有人告诉我们强调能力的过程(Campione，1989)。他们忽视了尚未发展成熟的能力……

41

请思考下面的案例。

案　例

40 岁的杰米回忆自己 7 岁读小学时被一个心理学家叫去做了许多测试。测试之后，杰米的父母收到了心理学家给出的结果报告，报告显示，杰米的言语智力和非言语智力的得分分别是 75 和 98（正常水平为85～115）。测试结束 6 个月之后，杰米转学了，他之前的小学给新学校的报告中写道：“……一个心理学家最近的测验结果显示杰米的智力低于平均水平，更适合在低年级学习。”然而，在转到新学校后，杰米非常高兴，因为他发现这里的教师很照顾他，给他解答问题，教他应对考试的新策略，给了他很多获得自信的机会，尤其注重发展他的词汇和语言能力，并鼓励他广泛阅读。杰米变得热爱阅读了并取得了很大的自信。最终，他在读大学之前考上了当地的一所文法学校。

在杰米的案例中，他在某一天、某个地方、某个年纪参加了一次旨在测试他的智力并进一步给出合适的帮助的能力测验，而不是测试他的潜力或者他是否能够做到一些事情。在杰米转校后发生的是，他的新教师使他相信他的能力远远超出之前的学校所报告的。教师教他改善学习的新方法、思考问题的新途径以及通过努力去增加他的词汇量来提高他的自尊。他的教师还鼓励他在大家一起解决问题的小组活动中向他人学习并且建立新的理解。换句话讲，他们致力于发现他的潜力而不是因为他被告知“智力低下”就使它维持在某一水平。

后一所学校的学习理念与维果茨基强调的成人在塑造儿童智力和发展言语思维所处的环境中扮演着重要角色的观点很一致。实际上，杰米的新教师积极地为班级和学校环境的建设做出了点点滴滴的努力。在对杰米的反思过程中，搭建支架的观点（详见布鲁纳部分）变得广为人知。教师们以这种方式支持着杰米向独立自主学习的方向不断前进。他们通过一系列的计划尤其是认真倾听杰米，问他一些集中性和有目的的问题，提高杰米的言语和思维能力的实际价值。作为教师，他们还意识到，不仅仅只有他们是教室里有知识学问的人，杰米也能从他的同伴身上有效且有目的地学习。

📖 练 习

> 思考一下教师或早教从业者评估儿童的智力水平并记录下他们在评估中得到的结果来判断一个儿童的能力。教师和早教从业者应该在多大程度上将儿童的努力和实践作为评估的一部分并且意识到他们的区别对待对儿童能力发展的影响更大？

四、工具概念主义

(一)布鲁纳与学习

布鲁纳学习理论的核心是工具概念主义，它包含三个重要因素：习得新信息，也包括对已有信息的再加工；对知识的转换和操纵；布鲁纳提到的对知识的"相关性"和"充足性"的检验。布鲁纳的学习观点建立在两个基本断言上，即个体的知识世界是以他们建立的现实模型为基础的和他们对在自己的文化中吸收的模型做出调整并为己所用。

在某种程度上，布鲁纳是想通过在学习领域发展他的理论观点去挑战他所处时代的主流观点。当时社会上的主流思想被心理动力学和行为主义占据，这些理论主要起源于弗洛伊德、卡尔·荣格(Carl Jung)、巴甫洛夫、桑代克、华生和斯金纳的著作。布鲁纳所提出的理念挑战了当代思想。施密特(Smidt)(2011，p.10)如此评价道：

> 使布鲁纳在当时的西方心理学家之列中显得特别的原因是，他认为事物的意义不是由我们遗传到的生理需求决定的，也不是由个体的思维决定的，而是产生于我们在文化环境中对意义的积极搜寻。

布鲁纳还力求去挑战一些在教育领域中制定的政策和决策已经达到的明显共识。施密特(2011，p.85)对此做出了进一步评价，"布鲁纳说我们应该把教育看成它本身，且他认为教育是政治性的"。布鲁纳如此专注于此事的目的已在30年前由作者的教师清楚地表达了出来：

> 布鲁纳关于解决儿童问题的研究，过于关注任务的性质和呈现给儿童的刺激，而对儿童在解决任务过程中的动态能力关注不足。（Brown,

1977，p.74）

　　布鲁纳将学习看作不只是被动地发生在儿童身上的事，而是意识到儿童在学习过程中是并且应该是主动参与者。这个观点是布鲁纳学习理论的核心，这使得他与那些我们所熟知的将学习视为刺激、反应与强化的行为主义学家区别开来。主要的不同是，布鲁纳更关心的是在认知加工和思维过程中，儿童的内部心理发生了什么。换句话讲，在刺激发生和儿童做出反应之间发生了什么。此外，布鲁纳尤其关心儿童在学习时，特别是在他们进行问题解决活动时所采用的策略，这促成了其观念的形成。行为主义学家更关心的是儿童对刺激如何做出反应。

　　布鲁纳比较关注刺激以符号和文字呈现的方式以及这些刺激在呈现时是如何与已有概念联系起来并促成泛化的。例如，按照布鲁纳的说法，通过符号和文字呈现的是更高水平的刺激，儿童通过符号和文字做出推理是学习的关键所在。他将此称为动作性表征。实际上，布鲁纳理论的核心是个体通过三种他提到的模式来表征他们的世界：动作性表征、映像性表征、符号性表征。正如我们所看到的，第一个与动作行为有关，第二个与图片和表象有关，第三个与文字符号有关。这三种表征模式不是像皮亚杰的阶段理论那样依次序发生的，而是相互整合在一起的。

　　例如，处于动作性表征阶段的儿童眼中的物体多与他们的肢体动作有关。试想一下妈妈把一个拨浪鼓给一个躺在床上的婴儿的情景。当婴儿摇拨浪鼓发出声音时，他就会对拨浪鼓的声音变得警觉。每次婴儿的妈妈给他拨浪鼓的时候，他都会摇拨浪鼓，反复数次，婴儿的肢体动作就会随着那种被教育从业者称作"动作记忆"的储存被逐渐编码。在此过程中，婴儿的动作与他看到的事件有关。拨浪鼓的概念也被内化成一种视觉图像、声音和动作的表征。然而，布鲁纳认为动作表征是有局限的。例如，这个例子中的婴儿不能将不同种类的拨浪鼓联系起来，在他的观念中存在的拨浪鼓只是他玩过的那个。

　　布鲁纳认为，处于映像性表征阶段的儿童将出现的物体内化成图像。在这个过程中，儿童的思维能力可以得到巨大发展。由于能够创造和保存图像，儿童能够将他们的思维拓展到在环境中发生过的事件上。然而，布鲁纳还是认为他提出的这种映像性表征具有局限性。儿童内化的事件会被局限在物体的表面特征上，如颜色、味道、质地等。尽管儿童可以将出现的物体及周围人物如爸爸妈妈和兄弟姐妹的形象内化，但是映像性表征不能够使他们内化像善良、幸福以及有趣这类概念。他们要通过语言去表现这些观念，这是符号性表征的核心。布朗（1977，p.75）对映像性表征概念中的中心词语肖像、图像以及符号性表征中的符号做出了如下区分：

一头奶牛的图片或者模型就是一个能够以一种明显又真实的方式将动物呈现出来的图像。而奶牛的符号没有此类特征，它只能通过大家都使用的单词来表示这种动物的存在。通过消除特性或具体特征，符号使我们的一般概念不被具体的特点限制。

为了探讨布鲁纳在儿童言语方面所起的作用，施密特（2011，p.66）这样评价：

布鲁纳告诉我们，"儿童学习使用语言最初是为了……去得到他们想要的，去玩游戏，去与他们所依赖的人保持联系。在这样做时，他们发现在文化中盛行的限制体现在父母的限制和习俗中"。（Bruner，1983，p.103）

随着儿童语言能力的发展，他们能够通过思维解决困境。例如，他们可以在与朋友交往时谈论其他地方的人和事。他们能谈论以前的以及他们未来想要体验的经历。他们可以逐渐发展到解决问题、批判反思以及评价活动。这些都是思维向更高水平发展的重要过程。这个过程是早教从业者和小学幼儿教师积极进行的发展儿童思维技能的尝试。以下面为例。

案　例

吉莉和她的朋友卡罗琳、哈里雅特、凯西、迈克组成了5人学习小组。他们的教师在课堂上提出了一个需要小组协作来完成的问题。教师给每一组一张A4纸以及一本厚重的练习册。教师让每一组轮流挑战将书本维持平衡地放在纸上。孩子们很兴奋并且快速冲出座位去接受这个挑战。教师观察到多数小组都是进行随机尝试去解决这个问题。教师对孩子们使用的策略，尤其是言语的使用感兴趣。她听到了吉莉这一组在开始解决任务时进行的对话：

哈里雅特："这太愚蠢了，根本不可能。我们做不到的。"

迈克："是的，没有人能做到的，这太愚蠢了，我放弃。"

哈里雅特："是的，很愚蠢。"

吉莉："等等，假如我们能够改变纸的形状。"

凯西："是啊，我明白了，我们试一下吧。将纸折成锯齿状，你知道的，像这样。"

吉莉："是的，我知道。将纸张在其侧面以锯齿形状翻转过来，然后我们就可以在顶部平衡书了。这样纸会变得更坚硬。"

卡罗琳："是的。那样能做到的。"

迈克："喔，真的可以。"

这时候这个组就成功地将纸折成了锯齿状或者说六角形形状，他们很容易地将那本厚重的书平衡了起来。

这个案例很好地说明了符号性表征以及它是如何允许并使得更复杂的思维发展的。以"等等，假如我们……"这句话为开始，吉莉提出了一个假设，并且开始进行假设推理，这使得吉莉比哈里雅特和迈克的思维水平更高，他俩对任务中的问题仅仅是感性地回应。吉莉的假设得到验证不仅是通过对纸和书这两个物体的实际操纵，还是对她的同伴的动作和言语的回应。凯西对吉莉表示赞同，然后，她们将改变纸的形状的想法发展为折成锯齿状的想法。在这里凯西对吉莉的假设提供了积极认同，并且进一步发展了小组的想法。通过这样的认真管理，幼儿教师不仅能发展儿童的语言能力还能发展他们的思维能力。通过这种方式，他们发展了儿童的认知能力和功能，这些都是学习的核心。因此，教师提供给学生的学习环境和学习经历在学生的词汇发展、逻辑推理、演绎等类似方面的发展上起重要作用。

围绕着语言的产生是识字能力的获得这一说法，布鲁纳认为，儿童进行读写不仅要知道组成字的书写符号，还要能够识别它们的读音。确实，布鲁纳甚至认为，更多地参与阅读和写作的儿童的内部认知结构将不同于那些较少参与语言导向活动如绘图和建筑活动的儿童（Brown，1977）。他还认为后一类的孩子与较多参与和他人谈话的孩子有很大不同。他对此的解释是，尽管大多数儿童都同周围的人进行基本的语言交流，但这与参与过很多次讲话与倾听的孩子不一样，多次参与肯定会对孩子内化思维能力的发展产生重大影响。然而，当孩子积极且有目的地去书写能代表自己以及其他人的讲话和言语的符号时，一个很重要的转化过程就发生了。通过文字和数学符号等书写符号来表达思想，儿童就可以通过他们的书写符号来分析自己的想法。因为许多年幼的孩子喜欢用蜡笔和彩笔做标记，所以我们应该考虑其重要性。

最近，布鲁纳的观点开始转向叙事的重要性，施密特（2001，p.92）对此做出如下提示：

在过去的 20 年里，布鲁纳一直在系统地发展什么叫作文化和心灵的叙事观点，并且认为现实本身就是叙事建构。

说到叙事一词，施密特（2001，p.99）给出如下说法：

孩子成为叙事者的原因是他们探索了建立起来的关于这个世界将会是怎样的一种期待。他们通过自己的经历和互动以及他们在世界上寻找模式和规律的方式来发展期望。

的确，布鲁纳看到了"推理"方面的叙事，并且提出了"……事实本身就是一种叙事建构"（Smidt，2001，p.13）。

（二）工具概念主义在实践中的应用

读者可以看到布鲁纳与前面讨论过的其他理论家之间的相似性。一个相似性就是搭建支架，他在很多方面与维果茨基的观点相同。维果茨基首先提出来学习是一种社会活动，因为儿童的学习和思维是通过与他们周围的人如父母和教师的互动发展起来的。布鲁纳将这个概念进一步发展，并发展了自己的搭建支架的观点。他认为搭建支架发生在儿童生活中的每时每刻。例如，我们可以看到年幼的儿童跟祖父母一起学习，他们的祖父母会为他们构建活动。这大多发生在潜意识阶段，但是在发展和促进孩子的学习方面十分重要。

（三）相关性及影响

布鲁纳在我们试图理解学习的方式以及在学校中的练习上有巨大的影响。如今，实习教师在进行培训时也要学习搭建支架，并期望能将其应用于教学中。搭建支架理论的一个突出的优点就是它是一个非常灵活而非静止的过程。祖父母或者教师可以尝试着将任务分解成更小的、更容易管理的单元并给孩子示范解决问题的方法，或者教师将孩子们分成小组去解决问题，结果发现能力较弱的孩子会通过观察、模仿和使用言语来向能力较强的孩子学习。现在大家逐渐意识到，与孩子一起努力去提高孩子的学习能力的过程能激励许多孩子。

布鲁纳的著作中的另一个重要特征是他对发现学习的重视。这种学习形式被它的支持者们看作一种重要的学习方式，通过发现学习，语义内化可以随着新信息的概念化巩固已有的知识。施密特（2011：10）对此做出了如下评论：

> 对于布鲁纳来说，意义一直是任何关于心理和认知研究的核心。当我们讨论意义的时候我们谈论的是通过理解某事件的意思去理解它。

发现学习理论也受到了批判，特别是在学习的过程中儿童可能会获得一些错误的理解。而这些错误的理解很多时候是教师不能够发现的。或者说，其实发现学习理论的使用范围有限，它只能适用于某些学习方式，不适合那些喜欢偏说教形式的上课模式的学生。此外，一些家长和教师认为这种学习方式较浪费学生的时间，他们更倾向于让孩子使用普通的获得知识的方法。这在英国已渐成现实，因为学校承担了越来越多的实现与考试成绩相关的目标的压力。

五、每种理论的优缺点及现实应用

本章的每一个理论对我们理解孩子是如何学习的都做出了巨大贡献。它们各不相同却又在许多方面是相似的，了解了学习理论的孩子就会发现，我们在讲一个学习理论时不得不提及另一个。或者说，一个学习理论并不能解决所有的问题。具有批判性的读者会将这些理论同行为主义联系起来并思考这些理论除了能让我们理解认知发展、成熟、动机、文化、儿童不断变化的特征以及大脑的神经系统功能这些重要问题之外还能带给我们什么。

皮亚杰强调环境的重要性的同时也对教师的角色做了小小的强调，维果茨基和布鲁纳将教师的角色看得极为重要，尤其是他们在发展孩子的思维与学习能力的时候发挥着重要的作用。与皮亚杰不同的是，维果茨基与布鲁纳尤为强调文化环境在儿童认知发展过程中的核心作用。要知道，皮亚杰的著作出现在我们对学习的理解被行为主义统治的时候。

📖 练 习

> • 上述理论中的哪些方面是你在观察从业者对儿童的教育中见过的？
> • 上述理论之间有什么相似性和差异性？
> • 上述每个理论是如何解释有特殊教育需求的儿童的学习的？
> • 你认为上述各理论的哪些方面与 21 世纪的教师联系最紧密？

———— * ———— * ———— * ————

◎ 总 结

本章的目标是，使读者了解经典条件理论与操作条件理论中的重要观点，这些观点是行为主义的核心并且一些在学习领域的主要贡献者做出了贡献。皮亚杰、维果茨基和布鲁纳对这些理论的优缺点并且对这些理论与当今从业者的相关性都做出了说明。

毋庸置疑，教师及早教从业者都被这些著名人物的理论观点指导着，并且他们的实践体现在前辈们的成果中的同时又反过来对当今的教育实践产生影响。对这些理论有更深入和更系统的理解，以及它们如何相互传达和对比思想，需要从业者持续的批判性参与。这种批判性参与虽然常常具有挑战性，而且有点令人畏惧，但最终会导致对实践的改进，加深对我们为什么会以我们的方式做事，以及为什么会那样思考学习的理解。下面的章节是建立在这些主要的理论家所表达的思想的基础上的，重点是幼儿的思维和学习的本质。

🍎 推荐阅读

Athey, C. (1990) *Extending Thought in Young Children：A Parent-Teacher Partnership*. London Paul Chapman Publishing.

Gray, C. and MacBlain, S. F. (2012) *Learning Theories in Childhood*. London：Sage.

Nutbrown, C. (2006) *Threads of Thinking：Young Children Learning and the Role of Early Education*. London：Sage.

🎤 **参考文献**

Beck, H. P. , Levinson, S. , and Irons, G. (2009) Finding Little Albert: a journey to John B. Watson's infant laboratory, *American Psychologist*, 64(7): 605-14.

Bigge, M. L. and Shermis, S. S. (2004) *Learning Theories for Teachers* (6th edn). Boston: Pearson.

Brown, G. (1977) *Child Development*. Shepton Mallet: Open Books.

Campione, J. C. (1989) Assisted assessment: a taxonomy of approaches and an outline of strengths and weaknesses, *Journal of Learning Disabilities*, 22(3): 151-65.

Corsaro, W. A. (1992) Interpretative reproduction in children's peer cultures, *Social Psychology Quarterly*, 55 (2): 160-77.

Donaldson, M. (1978) *Children's Minds*. Glasgow: Collins, Fontana.

Flavell, J. H. (1963) *The Developmental Psychology of Jean Piaget*. New York: Van Nostrand.

Flavell, J. H. (1977) *Cognitive Development*. Englewood Cliffs, NJ: Prentice Hall.

Frederickson, N. and Cline, T. (2002) *Special Educational Needs, Inclusion and Diversity*. Maidenhead: Open University Press.

Gray, C. and MacBlain, S. F. (2012) *Learning Theories in Childhood*. London: Sage.

Hayes, N. (1994) *Foundations of Psychology*. London: Routledge.

Holzman, L. (2006) Activating postmodernism, *Theory and Psychology*, 16(1): 109-23.

Keenan, M. , Kerr, K. J. and Dillenburger, K. (2000) The way ahead. In M. Keenan, K. J. Kerr and K. Dillenburger (eds) *Parents' Education as Autism Therapists: Applied Behaviour Analysis in Context*. London: Jessica Kingsley.

Meadows, S. (1993) *The Child as Thinker: The Development and*

Acquisition of Cognition in Childhood. London: Routledge.

Nutbrown, C. (2006) *Threads of Thinking: Young Children Learning and the Role of Early Education*. London: Sage.

Pea, R. D. (1993) Practices of distributed intelligence and designs for education. In G. Salomon (ed.) *Distributed Cognitions*. New York: Cambridge University Press, pp. 47-87.

Peel, E. A. (1971) *The Nature of Adolescent Judgment*. London: Staples Press.

Piaget, J. (1970) *Science of Education and the Psychology of the Child*. New York: Orion.

Rose, S. A., Feldman, J. F. and Jankowski, J. J. (2003) The building blocks of cognition. *The Journal of Pediatrics*, 143(4): 54-61.

Schaffer, H. R. (2004) *Introducing Child Psychology*. Oxford: Blackwell.

Smidt, S. (2011) *Introducing Bruner: A Guide for Practitioners and Students in Early Years Education*. London: Routledge.

Sutherland, P. (1992) *Cognitive Development Today: Piaget and his Critics*. London: Paul Chapman.

Vygotsky, L. S. (1978) *Mind in Society: The Development of Higher Psychological Processes*. Cambridge, MA: Harvard University Press.

Vygotsky, L. S. (1987—1998) *The Collected Works of L. S. Vygotsky. Volume I: Problems of General Psychology. Volume II: The Fundamentals of Defectology. Volume III: Problems of the Theory and History of Psychology. Volume IV: The History of Development of Higher Mental Functions. Volume V: Child Psychology*. (Editor of the English translation: R. W. Rieber.) New York: Plenum Press.

Watson, J. D. (1928) *Psychological Care of Infant and Child*. New York: Norton Company, Inc.

Wertsch, J. V. (ed.) (1981) *The Concept of Activity in Soviet Psychology*. Armonk, NY: M. E. Sharpe.

Whitebread, D. (2012) *Developmental Psychology and Early Childhood Education*. London: Sage.

第三章　早期的思维与学习

本章主旨：

- 考察学习和早期大脑发育；
- 探索少年儿童的发展；
- 考察学习与玩的关系；
- 强调语言在学习中的重要性；
- 强调早期干预和英国最近的早期倡议。

导　言

其实，在近几十年我们才开始更充分地理解儿童时期思维与学习的本质。理论家和哲学家加深了我们对儿童发展的理解，研究者和从业者也促进了我们对知识的积累，尤其是对接受正常教育与特殊教育的儿童的学习行为做出了贡献（Beckley，2012；Moyles et al.，2011）。随着研究者们致力于理解儿童是如何思考的以及他们的思考是如何与学习联系起来的这一进程的发展，探索学习的新方法逐渐被采纳。事实上，近三四十年来，大多数教育领域的研究者和从业者才在儿童是如何思考的以及他们的思考是如何与学习联系的方面达成共识。在许多情况下，这在很大程度上改变了我们的实践方式以及儿童是如何被感知和理解的。尽管我们在理解上取得了很大的进步，但是我们在认识儿童如何思考和如何学习方面尚存争议，而最受争议的是儿童是如何受教育的。

本章以关注大脑在早期的学习中所起的作用为开始。然后，我们将探讨角色扮演的重要性以及它是如何促进学习的，尤其是它在个体的早期发展中所起的作用。接下来，我们会考察早期儿童学习发展的核心影响因素，然后探索英国早期教育领域的一些近期的倡议。最后，我们将去研究理解解决问题的学习和思维的重要性。

一、学习与早期大脑发育

令人十分惊讶的是，学习和教学类别的书很少有涉及大脑部分的，而大脑是人体中控制、调整和驱动学习的器官。同样令人惊讶的是儿童教育的从业者中很少有人真正理解大脑在促进学习时所起的作用。

我们了解早期大脑发展的核心因素需要我们去了解神经元的作用，信息以电脉冲的形式通过神经元进行传输。据估计，大脑中的神经元数量高达百亿。在胎儿出生之前，神经元就已经形成并逐渐组成了大脑的不同部分。由此一来，它们反应并建立起对不同化学物质的回应。这个过程从大脑较低级的部位开始，如能为身体发展提供所需的自主功能的脑干。

到婴儿出生的时候这些功能就已经发展得相对完善了，正因为如此，新出生的婴儿具有吸收营养的能力，如吮吸母亲的乳汁、呼吸、睡眠、有听觉以及逐渐体验到的像触摸一样的感觉。在个体出生后，大脑的发育就转向"更高级"的脑区发展，如大脑皮质。大脑皮质管理着言语、思维、情绪等发展的更高级功能。需要特别说明的是大脑发展是在出生后至早期这个阶段进行的。重要的是，大脑的不同区域分别通过激素和神经递质等化学物质来执行各自的功能。

出生后，婴儿的学习速度加快，这与神经元间的联结加强有关。各神经元并不直接接触，而是有一个个被称为突触的小的间隙，各神经元通过突触传递电信号。这个过程发生在化学物质被释放时，这些化学物质又被称为递质。当一个递质进入神经元时，它就会遭到破坏。哈迪（Hardy）和海斯（1994，pp. 262-263）有如下言论：

神经系统中的所有信息都是以神经脉冲的形式传播的，但是它们对信息的解释取决于大脑的哪个区域接收到了信息。比如，有些脉冲在一个区域被解释为一个光点，而在另一个区域就成了声音……许多所谓的"神经毒气"通过阻止分子发射器的破坏而产生。神经元的持续兴奋导致了死亡，还使身体的所有肌肉持续收缩。

在孩子出生后以及发展的早期阶段，突触是以一种超快的速度发展的。因此，研究者与从业者都意识到了在孩子出生后的前几个月和前几年中激发学习的重要性。事实上，大家逐渐开始认为婴儿的大脑皮质每秒可构建数百万个突触。在这个时候，许多突触会被建立起来，而另外有些突触却因为被婴儿抛弃而无法建立。尽管到青春期的时候50％的突触已经被消除掉了，但是这种突触联结建立的过程会贯穿于个体的整个生命进程中。的确，大家逐渐意识到了大脑工作所遵循的规则就是用进废退，如果大脑不被使用，那么神经元之间的联结就会消失。那些被使用的神经元之间的联结就会变得更紧密和持久。然而，随着婴儿的成长，那些不被使用的神经元之间的联结也会消失，这跟神经元之间建立起的联系是一样的，神经元之间建立起的更紧密的通路也能够促进大脑自身组织的发展。

神经科学领域在我们理解大脑的建构和作用时所具备的优势尤为明显，我们能够更深刻地理解幼儿大脑的发育如何与环境相互作用，以及这种重要且复杂的相互作用如何影响学习和思维。基因的重要性组成了婴儿的内在，因此，与10年前相比，婴儿在成长环境中的经历得到了更多的重视。例如，我们知道婴儿与主要照料者之间的关系对其早期的大脑发育有重要影响。

在婴儿出生后的第一年内甚至在出生之前，那种重要的联系就已经建立起来并得到巩固了。孩子参与角色扮演、动作、语言等方面的活动越多，这些联系就会越紧密。正因如此，他们的经历显得尤为重要。例如，一个很年幼的孩子在每晚上床前父母都会以温柔、坚定、有爱的方式读书给他听。这个孩子的大脑建立起的联结肯定与那些每晚熬夜、看电视、跟父母的交流靠喊叫类的简短交流的孩子不一样。同样，如果给第一个孩子很多参与运动和锻炼的机会，那么他的感觉运动联结会比第二个每天坐在椅子上看几小时电视的孩子发展得更好。

正如我们在前一章看到的那样，理论学家花费了一些时间才认识到幼儿与环境之间有目的和有意义的互动的重要性，并且这是他们学习与认知发展的核心。幼儿用这种方式与环境的互动越多，大脑建立起的联结就越强，为将来的学习活动建立的基础会越牢固，尤其是在言语发展方面。让我们再次用上面的例子举例，第一个孩子的父母每次跟他讲话、解释事情和表达愿望与期盼的时候都使用丰富的词汇。因此，这个孩子建立的言语网络将会比父母以贫乏的词汇与之沟通的第二个孩子的更强、更截然不同。

大脑进一步发展的特征是"髓鞘化"（myelination）。这是一种被称为髓鞘的"脂肪"物质，它充当着绝缘体，能够使脉冲通过突触进行传输。婴儿和幼儿在这些重要年份中得到的经验和刺激会影响髓鞘的形成，从而影响将来的学习。当儿童到可以上幼儿园的年纪时，他们的大脑已经成型。

大脑发展的一个很有趣的特征是婴儿和幼儿能成功地适应环境。我们可以想象出生在极其寒冷或极其炎热的环境中的婴儿能快速自然地适应环境。也就是说，我们需要认识到，无论在什么样的环境中，婴儿和幼儿都需要刺激去丰富经历。我们还要意识到，所有的新生儿和幼儿都需要被宠爱和照顾，因为他们得到的爱和照顾能够发展大脑相应的区域从而获得情感满足的生活，反过来，也会影响他们平衡生活的能力。

在大脑发展的过程中，另一个十分有趣且重要的方面是婴儿和幼儿的记忆。随着他们遇到的经历的不断重复，大脑中负责记忆加工的感觉神经通路就产生了。以一个常被下班回来的父亲举高高和挠痒痒的幼儿为例。渐渐地，这个孩子会对这件事产生记忆，即他知道当他的父亲抱起他的时候就会挠他痒痒，那么被抱起将会是一个令人愉快的经历。同样地，如果被父亲举起来的经历是痛苦的，那么这个儿童就会将这个与父亲的互动内化成令人不愉快的经历。通过这种方式大脑可以帮助婴儿和幼儿适应周围的环境，并建立起他们对所生活的世界的理解。最近，《以智慧看情商》（*An Intelligent Look at Emotional Intelligence*）（ATL，2005，p. 20）的作者克拉克斯顿（Claxton）受教师与讲师协会的委托作报告，谈到较年幼的孩子有一个"情绪学徒期"，他们会观察身边的人是如何管理情绪的。克拉克斯顿提出观察与学习之间有着重要的联系，即：

当不确定如何对陌生人和新事物进行情绪回应时，婴幼儿会从他们所信赖的人——很明显会是父母，还有非常亲密的哥哥姐姐们的面部表情及声音的音调中获取线索。家人在引导儿童的情绪发展上起着直接或间接的重要作用。第二次世界大战对儿童的研究显示，不是他们所看到的事件，而是儿童身边的成年人对事件的反应影响了他们的发展。在一个经常发疯的成人身边对儿童自己的情绪发展是有害的。

二、促进儿童的学习

儿童早期学习的发展与管理的核心是他们在学习时所处的环境。同等重要的是，儿童积极和有意义地参与活动和那些儿童被鼓励参与活动的程度，这些活动不仅是在个人基础上，还在与他们的同龄人和其他成年人之间。从事儿童工作的成人以一种积极和有目的的形式参与批判反思也是很重要的。批判反思是一个非常值得我们花时间深思的理念。阿德琳（Daudelin）（1996：39）引用了迈尔斯（Zwozdiak-Myers）（2007，pp. 160-161）十分具有启迪的观点：

……反思是从经验退回进行仔细和持续地思考的过程，它对个体的意义在于推理能力的发展：学习就是从过去或者当前的事件中得到意义，并用其指导之后的行为。

这个定义是有意义的，因为它尤其强调许多重要的建构可以作为标杆去指导我们理解那些与幼儿相处时可被观察到的能更好巩固的行为元素，它们是："倒退"（stepping back）、"认真和坚持"（carefully and persistently）、"意义"（meaning）、"推理"（inferences）以及"行为"（behaviour）。这些词语不仅仅为从业者们提供了一种考察和评估他们自己的实践尤其是他们自己的行为的方式，还提供了一种途径，使从业者能够带有目的地反思他们为儿童创造的环境的管理模式。此外，它们还为从业者们提供了观察、解释和理解那些他们照顾的儿童的实际行为的方法。

📖 练 习

回想一个你观察到的儿童的行为序列。花点时间去确认一下你会用什么样的词语去描述那些行为，然后思考这些词语能为他人传递什么特殊信息。

当观察一个优秀的幼儿教育从业者时，我们可以很明显地看到他们会带有很强的目的性去谈论一些关于儿童的话题。例如，他们关于他们创造的学习环境以及他们给儿童的任务的谈话就带有很强的目的性。这种谈话的特点也是他们的客观性质，并且在讨论学习时没有太多描述性理由的证据。相反，他们的讨论是具体的并且有理有据。这种类型的交流表明这些优秀的从业人员具有一个更有深度、更系统化的对儿童学习所需要的情绪的、社会性的、认知的因素的理解。

高效的从业者也会花时间去有目的、细致且有意义地观察。通过这样做，他们能够严肃地反思他们自己对儿童的行为，并且花时间去倾听父母诉说了关于孩子的什么以及没有诉说的是什么。他们认真且坚持地关注儿童的行为模式，尤其是那些从儿童自己以及与他人的游戏和学习活动中可以观察到的微观行为。认真且有目的的观察以及对儿童行为的正确理解能够告诉从业者大量关于儿童学得怎么样、他们的认知发展水平、他们的语言发展、社会学习等信息。例如，观察儿童在结构化和非结构化游戏中与其他人进行语言交流的频率以及儿童与他人进行语言交流时的放松程度都能为教育者提供大量非常有用的信息。

进一步探索从业者对儿童行为的有目的且有意义的观察以及他们倾听儿童讲话的方式具有很重要的意义。教育从业者意识到了这个重要性已经有一段时间了。例如，道林（Dowling）（2005，p.30）做出了如下评论，"想要真正进入儿童的心理并且理解他们，只有通过观察他们的行为并与他们交谈"。同时，彭妮·兰开斯特（Penny Lancaster）（2006，p.69）认为：

倾听幼儿是给予儿童基本权利的一种方式。它使人们不再把年幼的儿童视为成年人决定的被动接受者，他们需要代表自己做出选择和决定。

兰开斯特（2006，p.72）认为，为了尊重孩子的需求，从业者们需要去"……了解孩子们对自己的经历是如何理解的"。早教从业者以及小学教师不仅要花时间去有意义和有目的地观察，还要在不同的环境中积极倾听孩子们说了什么，这一点是非常重要的。在这样做时，重要的是要给孩子们思考的空间，使他们能够根据自己的发展水平并在自己的时间里处理信息。成年人与儿童的交谈与倾听是极为重要的。在一些情况下，不这样做的话可能会导致错过儿童在情绪、社会性和认知方面的发展，并且儿童的学习将会成为被成年人控制的被动形式。在极端情况下，儿童可能会经历生活中的情感创伤，他们甚至不能使其他人意识到自己的创伤以及家庭情况。尤其悲痛的是，在最近的一个关于儿童维多利亚·克里比(Victoria Climbié)的案例中，她被虐待致死，兰开斯特解释道：

> 维多利亚·克里比需要某个人去倾听她的生活经历、她的忧虑以及她对所处环境的看法，但是没有人倾听。她的权利被忽视了，她应该得到的关心被父母剥夺了。(2006，p.65)

与观察和倾听儿童同等重要的是，我们需要早教从业者和小学教师去训练他们的观察技巧并花时间去反思和认真分析自己或他们同行的观察是否具有意义。反思性且有目的性地观察不仅能够告诉从业者关于儿童社会性的、情绪的和认知的发展，还能够使他们进行有效的评估并介入其中以及随后计划的学习活动。纳特布朗(2006，p.99)就观察的重要性给出了以下观点：

> 观察和评估是观察和学习必不可少的工具，从业者用这些工具能对已经发生的事建立起计划并且探究未来的可能性。

在评论蒙台梭利的教室观察时，吉兹(Feez)(2010，p.24)认为：

> 在学习观察的时候，蒙台梭利学校的实习教师坐在一个不打扰、不分散孩子注意或者不与儿童有任何接触的地方。他们记录下了一切其他人不能意识到但很重要的细节。他们需要特别记录以下内容：
> * 使每个孩子感兴趣的一切事物，无论是多么明显不重要的；
> * 一个儿童对每一个自己选择的活动保持了多久的兴趣，几秒钟、几分钟或几小时；
> * 儿童是如何运动的，尤其是手部的运动；
> * 儿童重复同样的活动多少次；
> * 儿童如何与他人交流。

这种观察幼儿的方法可以被从业者用于自己的实践中。
现在以马克为例来说明。

案　例

马克在当地的一所小学读一年级。马克的教师直观地感觉到他有些不太对劲，并且她已经向特殊教育需求协调员和校长反映了情况。她与特殊教育需求协调员一起花时间在班级活动中观察马克。首先，他们都观察到马克会与其他儿童在小组中互相合作去解决问题。其次，他们都花时间去观察马克在操场上的表现。在观察期间他们的发现令他们惊讶。因为他们选择主要观察马克的微动作（那些我们每个人都会做的微小的动作活动），他们开始意识到在教室里当马克与其他儿童一起活动时尽管小组一起活动了近一小时，但是他也从不会与人有任何言语交流。此外，在操场上，他们观察到他从来没有与其他人进行任何言语交流。他们观察到他一直围着操场跑，从一个小组几分钟后到另一个小组，他只是在每个小组边上徘徊，但是从不加入。当他们在一个星期之后在同样的环境中再次观察他时，他的表现依然如此，他就是不去与他人进行语言交流。在接下来与学校的社会工作者的讨论以及学校教育心理学家的评估中她意识到马克在家里受到了严重的忽视。

从上面的例子中我们很明显地看出，马克是一个不幸福的孩子，尽管他平常作为一个安静又不成熟的孩子出现在教室中，但是直到教师们真正花时间去观察他的微动作和行为模式时他们才真正明白马克的一切都不太正常。现在请思考如下问题。

练　习

花时间去思考在马克的例子中教师和特殊教育需求协调员可能观察了什么类型的微动作。与他人分享你自己观察儿童的经验并确定一个你观察到的微动作的范围。思考一下，仔细观察儿童行为花费的时间应该如何才能被父母认为是教师进行的积极活动而不是浪费时间。

现在思考儿童学习的发展时，我们也许会比之前任何时候都明白科学技术影响的重要性。如今几乎没有儿童不接触电视、计算机和手机等。事实上，许多读者都会公开表达相似的担忧，如今幼儿可以通过媒体接触到关于暴力攻击和性活动的资源。事实上，现在有相当多的学龄儿童听力发展不足、语言发展滞后并且不成熟。很少有孩子能够达到接受正常教育应具备的水平。对于这些儿童来说，学校提供的这种正常的学习环境是重要的。

现在让我们来进一步探索为儿童创造合适的学习环境的重要性，尤其是那些知识技能发展欠缺的入学儿童或者刚到一个文化环境不同的国家开始学习的儿童。很显然，早期环境和小学的文化在近几十年已经经历了重大变化。例如，儿童需求的多样性有很大增长，有特殊教育需求的孩子的数量日益增长，而许多有缺陷的儿童现在仍在接受大众教育。据估计，2008 年，仅仅在英国就有将近 150 万有特殊教育需求的儿童，基本占学校学生数的 20%。此外，223600 个儿童中有超过一半（近学校人数的 1/3）的有特殊教育需求的儿童仍在接受主流教育（DCSF，2008）。就语言多样性而言，据估计，如今在讲 200 种语言的英国学校中有 90 万个儿童将英语作为非母语语言学习。

为了帮助我们更好地了解进入正常学校的儿童的个体需求以及怎样的早期环境和学校环境能满足多样性，我们值得用本书提到过的理论来建立起我们自己的思考和分析。我们可以以这种方式将我们认为的儿童学习的正确方式与那种不被大家接受的"尝试和考试"的教学和学习方式进行对比。通过对比，读者不仅会对这些理论家和哲学家的重要观点理解得更透彻，还可以通过他们自己的思考提出新的假设观点。一个明显的例子就是，对当今从业者产生重要影响的玛丽亚·蒙台梭利（见第一章）。

蒙台梭利最先确定了第一个发展阶段（或水平，0～6 岁）的 11 个"敏感"期。从出生到大约 12 个月是发展孩子的运动能力如抓握和行走的阶段。对环境的探索也是这个阶段的儿童的特征，因为儿童能够移动触摸、抓握到物体和人。幼儿通常要经历能发出任意音节，然后形成和使用词和短语的发展过程，最后是能形成反映他们自己的想法和对周围人反应的句子。在 1～4 岁这个阶段，孩子能对固定的对象及其包含的细节进行描述。

早期儿童学习的一个重要特征是，随着他们重要的注意力和集中技能以及新的视觉技能的发展，这有助于促进脑内视觉特征如轮廓和形状的内化表达。大脑的固定和视觉表征过程促进了言语中介的发展，言语中介就是儿童给物体贴上像随声机一样的言语标签。对于那些来自非正常家庭的儿童来说，如果他们很少有机会接触类似的学习情境，那么当他们在接受正式教育的时候就会有很多的不利。更重要的是，他们不能够带有目的性地度过这个"敏感"的阶段，并且他们的发展在某些方面可能会受到限制甚至扭曲。这对于理解这些孩子的学习是如何完成的、成人是如何负责管理他们的学习的、成人如何解释他们的行为具有巨大的意义。例如，那些在很早就有特殊教育需求的孩子需要或者应该与那些在成长中有很多机会去表达和接受语言、注意技巧以及专注力发展得到支持的孩子一视同仁吗？

蒙台梭利认为2～4岁的儿童会表现出对连贯性和一致性的渴望。在此阶段的一些儿童会因为环境的改变而感到苦恼。在此阶段的儿童还会对常规性的活动积极响应。希望读者再次思考在家里和在学校里为儿童建立常规性和连贯性活动的影响，尤其是对那些生活在离异家庭或不稳定的家庭中的儿童的影响。读者也要思考一下不同教养方式的影响，一些父母希望对他们孩子的生活划出明确的界限，而其他父母则反对这种观点并设法避免强加给孩子任何界限。教养方式对孩子的影响超越了所有的社会因素，因为教养方式不受限于任何阶层也不由收入决定。

蒙台梭利认为2～6岁的儿童通常会表现出在音乐的一些方面的兴趣，如节奏和唱歌。她还认为"优雅和礼仪""感觉细化"都能在此阶段的儿童身上观察到。处于2～6岁这一阶段的儿童会表现出对成年人以及年长的兄弟姐妹的行为进行模仿的强烈倾向。在此，我们可以再次看到父母和其他在儿童生活中重要的人为他们塑造的角色的重要性，以及这将如何支持孩子未来的学习和高效教育所需要的重要技能，如好的倾听技巧、注意力、情绪控制和毅力。

蒙台梭利提到的此阶段的其他元素有（参见 Gray and MacBlain，2012，p.154）：

- 对书写的明显的兴趣，3～4岁的儿童会试着去模仿字母和单词或者数字和符号；
- 3～5岁的儿童对读书感兴趣，他们对字母和单词的声音表现出兴趣；
- 4～6岁的儿童对空间关系感兴趣，他们内在地表达物体与他们自己所处的环境之间的关系；
- 数学思维中基本概念的发展，4～6岁的儿童会使用具体的数字。

独立性和照顾自己的能力是蒙台梭利理念的重要特征。让我们再次思考一下那些缺少这些能力且来自父母滥用药物、犯罪和忽视家庭的孩子。就算一些父母会因为允许孩子到远离家的地方玩或者冒险而感到担心焦虑，我们也应该思考鼓励孩子独立这种观点。事实上，这是最近非常受媒体关注的一种父母教养方式。

在蒙台梭利幼儿园，儿童要自己穿衣服、打扫教室。这种类型的学习有助于孩子在未来对他们自己的团体做贡献。这是一个非常吸引人的想法，也是一个认为能将儿童培养成一个团体中的好成员的想法，这能发展他们健康的价值观。这意味着他们会有更多的机会参与社会活动，并将自己看成具有良好的职业道德的积极参与者。

重复任务是蒙台梭利方法的一个进一步特征，因为这种方法能够为抽象推理打下基础。蒙台梭利的教师会用三步法将新的概念介绍给儿童，即介绍新的概念，理解概念的具体方面，理解概念的抽象方面。因此，教和学就成为每个儿童个性化的过程，这也是支撑最近在英国采用的《早期基础阶段法定框架》(Statutory Framework for the Early Years Foundation Stage)的理论基础。

依据蒙台梭利关于重复的观点，我们值得考虑过度学习和练习对有阅读障碍和运动障碍的儿童的作用。对许多在学习中走神儿和注意力不集中的儿童，学校需要考虑采用过度学习和重复的方法来解决短时记忆、组织和计划困难等问题。短时记忆的一个重要方面就是复述。许多学生不会识字，尤其在复述方面有困难，他们可能不会在阅读和写作文本时使用合适内化的有效方法。这种在阅读和写作任务上使用错误方法的现象很常见。例如，当他们理解力贫乏且不懂得词汇结构分析的时候他们就会猜测单词的意思或者试着去理解单个的字母和单词。

对于许多这样的孩子来说，他们的具体困难主要与语音加工有关。因此有效的工作者在与表现出这种特定困难的孩子一起工作时，往往会过度学习。这在实践中是有序的、累积的，并且最重要的是采用多感官和动觉活动。这种类型的干预措施的核心是早期的实践者和教师承认运动和协调的重要性，这是多感官方法的基础。

三、学与玩

玩是学习的核心。例如，通过玩的方式，儿童学会了与他人合作以及维持关系。通过游戏，他们发展了言语技能、思考和解决问题的能力、观察技巧和倾听的能力等。事实上，玩是儿童发展的核心，并且，像读者们想到的那样，玩也贯穿于青春期和整个成年时期。

以行为主义和皮亚杰派的观点为基础，史密斯等人（2003，p.218）对幼儿的玩和探险做出了重要区分：

在早期著作中，玩和探险经常被归在一起，这可能是受到行为主义和学习理论的影响。探险和玩对于传统的学习理论来讲都是不合适的，因为它们都不具备明显的目标寻求或者都不在强化的控制中。对处于感觉运动发展阶段的儿童来讲……探险和玩确实很难区分，对婴儿来说，一切都是新奇的。然而，到了学前阶段，区别就很明显了。

史密斯等人提出了三种类型的玩：运动或身体活动，包括锻炼活动以及常被提起的粗暴混乱的玩；玩弄东西以及幻想表演和社会扮演；语言游戏（2003，p.219）。读者应该会对这些玩的类型很熟悉，儿童在操场上参加的不借助其他任何事物的身体活动如跑和跳是第一种玩的类型。佩莱格里尼（Pellegrini）和史密斯（1998）的理念被引用在了史密斯的著作（2003，pp.220-221）中，身体活动这种类型的玩分三个发展阶段："节律性的重复"，如踢腿和挥胳膊，这种活动在婴儿阶段很常见；"运动性的玩"，像跑和跳这种需要儿童全身参与的活动，这种玩在学前班很常见，它与在操场上常看到的粗暴混乱的玩有重叠；在家和兄弟姐妹玩则属于第三阶段。

史密斯等人进一步提出了下一种玩的类型，即幻想表演，这可以在12个月大的儿童身上看到。他们提出，最早的假扮游戏包括儿童对自己行为的指导，大多取决于他在家里能找到的具体的可使用的物体。虚构的戏剧中的终极阶段是儿童有一个"想象伴侣"。他们认为1/4至1/2的儿童会同他们的"想象伴侣"进行相当复杂的假扮游戏。

史密斯等人认为玩的最后一种类型是语言游戏。我们会对儿童时期使用的让自己和别人笑的方式很熟悉。他们从听和讲包含动物声音和巨人等的故事中获得快乐。儿童也会通过听有节奏的诗词、谜语、童谣等获得许多。当儿童在其他人的生日派对上以小组的形式玩的时候，他们的父母会看到他们玩得很开心，当他们互相说傻事的时候他们会嘻嘻哈哈。

当儿童长大一点的时候，他们会玩有规则且结构清晰的游戏。这使他们能够学会合作、界限、关系等，并为儿童提供了走出家庭参加当地板球和足球俱乐部的机会。另外，孩子们还会参加户外探索俱乐部以及较少面向集体的活动，这种活动为他们提供了去与其他人合作并发展友谊的冒险和机会。

当然，玩的性质正在变化，这本书的年轻读者可能会回忆起他们听年长的朋友及亲人细数他们从早到晚地在外面玩的美好的经历。当时他们玩的东西只有木条、绳子和旧车轮。现在，对许多孩子来说玩的本质是不一样的。例如，相当一部分孩子从小就在室内花大量时间玩电脑游戏，这种玩使一些反对孩子玩电脑的人相当担忧。以 6 岁的内德为例，他早上大多 7 点左右醒来，然后打开卧室里的电视直到他的妈妈 8 点给他送一些早餐并督促他穿衣服。然后他边穿衣服边看电视，直到要离开房间去上学。他放学回家后就在他的房间里玩电脑游戏，然后在 6 点下楼吃大约半小时的晚饭，吃饭的时候全家都在看着电视。吃完晚饭后他继续看电视到 9 点，周末约看到 10 点。很明显，内德的玩是受限制的并且他很少出去玩。他能爬山、跑、跳以及骑车的机会非常少且遥远。这种活动不仅能促进个人的社会化还能促进大脑的感觉神经通路的发展。这些又能反过来提高身体素质如精细运动的协调和注意力持续时间的延长。

📖 练 习

> 早教从业者和小学教师应该在父母限制儿童在家里看电视和玩电脑的时间方面扮演起积极角色吗？如果应该的话，他们要怎么做呢？

四、语言的重要性

大部分读者都知道语言在学习中的功能。在进一步解了语言对学习的影响之前，我们值得探索一下书面语言的重要性，因为儿童主要通过书面语言学习。可以说，语言的这一方面几乎没有得到语言和交流领域的研究者的注意。几十年前，布朗（1977，p.119）做出如下评论：

在儿童能够写和读之前，他必须能够认得符号以及它们的音调。证据表明，视觉识别可能出现得相当早，但是视觉和听觉的交叉模式，即有音调符号的学习需要更久一些。掌握书面语言的儿童必须具备高度的运动协调能力。

一些研究者对此做出了进一步的重要思考。其中最有名的布鲁纳（见第二章）认为，被积极鼓励参加写作和阅读活动的儿童的认知结构会有很大不同。受布鲁纳的影响，布朗（1997，p.119）再次表示：

布鲁纳认为，在这些活动中花很多时间的人的大脑极度不同于那些参与像画画和建造等非言语活动的人的大脑，也许甚至不同于总是参与交谈和倾听活动的人的大脑。他认为在日常谈话中较少使用语言沟通对个体的思维形式有较小影响，但是超出了那个水平就可能会改变它们之间的关系。他认为这个转变中的最重要的一步就是通过从语音转换成某种形式的概念，如写作或数学符号来激发。符号在这种形式中变得更有力。构建句子时必须要遵守的规则可以使人们去分析他们想法的产物并去进行形式运算（皮亚杰的名词），以其他形式就做不到。

很显然，这个观点对英国的早期教育从业者和小学教师的实践有重要意义，他们当中有许多人逐渐开始关注一些地区甚至政府的关于儿童应该在学前阶段接触正式的读写教育的越来越多的认识。这些问题在这几年已经被大家普遍关注。例如，米勒和庞德（2011，p.165）认为：

来自政府指导或管理阶层的外在压力使从业者将课程"传递"或"覆盖"作为他们实践的主要焦点。这种被基础理论家厌恶的观点使许多从业者迷茫……但是在英格兰它已经成为早期基础阶段（EYFS）（DfES，2008）和小学国际化课程的特点。

尽管对于早期教育和小学教育的本质问题尚存争议，但是，我们强调促进口语发展的同时，也需要促进读和以画标记和符号这种最基础的形式进行的书面语言的发展。从业者和父母必须认真考虑这一点。

📖 **练 习**

请思考早期教育从业者的工作应该包括的任何正式教育以及在从业者的监督下儿童应该完全通过玩的形式来学习的观点。我们还应该思考许多欧洲国家缺乏幼儿教育形式以及像斯坦纳传统那样的其他教育理论。

我们应该认识到语言是儿童社会性和情绪发展的核心，很小的婴儿就知道用声音去得到身边人的注意、得到食物、去互动以及拥抱等。事实上，大多数婴儿在学会短语和句子之前早就具备了与他人交流并且使自己的需求得到满足的能力。在这一方面，我们要承认，人类有可能在学习语言上被程序化，并通过已经达到的阶段来进一步发展。一些在语言受限制的家庭中长大的儿童可能会在表达他们的感受和情绪的时候面临困难(见第七章)。

如今在英国，许多进入小学的儿童存在语言延迟和糟糕的听力技巧等问题是一个事实。最近，帕尔默(Palmer)(2006，p. 105)提出了以下令人不安的言论：

我去到的每一个地方都有相同的情景：来上学的4～5岁的儿童的语言技巧前所未有地差；他们不会那些以前很小的孩子就知道的童谣曲目，并且，对所有的年龄阶段的儿童来说，坐下来听教师以讲述或者书写的形式表达复杂观点变得越来越困难……我还发现，在发达国家教师正被这种事困扰。

帕尔默的言论是令人担忧的，这也说明了在日益增多的儿童和英国人口中这种情况日渐突出。在这种情况下，儿童的语言发展在许多地方得不到支持。为了强调儿童语言发展的重要性，考伊（Cowie）(2012，p. 83)提出了她认为的儿童应该掌握的语言的四个重要部分。

第一部分是语音学。语音学是管理特定声音（或音素）的系统，被用在儿童团体语言中以便传达意义……

第二部分是语义。语义是语言的编码。音素本身是没有意义的，但是它们能连在一起构成语素，语素是语言最小的意义单元。这些可能是完整的单词（英语中的"cat"，法语中的"chat"），或者是语法标记，如动词后加"-ed"就成为过去式。

第三部分是句法。句法是组成语法句子的单词的连接形式和顺序。例如，儿童从说"本，杯子"发展到说"本想要那个红杯子"。这种控制序列的规则就是句法。

第四部分是语用学。语用学是关于在不同情境下如何使用语言的知识。儿童必须学会调整自己的语言来适应他理解的环境……

尽管有很多儿童在家里的语言经验很差，但是在他们的直属社区中甚至存在其他更特殊的儿童，他们甚至在考伊确定的四个部分的某些方面存在神经性困难。例如，有阅读困难的儿童在语言功能方面有问题，那些有应用障碍和患阿斯伯格综合征（Asperger's Syndrome）的儿童（见第八章）也是如此。正因为如此，早期教育从业者和小学教师应该去了解语言发展的本质以及有语言延迟的入学儿童面临的潜在的困难，或者应该向更令人担忧的有语言障碍的儿童推荐合适的语言和语言治疗师。

五、早期干预和英国最近的倡议

英国最不缺倡议。事实上，一些人甚至认为近几十年的英国教育界提出的倡议正如洪水一样泛滥成灾。它充斥在教育的方方面面。尤其是早期和小学教育已经采取了各自的举措，虽然教师和早期教育从业者有时会接受这些倡议，但是他们有时也会感觉完全被它们压垮。现在让我们来看一下一些起源并不在英国但在英国影响了实践的重要倡议。我们以发端于美国的密歇根州、现在被运用于英国乃至全世界的高宽课程（HighScope）开始。

高宽课程主要利用了皮亚杰和杜威的著作，同时它也吸收了维果茨基、布鲁纳（见第二章）等理论家和研究者的观点，以及最近的高斯瓦尼（Goswani）（2002）和斯诺等人（Snow et al.）（1998）的观点。在英国，高宽课程也吸收了美国从业者的经验并被用于许多地区的教育系统。事实上，它被创造性地用于强调有额外需求或者脆弱的孩子的学习需要。像其他方法一样，高宽课程设法支持儿童积极建构他们的知识和对他们所生活的世界的理解。因此，学习是一个主动而非被动的过程。米勒和庞德（2011，p.103）做出如下说明：

> 高宽课程的从业者与处于早期阶段的儿童一样积极主动……高宽课程方法有助于促进儿童的好奇心、独立性、决策力、合作、毅力、创造力和问题解决能力的发展。

这样的理论现在几乎被所有的小学教师和早教从业者们理解和接受，他们将这些理论作为他们工作的核心。确实，它们也应该被认真对待，并用于应对由政府的反复无常而导致的朝令夕改的教育指令。例如，教师们越来越重视在学前教育中使用正式的教学方式。

练 习

> 高宽课程理论要怎样去适应那些支持小学和初中有较少创造力的决策者，当儿童在学习中更直接和表现出值得赞赏的行为时，是否要回归更传统的教学方式？

另一个传到英国并引起很大兴趣的倡议是确保开端计划（Sure Start），此倡议在 1998 年由财政大臣戈登·布朗（Gordon Brown）介绍到英国。尽管这个倡议主要致力于英格兰的儿童和家庭，但是威尔士、苏格兰和北爱尔兰这些地区也接受了这个倡议并对其进行调整以满足他们自己的需求。确保开端计划最初被引至英国的主要目的是给予那些在生活中最需要得到好的开端的孩子。这个倡议建议教育者改进对儿童的保育支持、早期教育以及与健康和福利有关的重要方面。它更注意团体的发展，团体的发展被认为是该方法的核心。这个倡议的成果得益于其获得的资金支持，在 1999—2002 年大约分配到了 5.4 亿英镑。当时估计会有 15 万生活在贫困中的儿童受益。政府最初同意为此倡议提供 10 年资金支持。然而，财政大臣在 2003 年发布报告，称政府计划在 2005 年将确保开端计划迁移到当地政府，并在所有地区建立确保开端计划中心。

英国政府又将《早期基础阶段法定框架》引进过来，并于 2012 年 9 月

1 日在所有提供早期教育的地方强制实行。也就是说，公立学校、私立学校和所有提供早年登记的地方必须强制实行法定框架，虽然后者可能会有一定的豁免权。这个以现有实践为基础的新引进框架的理论前提是，"……每一个儿童都值得生命中最好的开始，而这种支持能够实现他们的潜力"（DfE，2012，p.2）。

《早期基础阶段法定框架》认为，如今的儿童不仅发展得很迅速，而且从他们出生到 5 岁开始上学期间的生活经历对他们极其重要并且会对他们产生重大影响。当然，这个观点不是全新的，而是在整个世纪得到了理论家和哲学家的发展（见第一章）。然而，它的新颖之处在于政府要求所有的相关机构必须遵守规定。这项举措是很奏效且具目的性的，并且被视为儿童社会性、情绪和教育发展的关键因素。好的教养方式被认为是早期发展的重要方面，因为儿童需要获得高质量的学习。

值得注意的是，英国教育标准办公室将考虑英格兰早期基础阶段教育体系（EYFS），他们对这一新框架的实施和应用进行检查，并报告所提供的质量和标准。英国教育标准办公室所做的一系列检查会通过报告发表出来，并且在某些情况下可能会发出"改善"或"福利要求通知"的通告。值得注意的是，任何不遵守"福利要求"的机构负责人都可能构成犯罪。

更详细地讨论早期基础阶段的法定框架是值得的，因为它影响着所有与儿童早期教育相关的机构。

《早期基础阶段法定框架》提出了四个总体原则，这应该是早期教育机构的实践核心：

• 每个儿童都是独一无二的（unique），他们都在不断地学习，且具有弹性、能力和自信心（读者可以参考第七章情商的发展，那里有关于弹性的概念）；

• 儿童通过积极的关系（positive relationships）变得强大和独立；

• 儿童在有利的环境（enabling environments）中能学习和发展得很好，在那种环境中他们的经历反映出他们的个体需求与从业者和父母或抚养者之间的强大的关系；

• 儿童的发展和学习具有不同的方式和速度。（DfE，2012，p.3）

现在做出以下思考。

📖🔍 **练 习**

> 思考当早教从业者的对象是来自非常弱势的家庭和有功能障碍的家庭的孩子时，以上理论实施的现实性如何？从业者可以做什么来贯彻这些理论？

《早期基础阶段法定框架》提出了关于学习和发展的七个领域，以及应该如何告知和塑造早期环境中的实践。它们是：交流和语言；身体发育；个性、社会性和情绪发展；读写能力；数学；对世界的理解；富有表现力的艺术和设计。前三个是尤其重要的"初期"领域，后四个是"特定"领域。从业者应该用后四个特定领域去发展前三个初期领域。这个框架强调从业者考虑儿童的个体需求以及各自发展阶段的重要性。这个框架认为，从对这些领域的思考中得到的信息告知我们儿童经历的规划。在从事与小孩相关的工作时，必须尤其关注"初期"领域。框架指出，"思考儿童发展和高效学习所需要的重要技能和能力，为儿童上学做好准备"（DfE，2012，p.6）。框架也尤其关注儿童是否有特殊教育需求或者需要专家干预的残疾，通过这种方式与父母联系起来去帮助他们从合适的外部机构中得到相关的帮助。

除了上述内容外，框架还特别强调了评估的重要性：

持续性评估（也被称为形成性评估）是学习和发展过程中不可或缺的一部分。它包括从业者观察儿童来了解他们的成就水平、兴趣爱好和学习风格，然后思考这些观察到的东西来为每一个孩子制订学习计划。（DfE，2012，p.10）

鼓励许多评估方面的从业人员将评估包括在明确强调减少作业的框架内：

评估不应该导致与儿童的互动长时间中断，也不需要过多的作业。作业应该被限制在促进儿童成功学习和发展的一种完全必要的状态。

这个框架尤其强调儿童保护，这说明了"提供者必须有可执行的政策、程序去保护好儿童"(2012，p. 13)。相似地，框架也强调提供者的资格、培训和技术水平以及他们为新的员工提供有效的入职培训来继续专业性发展的需要。

英国幼儿教育协会(2012)发行了最有帮助的《早期刊物的基础阶段的发展问题》(EYFS)。此刊物以一种合适且有帮助的形式为从业者和机构提供了清晰的指导。它还为机构、从业者、父母和照顾者以及其他相关职业的人提供了从出生到 11 个月的"初期"领域到 40～60 个月的"特定"领域的儿童的学习，我们应该对处于不同年龄阶段的儿童做出不同的期待。

———————— * —————— * —————— * ————————

总　结

理解思维的重要性以及它与学习的关系怎样强调都不为过。这种关系的核心在于早期的认知和神经功能的发展。出生在有很多刺激、关心和爱的家庭中的婴儿通常会接受正规教育，有更多的机会开始他们的学习和教育，这将为未来的成功奠定基础。那些不能在这种家庭中出生的孩子在开始上学的时候更可能会有发育不良的认知和神经结构，这些可能会使他们处于明显的劣势。

本章主要探索了在此关系中的一些关键问题的核心，尤其强调教师和早期教育者的角色以及为儿童的学习和思维发展创造一个有效和有目的性的环境的重要性。作为学习和思维发展的两个核心因素，玩和语言的重要性不言而喻。最近研究者探索了早期教育实践和为儿童的学校教育做准备，下一章介绍和探索了在家庭中的学习。

推荐阅读

Department for Education (DfE) (2012) *Statutory Framework for the Early Years Foundation Stage*：*Setting the Standards for Learning*，*Development and Care for Children from Birth to Five*. Runcorn：DfE.

Gray，C. and MacBlain，S. F. (2012) *Learning Theories in Childhood*. London：Sage.

Miller，L. and Pound，L. （2011）*Theories and Approaches to Learning in the Early Years*. London：Sage.

参考文献

Association of Teachers and Lecturers（ATL）（2005）*An Intelligent Look at Emotional Intelligence*. London：Association of Teachers and Lecturers.

Beckley, P. (2012) *Learning in Early Childhood*. London：Sage.

British Association for Early Childhood Education（2012）*Development Matters in the Early Years Foundation Stage*（EYFS）. London：British Association for Early Childhood Education.

Brown, G. （1977）*Child Development*. Shepton Mallet：Open Books.

Bruner, J. S. (1975) Language as an instrument in thought. In A. Davies（ed.）*Problems of Language and Learning*. London：Heinemann.

Cowie, H. (2012) *From Birth to Sixteen：Children's Health, Social, Emotional and Linguistic Development*. London：Routledge.

Daudelin, M. (1996) Learning from experience through reflection. *Dynamics*, 24(3)：36-48.

Department for Children, Schools and Families（DCSF）（2008）*Special Educational Needs in England*. London：DCSF.

Department for Education and Skills（DfES）（2008）*Statutory Framework for the Early Years Foundation Stage*. Nottingham：DfES Publications.

Department for Education（DfE）（2012）*Statutory Framework for the Early Years Foundation Stage：Setting the Standards for Learning, Development and Care for Children from Birth to Five*. Runcorn：DfE.

Dowling, M. (2005) *Young Children's Personal, Social and Emotional Development*. London：Paul Chapman Publishing.

Goswani, U. (ed.) (2002) *Blackwell Handbook of Child Cognitive Development*. Malden, MA：Blackwell Publishers.

Gray, C. and MacBlain, S. F. (2012) *Learning Theories in Childhood*. London：Sage.

Feez, S. (2010) *Montessori and Early Childhood*. London: Sage.

Hardy, M. and Heyes, S. (1994) *Beginning Psychology: A Comprehensive Introduction to Psychology* (4th edn). Oxford: Oxford University Press.

Lancaster, Y. P. (2006) Listening to young children: respecting the voice of the child. In G. Pugh and B. Duffy (eds) *Contemporary Issues in Early years*. London: Sage.

Miller, L. and Pound, L. (2011) *Theories and Approaches to Learning in the Early Years*. London: Sage.

Moyles, J., Georgeson, J. and Payler, J. (2011) *Beginning Teaching, Beginning Learning: In Early Years and Primary Education*. Maidenhead: Open University Press.

Nutbrown, C. (2006) Watching and listening: the tools of assessment. In G. Pugh and B. Duffy (eds) *Contemporary Issues in the Early Years*. London: Sage.

Palmer, S. (2006) *Toxic Childhood*. London: Orion Books.

Pugh, G. and Duffy, B. (eds) (2006) *Contemporary Issues in the Early Years*. London: Sage.

Smith, K. S., Cowie, H. and Blades, M. (2003) *Understanding Children's Development* (4th edn). Oxford: Blackwell.

Snow, C. E., Burns, S. and Griffin, P. (eds) (1998) *Preventing Reading Difficulties in Young Children*. Washington, DC: National Academy Press.

Zwozdiak-Myers, P. (ed.) (2007) *Childhood and Youth Studies*. London: Learning Matters Ltd.

第四章　在家庭中的学习

本章主旨：

- 探索家庭成员和家庭在儿童学习中的重要性；
- 探索当今家庭的结构和性质及其对儿童学习的影响；
- 根据皮埃尔·布尔迪厄的著作考察家庭的文化解释；
- 探索依恋的概念以及它对儿童学习的潜在影响，尤其是那些经历过丧亲的儿童；
- 考察在家庭中玩的重要性以及它是如何对学习产生影响的。

导　言

家庭的重要性及其对儿童学习的贡献无论怎样强调都不为过。例如，温斯戴尔（Winsdale）（2012，p.20）解释了家庭与学习之间关系的重要性：

所有类型的家庭……都是社会机构，在这些机构中，儿童常规性地完成一些重要的教育成就——学习讲话、建立亲密关系、掌握基本的生活技能、得到如何生活的伦理教训。

在家庭中，新生婴儿不仅从父母身上还从年长的兄弟姐妹以及世交身上学习。之后，青少年会继续从家人身上学习。然而，学习并不是单向的。年长的家庭成员也从儿童身上学习。例如，熟练掌握电脑的9岁的孙子向年长的奶奶介绍计算机和网络等新科技。当儿童教他奶奶的时候也会通过观察和倾听从奶奶身上学习。在某种意义上，他们一起构建理解。在随后的日子里，他可以很好地反思与他的奶奶在一起的这段时间，思考她的行为和她问他的问题的类型。他甚至可能将这次经历和他自己对奶奶的反思与其他事情联系起来，以更进一步地思考整个事件。

这个例子的重点是发生的互动的性质。孙子在经历中学到的一些东西是附带的，不是由奶奶特别指导的，其目的在于他在做什么，在许多方面这种学习是具有创造性的、反思性的和直观的。此种情况符合所有儿童。尽管最初几年的学习经历都是表面的、随机的和偶然的，但是这种学习却都带有目的性和指向性。在家庭中，儿童开始参与这些目的、方向、意图和反思的过程。

在一项有名的关于在家里和在学校里的儿童学习的研究中，蒂泽德和休斯(1984)录制了来自两个不同的社会阶层背景的30位(每组15位)女孩的谈话。这些录制都是在她们的幼儿园和家里进行的。作者确定了五个源于儿童家庭的因素并认为它们对儿童的学习尤其重要。作者确定的第一个因素是发生在家里的数量庞大的活动，像听和观察电话交谈，白天准备饭菜和吃饭以及观察来自朋友、亲戚、邻居的访问等。讨论家里家外、计划和去到当地的商店、超市、教堂、学校、亲戚家等。就是通过这样的事件，儿童开始去了解他们的社交界，并开始在个体和周围人这些水平上建立起他们对世界的理解。也是通过这些活动，他人的行为成为他们的模仿对象，促进和扩展了他们的社会学习。蒂泽德和休斯观察到的第二个因素是，在家的时候"父母和儿童共享生活的程度，延伸到过去并展望至未来"(1984，p.250)。就是这种经历和生活事件、过去和未来的共性帮助了父母对儿童的意图的理解。此外，这种共性也帮助儿童将新的经历理解和整合成之前的经历，通过这样做建立起他们对周围世界的认识。事实上，这种过程是智力发展和儿童学习的核心。

第三，很有趣的是，蒂泽德和休斯认为在他们研究时，只有11％的英国家庭有超过两个16岁以下的孩子。他们认为在这种家庭中，孩子更容易得到父母的关注。父母能花更多的时间与孩子在一起并给孩子提供更美好的经历。更特别的是，他们认为，这种家庭中的父母能与儿童交谈。在孩子较少或者独生子女家庭中，学习将会更有效。这个提议需要谨慎对待，毕竟这并不代表每个家庭的情况。然而，它确实引起了一些重要的问题。例如，10年前，贝克汉姆(2000，p.65)如下评论道：

即使是生活在传统的核心家庭中，儿童与父母在一起的时间依然大量减少，孩子更多的时间是活在一些制度化的托儿形式中，并且他们很少能有兄弟姐妹的陪伴。

以贝克汉姆的观察，在制度化的托儿机构中的儿童的数量甚至有可能会增加。蒂泽德和休斯确认的第四个因素是：

……学习往往嵌入在对儿童具有重要意义的环境中。因为孩子对很多事情感兴趣，列一个购物清单、帮助小孩子、给奶奶写信、决定下午茶需要多少蛋糕、玩卡片游戏这些活动对她来说很容易学习。早期教育的理论很好理解，而它在家里比在学校里更容易发挥作用。（1984，p. 251）

家庭中亲密关系的性质能支持儿童的语言发展，如儿童可以问很多问题并感觉到他们被积极地关注。蒂泽德和休斯将此描述为"家庭'课程'"并且认为妈妈与她们的孩子尤其亲密，她们常常对孩子有很高的期望。这种家庭课程能够促进孩子理解教师的观念和期望，为教师的正规教育做出贡献，为孩子的早期学习奠定基础。当我们考虑父母双方每天都早出晚归去工作的家庭成员的人数时，蒂泽德和休斯的发现与此更相关。

他们确定的第五个因素是儿童与母亲之间"亲密且强烈"的关系。同时，他们认为这在某些情况下会阻碍学习。例如，有时候儿童通过他们的要求干扰活动，他们也认为同母亲的亲密度确保了孩子会向他们的妈妈学习的可能。他们还认为，家庭课程在每个妈妈之间是互不相同的。"在我们的研究中，大多数母亲关注的个人问题是他们的孩子应该获得他们认为重要的技能、知识和价值观"（1984，p. 252）。当然，这会产生一些因人而异的问题，即被一个妈妈认为有价值的事情可能被另一个妈妈认为没那么有价值。

一、家庭：不断变化的家庭性质及其对学习的影响

前面讨论了儿童如何在家庭中学习，现在我们来考察一下家庭的改变如何影响儿童的学习。家庭之间是不同的，并且家庭随着时间变化会发生各式各样的变化。在一些家庭中变化可能是相当重大的甚至是具有

破坏力的，而在另一些家庭中的改变是缓慢而温和的。也许，家庭的改变在近几十年已经变得更明显，家庭的性质和结构以相当激进的方式在发生变化。事实上，许多工作在家庭、儿童和青年人领域的研究者更喜欢用"家户"一词，而不是"家庭"。例如，据估计（MacBlain and Mac-Blain，2004），2001 年，有 310 万儿童在单亲家庭中长大，一年以后，2002 年春天再次估计（National Statistics，2003）英国 1/5 的受抚养子女在单亲家庭中成长。这个数字差不多是 20 年前的 1981 年单亲家庭中的儿童数量的两倍（Gray and MacBlain，2012）。从那时起，这个数字逐渐上升，现在单亲家庭的数量比以往任何时候都大。

离婚率的逐渐上升为我们敲响了警钟。事实上，在 1998 年朗特里（Rowntree）（quoted in Brown，1999，p.66）就提醒我们，"如果最近的这种趋势继续下去，超过 1/3 的婚姻会在 20 年内结束，并且超过 2/5 的婚姻会以离婚告终"。同时，父母分开和离婚对儿童的情绪、社会性和学习的影响是明显的，经济影响也尤其值得注意。例如，贝克汉姆（2000，p.65）评论道：

　　单亲家庭更有可能生活在贫困线之下，并依赖于国家福利；单亲妈妈被雇用的可能性远远低于在双亲家庭中的妈妈。尤其是在非裔加勒比群体中，这一类型的家庭已在一定程度上成了贫困群体的代表。

除了父母分居或离婚导致的家庭成员缺失以外，还有一部分的单亲家庭是由于父母本身选择不结婚或不在一起生活共同抚养孩子（MacBlain and Purdy，2011）。其中的原因可能很复杂。例如，那些发现自己在上学期间或在成年早期就怀孕并生下孩子的年轻女性则很可能选择独自养育孩子。最近，报纸专栏作家詹姆斯·查普曼（James Chapman）在英国报纸《每日邮报》上评论道：

　　根据社会公正中心的调查，46％的孩子出生于未婚妈妈。智囊团认为，生长在单亲家庭的儿童中，75％的儿童更有可能在学校里失败，70％的儿童更有可能成为吸毒者，50％的儿童更有可能有酗酒问题，35％的儿童更有可能成为无业游民。

然而，这样的评论需要根据情况检验并做详细分析。

家庭的大小是另一个重要的因素。封塔纳（1995，p.25）参考了戴维等人（Davie et al.）（1972）做的纵向研究对家庭大小的作用进行了评论：

> ……他们发现，不管是什么社会阶层，来自大家庭的儿童在阅读、数字、口语技巧和创造力方面不如那些有一个或两个兄弟姐妹的儿童做得好。

封塔纳认为，来自更大家庭的儿童的糟糕表现可能是因为大家庭中的父母在每个孩子身上投入的时间较少，因此，每个孩子较少有机会能与父母进行口头交流，这是蒂泽德和休斯先前提到的一点。有趣的是，戴维等人发现，经历最糟糕的通常是最年长的那个孩子。封塔纳认为这可能是因为在家庭中最年长的孩子通常被要求照顾自己，因为父母需要将更多的时间分配给年幼的以及最晚出生的孩子。

练 习

思考父母将面临的孩子选择居住在离父母以及大家庭较远的地方的问题。这对这些儿童可能会有什么好处以及什么会对他们构成重大挑战？

二、文化的解读：皮埃尔·布尔迪厄的著作

重视哲学和理论的相关实践和思想，是本书的一个重要特点。尝试去理解学习在家庭中的本质，借鉴法国社会学家和哲学家皮埃尔·布尔迪厄（Pierre Bourdieu）的著作中的观点是有用的。皮埃尔·布尔迪厄在近些年有很多追随者，他们看到了他的理论与我们的生活有很大的相关性。吸收了先前思想家的思想，布尔迪厄大大地深化了我们对社会复杂性的理解，更具体地说，个人在社会中是如何存在，并被他们所生活的社会感知的。因为在他之前有约翰·霍尔特、伊万·伊利奇和尼尔（见第一章）这些人，布尔迪厄日益增长的影响力导致许多人对现代社会的制度化结构提出质疑并思考他对儿童和青年人的教育和学习产生了什么样的影响。

　　布尔迪厄认为，在较高阶层中建立起的文化在实际中优于在较低阶层中建立起的文化。他表示，来自较高阶层的个体通常认为来自较低阶层的儿童学习成绩差、缺乏进取和失败都是由他们自身的原因造成的。布尔迪厄还认为如果来自较低或工薪阶层的儿童的失败是通过考试成功与否来衡量的话，那么这种做法就存在着很大的偏颇，因为失败是由教育系统直接导致的而不是儿童所在的家庭的文化。读者可以据此思考私立学校是如何影响或者统治英国的教育的。大家也可以得知那些在私立和付费学校中接受教育的孩子比那些没有接受付费学校的教育的孩子很可能会得到更多的裨益。

　　布尔迪厄认为教育系统复制了那些统治社会的上层阶级的文化价值观，通过强加这些价值观，它们变得合法化并被广泛接受。由此，上层阶级的文化被底层工薪阶级的人看作恰当的。布尔迪厄把这种被上层阶级持有的价值观看作"文化资本"。出生在上层阶级文化中的儿童在文化适应中具有固有优势。因此，这影响正规教育制度的实现。

　　布尔迪厄还谈到了与生活方式、期望、行为等的建立有关的习惯。不同阶层的习惯是不同的，并且这会促成不同的决策过程、意愿和期望。从儿童的习惯中观察到的行为、意愿和期望不仅会影响他们的行为，还会影响他们怎样与社会交流以及发展他们的技能、智力和潜力的内部表征。布尔迪厄将正式教育的过程看作来自较低阶层的个体被边缘化的方法，因此这为那些来自更高阶层的个体创造了更大的空间。同样，读者可以据此思考一下社会的不同阶级的人生发展。例如，与那些从小就设定了一条明确的就学道路（在学校中取得良好成绩，进入大学，毕业后找一份好工作）的孩子不同，那些生活在经济贫困地区的家庭中的他们可能会被更富裕的地区边缘化。

三、单亲家庭与学习

　　许多单亲家庭的儿童在一个快乐的环境中长大，他们被认真和用心地培养着，生活得满足且满怀憧憬。然而，其他一些单亲家庭的儿童并非如此成长。一个令人难过的事实是，相当多的在经济困难的单亲家庭中长大的儿童的主要照顾者可能不太负责，这导致这些儿童的情绪和社会性需求不能得到满足。以下面的玛吉为例。

📡 **案　例**

8 岁的玛吉与爸爸和 12 岁的哥哥生活在一起。在玛吉 5 岁的时候，她的妈妈被诊断为癌症，在玛吉的 8 岁生日后不久，她的妈妈去世了。然后玛吉发现她生活在一个爸爸整天顶着巨大的压力的家庭中，因为爸爸试图去维持生计并确保她与哥哥每天都能拿到午餐盒、上学所需的干净的衣服、维持家里的卫生、当他们因为妈妈去世而难过的时候花时间陪伴他们。

显然，玛吉在很小的年纪就有很多事要去处理，因为以前由父母建立的安全结构被打破了。事实上，丧母的痛苦让她意识到了这个世界确实是一个无可依靠的地方，此时她的整个世界都崩塌了。毫无疑问，在其他孩子专心学习和游戏的时候，她的学业肯定会大受影响，可能玛吉会在她本该专心学习的时候回忆起她母亲的疾病和死亡。现在让我们来比较一下玛吉和玛莎的生活经历。

📡 **案　例**

同为 8 岁的玛莎与父亲单独生活在一起。在她两岁的时候，她的妈妈和爸爸分居了并在两年后离婚。父母离婚后，玛莎与爸爸生活在一起。而事实上，她其实是被经商很成功且常常需要在国内外出差的爸爸雇用的一系列保姆照顾着。她妈妈住的地方距离她家有点远，并在离婚后不久开始与另一个女人恋爱，之后与这个女人同居。她妈妈每隔一个周末去看玛莎一次。因为有钱，在玛莎 7 岁的时候，她的父母就协商让她寄宿在一个离家 300 多公里的昂贵的独立学校。在新学校里，玛莎在一个不超过 12 个人的班级中学习，她告诉父母她在一个住有 30 个 11～18 岁女孩的公寓里适应得很好。

很明显，玛莎像玛吉一样失去与父母在家里共同生活的机会，但是她的失去是不同的性质。在情感层面上她试图去理解父母的分离，当她开始寄宿在新学校时，她试着去理解她与父亲和她与家的分离。尽管很难理解或者量化玛吉和玛莎在她们的早期生活中经历的困难及其对她们学习的影响，但是很显然她们的生活尤其是她们得到教养的方式以及关于家庭的经验改变了。对于玛莎来说，她也经历了失去家人，因为她被送到离家很远的寄宿学校，偶尔才能见到父母，并且很少在一起。

不同的孩子对他们的生活状况的反应是不同的。一些孩子会比其他孩子更有心理弹性，并且能够获得一些在他们的成长中能支持他们的相关解决策略。也就是说，很明显，许多孩子的心理弹性很差并且缺少解决策略，对于他们来说，在单亲家庭中成长是一个很艰难的经历。同样地，对于许多单亲父母来说，抚养孩子是一个巨大的挑战，尤其是在英国这样一个照顾孩子以及接受学前教育机会不足的地方。例如，梅奥尔（Mayall）（2002，p. 13）做出如下评价：

在 20 世纪七八十年代，当欧洲的其他国家正普及高质量的国营托儿所时，英国的学前儿童（现在仍然）是摇摇欲坠的补丁服务的受害者。事实上，正如我们痛苦地注意到的那样（Hughes et al.，1980：Ch. 5），这些托儿所根本称不上服务机构，它们不以儿童的权益为导向，也不以机构运营者的权益为导向，更不是为那些努力挣钱养家的"工作母亲"开设的。

四、富裕和贫困对学习的影响

10 多年前，贝克汉姆（2000）使我们注意到了英国底层阶级的孩子的需求其实不能得到足够的重视。贝克汉姆提到，在 1979—1992 年，收入低于英国平均收入的一半的家庭抚养的孩子的比例从 1/10 增长到了 1/3。他进一步说明，约 100 万个儿童在不适合人类生存的家庭中长大。最近，梅奥尔（2002，p. 13）评论道：

因为当时贫穷在英国是（现在仍是）一个脓疮，儿童在家庭和周围地区中生活的环境令人震惊。（Rahman et al.，2000；Hood 2001）

与此相反，有相当多的儿童在私立付费学校上学，他们有许多特权，包括私人教师、像国外游学这样的旅游机会以及与上层受过教育的成功人士交流的机会。除了生活经历外，这些儿童还可以有很多发展他们的语言技能尤其是词汇和语言表达技巧的良机，这使得他们有更高水平的自信和自我效能感。

📖🔍 **练　习**

思考来自不同家庭背景的孩子的学习经历并试着认识那些来自较富裕家庭的孩子以及没那么富裕的家庭的孩子的阻碍因素。

不平等以及经济贫穷对儿童学习的影响是世世代代都在讨论的主题。然而，还有必要比较一下生活在英国这样的现代工业化社会中的儿童是如何对他人发挥作用的。考伊（2012，pp. 1-2）最近做出如下评论：

联合国儿童基金会（United Nations International Children's Emergency Fund）（2010）的因诺琴蒂报告①（The Innocenti Report）证明，与其他发达国家相比，英国儿童在情绪和身体健康方面得分较低。联合国儿童基金会研究发现英国儿童对自己的健康评价较低，并且他们认为他们自己是发达国家中最不富有的，他们更有可能感觉到孤独和受排斥……

一项关于发达国家儿童健康的国际性研究（UNICEF，2007）报告显示英国排在倒数第三……如今的青年人似乎面临着不为上一代人所知的严重压力。

五、依恋及其对学习的影响

毫无疑问，孩子在出生时是无助的，从诞生的那一刻起他们就依赖身边的成年人提供的照顾和养育。因为他们很无助，所以他们生来就有建立关系的倾向。事实上，他们生来就是社会性的个体，这在整个社会中都是一样的，对我们每个人来说都很常见。这种成为社会个体的倾向意味着我们的物种继续发展，家庭和社区是我们存在和未来的核心。但是成为一个社会个体意味着什么呢？我们生来不仅有像婴儿吮吸妈妈乳汁一样的食物需求，还有与他人建立社会和情感联系的需要，这是我们整个生命中建立关系的核心。事实上，我们在婴儿时期建立起的关系的本质，不仅会对我们的行为，还会对我们的学习以及以后的人格产生影响。

---

① 因诺琴蒂报告即发达国家儿童健康幸福报告。——译者注

每个婴儿的第一种关系都是与孕育并生出他的妈妈建立起来的。对大多数人来说，儿童在出生后最先接触的就是他们的家人，如爸爸、年长的兄弟姐妹和像祖父母一样的亲人等。与这些重要的他人一起，他们最早的社会接触开始发展并且婴儿开启了他们与那些有意图去抚养他们长大并帮助他们早期学习的人的互动的旅程。也是在家庭中，大多数儿童学会了爱与被爱。然而，在儿童生活中爱的重要性以及爱对他们的社会性、情绪和认知发展尤其是学习的影响总是不能被很好地理解。令人遗憾的是，这种情况仍在继续。最近，柯伦（Curran）（2012，p.5）做出如下评论：

我很吃惊的是，在最近15年的心理研究中，我们花在实验室里的数十亿美元只能让我看到唯一一条重要的讯息，这就是：
- 如果孩子被看作一个成年人得到理解，
- 那么他们的自尊心（self-esteem）会增强，
- 如果他们的自尊心增强他们会得到自信，
- 如果他们既自尊又自信，那么他们会很好地适应环境。

每一句后面应该加上什么呢？就是当爱发生的时候。

这个很常用的单词"爱"对我们来说意味着什么并且它是如何应用在孩子的学习中的呢？试图回答这样一个问题的有用的出发点可以在著名心理学家和精神分析学家埃里克·弗罗姆（Erich Fromm）（1975）的著作中找到。他的著作尽管写在30年之前但是的确为我们提供了一个全面且有吸引力的解释，能够成为和所有年龄阶段的孩子工作的从业人员的指导。

弗罗姆认为爱必须包含四个因素：关心（care）、责任（responsibility）、尊重（respect）和智慧（knowledge）。我们有必要更进一步思考这些，因为它们能在某些方面帮助我们去理解一些过程，这些过程就是孩子参与学习、爱人爱己以及建立起同周围人的联系，并满怀希望地学习成为社区（包括学校）及社会中的有贡献力的一员。对于那些感受到较少爱的孩子来说，这将会是一段困难且相当痛苦的旅程。例如，他们能够在学习的大部分时间中都非常努力地奋斗（MacBlain et al.，2006）。这些儿童的生活可能缺乏关心，如他们的饮食较差、缺少合适的衣服、父母有较少的时间去辅导他们学习、受到忽视和虐待等。

弗罗姆强调如何关心是一个妈妈给孩子的爱的核心，"如果我们看见一个母亲对婴儿疏于照顾，忘了喂他、给他洗澡、给他身体上的安抚，那么无论她如何保证自己的爱，都无法给人真诚的感觉……"(1975，p. 28)。另外，我们要使自己认识到，对于很多孩子来说这些保证是不存在的事实，像最近在英国备受关注的维多利亚·克里比（Victoria Climbié）和婴儿 P. 的例子，他们都在父母和看护者的手中失去了生命。对于很多在英国长大的孩子，父母都给他们很少的关心，并且他们的早期生活通常缺少安全感，在睡眠和进食上与正常的日常生活不一致，饮食不良，所有这些都对他们的学习产生了不利影响。近来，皮尔斯（Pearce）(2009，p. 59) 如下阐明了出生后的护理过程：

> 婴儿在出生后完全依赖成年人去照顾和保护他们。他们天生拥有唤起别人对他们基本需求的注意的能力，但是他们不具备满足自我需求的能力。他们依赖成年人……这种日常的维持是一种对儿童的舒适感和安心感，因为它有助于理解事件的可预测性以及他人行为的反应。

关心带来的是责任而不是担心，尽管弗罗姆断言，"如今的义务通常是为了表示责任，一种从外部强加的东西"(1975，p. 29)。尽管这个论断写在几十年前，但是如今仍然适用。对于弗罗姆来说，义务通常以自愿的形式实现。他认为他们应该是个体的"……满足另一个人表达出或未表达出的需要"(p. 29)。因此，我们值得花时间去思考当今父母对什么才是父母的责任的不同看法，以及这是否是对社会所有要素的一致性认识还是说需要更充分理解的认识。例如，一位母亲认为晚上将小学年纪的孩子留在家里而自己出去跟朋友参加社交活动这种行为是完全负责的，因为她的孩子有手机，如果有问题可以用手机与她联系。

弗罗姆确定的第三个因素是尊重，它并不意味着"恐惧和敬畏"(fear and awe)，而是：

> ……将一个人看作独一无二的个体的能力。尊重是指关心其他人应该像他一样成长和发展。因此，尊重意味着没有剥削。我希望被爱的人以自己的方式为自己成长，而不是带着为我服务的目的。如果我爱一个人，我跟他在一起是因为他是什么样的，而不是要他成为我利用的物

体……尊重的存在以自由为基础。(1975，p. 30)

有一些争议值得我们去思考，一些青少年被媒体有争议的元素操纵和利用，如广告提倡瘦以及物质化的商品，这使他们不尊重自己和他人。我们也值得花时间去思考一些孩子如何被父母给予过多压力，要求他们表现得比同龄人要好并且要获得高水平的学业上的成功。一些孩子被父母和学校施加的压力的程度被流行作家奥利弗·詹姆斯(Oliver James)(2007，p. 280)刻画得极其生动，他关注的是青少年被社会某些因素施加的成长竞争的压力问题：

伦敦的一所私立幼儿园最近因为对两岁的孩子做测试来看他们是否适合三岁入园被曝光在报纸上。这个测试是将幼儿独自与另外五个陌生人安排在一间屋子里。如果孩子在他的妈妈离开房间时跟着妈妈，那就会被认为测试失败。

弗罗姆强调当你不了解一个人时，你就不可能去尊重他，他以下面的方式谈论理解：

理解有很多层：理解是爱的一个方面……理解是我超出了对自己的关心并且以对方的立场看待他人。例如，我知道一个人生气了，即使他没有过分地表现出来，但我可能比那更深刻地认识他，我知道他是焦虑的，担心的；知道他感到孤单，感到愧疚。我知道他的生气只是更深层的东西的表现，我看到他是焦虑和尴尬的，也就是说，他是一个痛苦的人，而不是生气的人……我们知道我们自己，即使我们付出所有努力，我们也不了解自己。(1975，pp. 30-31)

弗罗姆举出下面与理解相关的例子以及它与儿童的关系：

我们认为儿童对事物的理解是十分直截了当的。儿童会为了了解某些东西把它拆开，分解开，或者将一个动物肢解，为了了解蝴蝶而残忍地将它的翅膀扯掉。残忍本身会被一些更深层的东西驱使：如渴望知道食物和生命的秘密……而另一条了解秘密的途径就是爱。(1975，p. 31)

我们应该再次停下来去思考弗罗姆提出的观点以及这些观点与那些和儿童打交道的人的相关性。例如，请试想教师察觉到一个孩子在教室中经常发脾气并带有攻击性。当教师在课间休息中责备他的时候，他就会攻击别人并破口大骂。为了全面理解他的愤怒，我们不应该将我们的思维限制在他的行为上，而应该在更深水平上去探索他的愤怒。这些情绪很可能源于一些使他脆弱的因素，如焦虑、羞耻、尴尬、孤单和孤独、愧疚等。但是，几乎可以肯定的是，这个孩子本身其实并不能够意识或正确理解到这些因素如何影响他。由此，在儿童身边的成年人需要对这些影响因素加强觉察和理解，而不是像常发生的那样轻率地以自己的情绪对儿童的行为做出反应。

最近，詹姆斯(2012)向我们介绍了"爱的轰炸"的概念，这是一种父母可以给孩子强烈又凝聚的爱与控制的方式。詹姆斯评论如下：

当面对那些不听话、害羞、过于依赖、好斗或不耐烦的儿童时，爱和控制似乎是一个可行的解决办法。因为许多父母的生活总是异常忙碌、糟糕或复杂，所以我们大部分家长都需要时不时地与我们的孩子重新建立联系。而爱的轰炸就能够帮助我们解决这个问题。(2012，p.2)

詹姆斯的"爱的轰炸"的概念以及它如何影响我们的生活受到了大家的关注。还有非常重要的是，人们想要了解它能如何积极地影响孩子自主地接受或由非常亲近的人安排学习任务时的感受。它强调儿童在生活中感受到爱的重要性，人们也关注它如何能让孩子更好地进行学习。同样吸引人的是，"爱的轰炸"可以让父亲在情绪层面与孩子进行互动。

在大多数情况下，儿童都会与父亲和母亲建立起依恋关系。然而，他们所建立起的依恋关系的程度和孩子的成长环境存在很大的个体差异。大多数儿童由于某些原因在他们的儿童期早期没有和父亲一同生活(MacBlain and MacBlain，2004)。例如，一些有强烈的早期焦虑和恐惧的孩子，很可能是因为父母对他们做出的行为使他们仅与父母或早期抚养者中的一方建立起强烈的依恋。在某种程度上，这可以理解为儿童对安全感的寻求，因为父母是孩子安全感的心理依靠。许多在早期受父母忽视和虐待的儿童也会出现这种情况。我们可以在遗传因素中找到对此现象的一个明晰的解释：生存的需求。

在 20 世纪七八十年代，玛丽·安斯沃思(Mary Ainsworth)是约翰·鲍尔比(John Bowlby)的研究合作者，她也是依恋领域的重要作家和研究人员。她提出了最为人们广泛接受的观点、区分儿童依恋的不同层面及依恋失调的方法。她将依恋分为：安全型依恋、回避型依恋和反抗型依恋。梅因(Main)和所罗门(Solomon)(1986)后来对分类进行了增加：混乱型。第一种依恋类型的婴儿会表现出对抚养者的偏爱，与主要抚养者分离后，婴儿与其他人在一起不会持续焦虑。此外，他们在探索环境时也不会出现持续的焦虑。第二，我们可以观察到安全型依恋的婴儿在分离后会脱离其抚养者。对于回避型依恋的儿童，我们会看到他们在与他们的主要抚养者分离时会过度依赖，分离后会有持续的焦虑和痛苦。最后一种依恋类型的儿童与主要抚养者分离后会产生较少的一致性。像皮尔斯(2009，p.23)说的：

相反，他们会表现出奇怪和矛盾的行为(如他们看起来与抚养者很亲近，但随着目光的移动，在抚养者接近并发生完全的身体接触之前就停止了凝视，然后目光开始闪躲，到最后几乎不再看抚养者)。

依恋的积极影响和依恋失调的消极影响在儿童的学习上是明显的。然而，依恋的重要性受到了人们的忽视，人们对社会和情感发展的核心的复杂性不甚理解，特别是信任的重要意义。

早期分离和婴儿期丧失这一系列问题已经在文献中有详细记载，并且已经成了心理学领域中的许多争论的基础，心理动力学更具体地阐述了这一问题(Freud，1913；Blos，1962；Wolfenstein，1966；Kline，1972；Black，1974)。许多心理学和心理治疗领域的从业者认为，儿童早期导致痛苦感觉的分离经验是由出生时婴儿的身体与母亲分离产生的(Blos，1962；Bowlby，1980；Miller，1987)。在出生后的几周中，儿童与妈妈短暂分离的次数会因妈妈需要在家里做其他事情而增加。

在这样的分离期之后，儿童主要被他们的妈妈抚养和安慰，妈妈会试图消除她看到的孩子的任何痛苦。随着分离次数的增加，孩子会内化他们的母亲的缺席和相关行为的表征。通过这样做，他们开始知道虽然妈妈离开了，但她们还将返回，并且这种临时分离的状态不会对他们的生活产生不利影响。随着儿童的全面发展，这样的学习在儿童更广泛的发展和生活中被泛化，并且使每个个体的情绪都能构成其独特的部分。然而，如果儿童与他们的母亲经历了较长时间的分离，那么儿童就会将这种分离内化，这样他们在未来的情感上就容易受到损失或分离的影响，并且反过来可能影响孩子在青春期和成年期与他人的关系，"因此，我们应该使孩子尽量远离那些可能使他重新感受到脆弱的人，或者直接拒绝与那些可能唤起他脆弱感的人接触"（Raphael，1984，p.403）。

这种因分离而产生的丧失感可能甚至会影响到儿童后来能够表达情绪的程度：

……因为他可能已经了解到其他人将不会接受他的焦虑、愤怒或者悲伤失望。因此他可能为自己建立起一种否认这些不利影响或禁止它们释放的生活方式。（1984，p.403）

我们要更全面地理解这种建立一种"生活方式"的概念，因为它提出了一个重要的问题，即儿童在潜意识层面能更充分地参与他们的生活的程度以及在儿童时期如在学校里正式学习时由丧亲之痛带来的结果的程度。现在让我们来思考一下本和艾丽斯的例子。

案 例

8岁的本由非常关心他的父母抚养大，他们花很多时间跟他交谈。他们花时间去了解诱发焦虑和害怕的因素。当本睡着的时候，他们会经常讨论本的人格是如何发展的。通过这种方式，他们了解和理解了本。他们不断地告诉他，他们爱他并且以多种方式表达他们的爱。他们在和他相处的时间中频繁地拥抱他，并且在他们交流的时候，他们能以一致并且正确的方式管理他的行为和他们自己的行为。本的父母通常用柔和的语调跟他讲话，从不提高他们的声音。他们花时间去扩展本的词汇量并鼓励他提问题以及用新的单词去描述事件和解释自己。本的父母有许多以同样的方式对待自己的孩子的朋友，并且本在体贴又令人敬畏的祖父母身上也学到了许多。

相反，艾丽斯的父母很少花时间与她在一起。艾丽斯和本一样都是8岁。像本的父母一样，艾丽斯的父母也需要工作。但在他们不工作的空闲时间里他们投身于自己的兴趣爱好，而不与艾丽斯分享。艾丽斯的爸爸大多数晚上喜欢去酒吧玩飞镖。艾丽斯的妈妈大多数晚上都在看电视，周末喜欢与艾丽斯的爸爸一起去当地的一个俱乐部跳舞。因此在艾丽斯的记忆中，她每一个周五、周六的晚上都在祖父母家里过夜。她的父母在午夜之后出现，下午才回到她自己的家。艾丽斯的祖父母没有受过教育，他们都是通过看电视来度过每晚的时间。他们除了问艾丽斯吃喝等问题之外很少与艾丽斯交流。在艾丽斯很小的时候，她就被保健员和幼儿园的工作人员描述为一个非常黏人的孩子。当她的妈妈早上把她留在幼儿园的时候，艾丽斯就会发狂，即使她的妈妈回来安抚她，艾丽斯还是会焦虑和难以慰藉。在小学的时候，艾丽斯非常爱寻求教师的关注并且不断地跟着教师走动。在一次和班主任的交谈中，她的教师表达了对于她这种寻求关注以及她的黏人行为的一些想法。艾丽斯现在的教师表示会特别关注艾丽斯的过度依赖迹象，而这将会影响到她的社会学习。她评价艾丽斯"不擅长社交"，"努力积极主动，但似乎没有什么好的收获"。

从上面的例子中我们可以很明显地看到，艾丽斯较少得到家里的支持和一致性的关注。这在她还是婴儿的时候就已经成了事实。当她上小学的时候，她在家里所受到的学习限制带来的负面影响就变得异常明显。这种负面影响在我们对比她的家庭与本的家庭时显得尤其突出。相比于艾丽斯，本现在在小学里获得了蓬勃的发展，也成长为一个在课程学习上没有明显困难并且积极自信的孩子。艾丽斯在阅读和拼写上也存在很多困难，她对很多数学问题也都显得十分困惑。本有很多朋友，而艾丽斯几乎没有朋友。

同之前预测的一样，多数儿童与父母双方一起长大，同时也有一些儿童因为分离和离婚与父母中的一方或双方失去了联系。然而，还有另外一组拥有独特经历的儿童，他们接连丧失了父母。这样的儿童并不在少数。20年前，韦尔斯（Wells）（1988）报告在英格兰和威尔士每天有40~50个儿童经历父母一方的死亡。几年过后，心理学家约翰·霍兰（John Holland）（2001）估计3%的儿童在校期间会经历一方父母的死亡。当用实际的数字报告时，我们会发现这部分儿童并不在少数，每年有15000~20000个儿童经历了这样的不幸。最近，儿童和青少年心理健康联盟（The Children and Young People's Mental Health Coalition）

（CYPMHC，2012，p.4）为学校出版了一个指南，在指南中他们说，"在一间普通的教室里：10个青少年看到过他们的父母分开；一个青少年经历过一方父母的死亡……"在最近的考察中，研究者发现父母死亡的经历、他们所面临的复杂环境和失去父母中的一方会对他们的学习产生影响。

另外，有一些新生儿不能够得到妈妈的早期抚养。以在第一章提到的著名哲学家卢梭为例，他对我们理解儿童的学习和发展做出了很大贡献。卢梭1712年出生在日内瓦，在卢梭出生后的第9天他的妈妈就去世了。与此相似，1782年出生的德国哲学家福禄贝尔在出生后的第9个月就经历了妈妈的死亡。很有趣的是，这两个男人都为关于早期儿童发展和教育的书籍奉献了他们的很多时间，这可能是他们对自己失去母亲的一种反应。

悲痛是一种发生在所有的文化和社会中的普遍的经历。相关概念可以在大量早期的作品以及现代文学、艺术和哲学作品中找到。悲痛的普遍具有可识别性和自然连贯性，当我们阅读哲学家和文学家的作品时，我们会发现里面提供了他们对自己和其他人的传记以及在一方父母逝世后的情绪状态的见解。事实上，文学作品给我们提供了更有用的参照点，通过这些我们可以了解失去父母的本质及其对儿童以及接下来一系列的发展和学习的影响。事实上，文学作品在很多方面都描述了儿童遭受的丧亲的本质。例如，具体的参照点在许多有名作家的自传中能够找到，德国作家赫尔曼·赫斯（Herman Hess）和弗朗兹·卡夫卡（Franz Kafka）、俄国作家列夫·托尔斯泰（Leo Tolstoy）、法国小说家和编剧艾伯特·加缪（Albert Camus），他们的父亲在他们一岁前就去世了，爱尔兰作家刘易斯在儿童期失去了母亲。哲学家德·波顿（De Botton）（2000，p.9）评论道：

用叔本华的话讲，艺术和哲学以它们不同的方式帮助我们将悲痛化为知识。

现在让我们来看著名的英国诗人约翰·济慈（John Keats）（1795—1821）和比较现代的法国哲学家让—保罗·萨特（Jean-Paul Sartre），他们两个都在儿童期早期失去了一方父母。安德鲁·莫申（Andrew Motion）最近将济慈的自传（Motion，1997）作为一个很好的案例研究，因为它超越了文化和时间的边界，并揭示了情绪压力、孤立和错位关系的问题，以及个体在经历儿童期丧亲所带来的抑郁时的表现。

济慈出生于 1795 年，当济慈还是一个孩子的时候他就失去了父母双亲。1810 年他的妈妈在一场持续的大病后去世，而那个时候他已经失去了他的父亲，在济慈 15 岁的时候他不仅失去了双亲还失去了他的哥哥和两个叔叔。在济慈的自传中，安德鲁·莫申将年幼的济慈失去母亲后回学校的情景描述如下：

当悲惨的春天变成了夏天，济慈使自己深深地沉浸在书本中。这个小孩成了同学眼中的一种微型人：在经历了喧闹和玩笑之后，他很快地就又会被悲伤和其他思绪占据。（1997，p.40）

从莫申对年幼的济慈的描述中我们可以很清楚地看到妈妈的死亡对他产生了极大的影响。济慈从他以前了解的世界中退出了并开始创造一个新的环境。由于他的忧郁与贫困，他与他的同龄人、尚存的家人以及他要接触的成人之间的关系也存在问题。拉斐尔（Raphael）（1984，p.82）对年幼儿童经历丧亲和这种丧亲所带来的影响做出如下评价：

就是在这个年纪婴儿第一次极度伤心……没有人能代替她……他只想他的母亲。这一反应是我们面对丧亲难题的核心。婴儿痛苦的哭泣唤醒我们的细胞去拥抱和安慰他……至少在初期，我们的拥抱并不能减轻他的痛苦，他想要的只有他的母亲。然而只有我们的安慰才能使痛苦最终减轻，并且让他从安慰中得到支持从而接受丧亲。

丹尼尔·戈尔曼（Daniel Golman）在他的《情商》这本书中给出了更有用的参考点来帮助我们理解丧亲对儿童的影响。汲取了神经学家约瑟夫·勒·杜克斯（Joseph Le Doux）著作中的观点，戈尔曼（1996，p.22）推测个体生活中的"情绪记忆"能够导致生气和困惑这样的感受，在一些情况下，起着破坏和影响与他人之间的关系的作用，至少会对那些上学的儿童产生影响。杜克斯的观点为弗洛伊德先前的主张提供了支持并且激励着我们在生物学背景下去解释丧亲：

杜克斯试图通过儿童时期杏仁核(大脑的主要区域，是肾上腺素和去甲肾上腺素触发的信号到达的主要区域)的作用来支持精神分析思想的基本原则：婴儿和抚养者早年的互动为其提供了一系列基于协调和扰乱性接触的情绪经验。情感的训练如此有力，但我们很难从成人生活的优势中了解到，因为它们以一种粗糙并且无法用语言表达的蓝图储存在情绪加工的杏仁核中。因为这些早期的情绪记忆在婴儿能用词语表达自己的经验之前就建立起来了，所以当这些情绪记忆在之后的生活中被触发时，我们没有办法去找到一套能够让我们使用的、关于回应的、清晰且匹配的做法。我们对自己的情绪爆发难以控制的一个重要的原因就是这些情绪在我们很小的时候，在我们对事情充满困惑、尚未理解事情的真相时就已经时常出现了。因此，我们可能会出现混乱的感受，但我们在记忆中却不能找到表达它们的词语。(Goldman，1996，p.22)

儿童与他们尚存的父母之间的关系的本质是复杂的，这会对他们接下来的社会性和情绪发展有巨大的影响。这种复杂的程度可以在英国哲学家萨特 (1967，p.13)的著作中找到：

从她的母亲的例子中得知，我的母亲做事不会从乐趣出发，她更倾向于完成任务。无论是在婚前还是在婚后她都不太了解我的父亲，而且有时候她甚至会想知道为什么这个陌生人想要死在她的怀里……对我来讲，我则受益于这种情况。安妮—马里和我很快地就能够从我父亲死亡的噩梦中醒来：我被治愈了。但是我们受害于这种误解：她亲切地和那个她从来没有离开过的儿子再次团聚；而我则在一个陌生人的怀里重新获得了意识。

萨特对当时身边人处理他父亲的死的方式的反思和解释是很有启迪作用的，并且他据此提出了很多问题。例如，萨特的妈妈在她的人际关系中重视"义务"反对"享乐"可能是影响年幼的萨特的心理、情绪的发展、他建立的世界观和他将一系列现实内化成"情绪生活的蓝图"的因素。

与萨特的情绪记忆的复杂性形成对比，现在请大家思考一下作家和诗人戴安娜·冈特斯(Diana Gittens)(1998，pp.100-101)最近说出的令人痛心和不安的记忆：

在过去的很多年里我都试图去理解关于我妈妈的两个早期记忆。在第一个记忆中，我只是看着在我父母的床旁边画着的深绿色百叶窗，渴望拉开圆形的柔滑把手，让光线进来。这个画面常常使我感到非常不安和恶心。在心理治疗中我最终进入了接下来的景象，我母亲虐待我，在那时她不断提醒我，我很恶心，还叫我不理解的名字。另一个记忆是我躺在客厅的沙发上，很震惊地从小憩中醒来，因为我的母亲正在用点燃的香烟戳我的手背。然后她就出去了，并回来面露微笑地问我对自己做了什么。她用碘酒温柔地擦我的伤口并告诉我，我坚决不可以再点燃香烟。我记得我的感觉十分困惑。我压根不想做这些令人讨厌的事，不是吗？不是我自己烧了我自己，不是吗？是我吗？我做了吗？当然她应该是对的——她是我的妈妈——虽然……慢慢地，我不但痛苦地知道我不该相信她，我还知道我不能相信我自己。

上面的描述很清楚地说明了亲密的家庭成员之间可能存在的复杂关系，它也使我们去思考许多成长环境非常不同但在更扭曲和功能失调的家庭环境中长大的孩子的学习是如何发生的。冈特斯的关于严肃又令人不安的早期记忆的描述不仅强调了我们不能将学习仅仅看作学习和理解新知识的过程，还强调了我们要面对人生经历中黑暗的现实以及生活在痛苦中的许多孩子和青年人的学习是如何展开的。与前几十年不同的是，虐待和忽视现在发生得更普遍。例如，我们意识到（McKee，2004），多种因素被包含在忽视和虐待中，如缺少教养、婚姻问题和冲突、经济困难和药物滥用。麦克布林等人（2006，p.187）认为：

无论家庭和儿童发现自己处于何种状况，其对儿童的影响都是显而易见的——那些受虐待的儿童为了参加学习课程并有效地学习而斗争。从事儿童教育的教师为受虐待和忽视的儿童所做的尝试对儿童的影响甚微。

📖 **练　习**

　　• 为什么一些单亲家庭中的孩子能更好地适应成长中的挑战和要求？

　　• 为什么一些在低收入和功能失调的家庭中长大的孩子在学校里会比许多同龄的孩子表现得更有信心更开朗？

六、在家庭中游戏的重要性

　　怎么强调在家庭中游戏的重要性都不为过。从出生到青少年时期以及成年早期父母都会与孩子互动。然而，这种互动的方式和质量大不相同。对于一些孩子来说，和家人游戏的经历是有目的的、有趣的且有教育意义的，对情商、自尊和自我效能的发展有重要作用。然而，游戏的本质在过去的几十年里已经发生了戏剧性的变化，并且这种变化会持续下去。与二三十年前相比，现在的许多孩子更多时候是在家里游戏。迈尔斯(Zwozdiak-Myers)(2007，p.6)评论道：

　　毫无疑问，现在儿童的游戏都是在室内进行的，相对于前几代，尤其是20世纪的后50年来说，游戏都是在室外进行的。

　　以下面克里斯的事件为例说明。

📶 **案　例**

　　十岁的克里斯跟他的爸爸、妈妈和两个妹妹生活在一起。这个家庭很富裕，克里斯有自己的卧室。一天，克里斯向教师描述了他不上学的一个周六是怎样过的：

　　"我起得非常晚，因为我喜欢躺在床上看电视，我自己的卧室里有电视，并且只有我才能看这个电视。我不让我的妹妹们进我的房间。看完电视后，我起床吃午饭。我的爸爸总是告诉我不要在床上躺太久，但他并不真正在意。我喜欢与我家附近的朋友汤姆一起玩电脑，我们玩一整个下午，我们都喜欢玩游戏，这真是太棒了。有时候我们会出去玩，但是还是在家里更好玩。"

　　近来，金斯伯格(Ginsberg)(2007，p.183)重点关注了游戏在儿童学习和发展的过程中的重要角色：

游戏允许儿童创造和探索一个他们可以掌控的世界。练习扮演成人角色或者偶尔和成人照看者以及其他儿童一起参与游戏，可以让他们战胜恐惧。游戏可以帮助儿童发展新能力，如他们需要面对未来挑战的自信和弹性。儿童通过间接的游戏，可以学习如何在团体中工作、分享、谈判、解决矛盾，学习自我倡导的技能……在理想的状态下，大多数的游戏都要有成年人的参与，但是当游戏被成年人控制的时候，儿童就会默认成人的规则和关注，摒弃一些游戏带给他们的好处，尤其是在发展创造力、领导力和组织技能方面……总之，游戏是一种简单的乐趣，也是儿童期不可缺少的一部分。

金斯伯格也关注游戏，对于那些言语不如他人或者和他人交流存在问题的儿童来说，游戏存在着不为人察觉和忽略的好处：

说话少的儿童通过游戏能表达自身的观点、经历甚至困惑。游戏可以让他们的父母有机会来全面了解儿童看问题的角度。（Ginsberg，2007，p.183）

他也强调了游戏作为儿童学习生活的一个重要部分应该被如何看待的问题。至于游戏：

确保学校在致力于儿童的认知发展的同时，促进儿童的社会性和情绪发展，帮助儿童适应学校甚至增强儿童的学习兴趣、强化学习行为、提高问题解决能力。在课堂学习中穿插社会性、情绪的学习；如果一些增强儿童学习能力的压力通过他人得到了激发，那么这就应该受到关注。与同伴交流的游戏和课外时间是社会性、情绪学习的一个重要部分。（Ginsberg，2007，p.183）

然而，令人忧虑的是许多儿童的游戏时间正在减少。例如，随处可见的现状是，以减少儿童和他人的游戏时间为代价来增加儿童的学习时间。除英国外，还有许多国家让儿童花费过多的时间进行学习。读者不妨考虑目前越来越受到重视的正在重返英国中学的各种考试，以及这可能导致的重要的休闲时间的显著减少，因为这些孩子将时间越来越多地分配在记忆考试的知识点上，而考试决定着他们的未来。

在英国，因为许多年来备受瞩目的儿童绑架案，现在许多父母特别担心让他们的孩子离开家出门去玩，这成为孩子们自由游戏的障碍。在与年轻妈妈谈话的时候这种恐惧很常见。近 10 年来，儿童对玩具的渴望成了更突出也更复杂的事实。考虑到越来越强调玩具的技术性，以及许多家长认为他们应该花更多的时间与孩子在一起，许多父母似乎成了孩子需求的傀儡（Gray and MacBlain，2012）。

七、家庭的语言及其对学习的影响

注意到家庭成员在语言发展上的重要角色，考伊（2012，p.87）提出如下建议：

在西方文化中，父母通常使用很多奖励互动来培养孩子的语言运用能力，这导致了语言知识在头五年的巨大扩展和使用。从这点来看，抚养者与儿童之间的关系是非常重要的……

在考伊的陈述中，一个有趣的或者令人担忧的内容是他使用了"通常"这个词，表示显然不愿意包括所有的父母，也不承认一些孩子没有得到这样的养育。这就是说，很少有读者没有享受过听最初几周和几个月的婴儿发出美妙和舒服的声音的乐趣。很少有人能在看到自己的孩子用幼稚并且幽默的表情表达自己时，而不受感动。封塔纳（1995，p.75）做出如下评论：

儿童听到的语言越多，他们的词汇发展得越快，但是响应也起着作用。父母常与他们交谈的婴儿对声音或其他行为在语言发展中的反应速度更快……

在近几十年中一个令人担忧的发展趋势是进入小学言语发展落后的儿童的数量越来越多，他们通常以词汇贫乏、倾听技巧差和注意力不集中为特点。这通常意味着教师要解决那些落后的同学的难题。以下面两个孩子为例。

案　例

鲍勃和安迪刚刚上小学。他们都是 5 岁，且都由各自的祖父母照看。他们的教师在入学的第一天就对他们进行了观察。教师注意到鲍勃很难保持安静地坐上几分钟，当她开始向同学讲话时，他就站起来在教室里不停地乱跑。当她要求他坐下并且其他孩子都很听话的时候，他会骂教师然后跑开。此外，她还观察到安迪总是静静地坐着并且能很快地沉浸在教师讲的内容中。当她与安迪谈话的时候她发现，他的词汇相当高级并且他很听教师的话。然而当教师与鲍勃讲话的时候他总是不断地打断教师的讲话，他等不及教师问完就答非所问。

人类的语言是高度复杂的，具有很多重要的特点。例如，一系列基本声音或音素、不同于音素的语素，都是有意义的，人们可以通过它们传输信息（Brown，1977，p. 109）。在里克斯（Ricks）从事的一项研究中，他记录了一些婴儿在一系列环境中如当他们饥饿、疲惫和不舒服的时候的哭泣。他的研究表明父母能够辨别所有的从婴儿包括外国婴儿中听到的哭声。这说明个体存在一种"通用声音系统"，通过这个系统新出生的婴儿不仅可以表达基本需求，还能够与父母交流。随着婴儿的成长，他们学会了更复杂的交流方式，也知道了他们的要求会被满足，在随后得到加强或者可能被忽视。在一些情况下，婴儿则很可能转向通过其他的方式来使他们的需求得到满足，如喊叫、哭泣或者产生攻击行为。

练　习

- 思考当谈到学习时，在单亲家庭中长大的儿童处于劣势这一观点。
- 哲学家和理论家如何对我们理解家庭中的学习做出贡献？
- 在 21 世纪，贫困还在继续影响着儿童的学习吗？
- 思考儿童的学习如何受父母亲一方的丧失的影响，如父母分居、离婚和丧亡。
- 思考在 21 世纪玩的本质以及为什么在家庭中的玩耍如此重要。
- 什么因素导致了儿童早期的言语发展迟滞以及家庭怎样通过言语来帮助孩子学习？

◎ 总　结

家庭在儿童的学习中扮演的角色至关重要，值得我们特别关注。学习始于出生并且经过青少年至成年阶段，在此过程中儿童一直都从父母身上学习。然而，对于许多儿童来说，父母一方的丧失或者以被忽视和受虐待为特点的童年而使学习这一过程过早停止。学校为他们提供了仅有的稳定性。然而，对于校方和教师们来说，如何让这些儿童从学校教育中受益，使他们在成年取得成功是一个巨大的挑战。

本章力求探索家庭在儿童学习中扮演的重要角色、玩的类型和质量、家庭中的语言如何影响学习、社会性和情绪的发展。皮埃尔·布尔迪厄的著作中特别提到了家庭文化方面的影响，以及当代科技和物质主义是如何影响家庭学习的。我们也探讨了爱和安全依恋的概念，一些人认为在儿童生活中如果缺少这些爱和安全依恋是很让人难过的。因此，我们尤其应该关注那些在单亲家庭中长大的儿童、有丧亲经历的儿童，以及那些丧亲儿童所面临的挑战。

◎ 推荐阅读

Cowie，H. (2012) *From Birth to Sixteen：Children's Health*，*Social*，*Emotional and Linguistic Development*. London：Routledge.

Miller，A. (1987) *The Drama of Being a Child*. London：Virago Press.

Pearce，C. (2009) *A Short Introduction to Attachment and Attachment Disorder*. London：Jessica Kingsley.

◎ 参考文献

Black，D. (1974) What happens to bereaved children? *Therapeutic Education*，2：15-20.

Blos，P. (1962) *On Adolescence：A Psychoanalytical Interpretation*. New York：Free Press.

Bowlby，J. (1980) *Attachment and Loss. Vol. 3：Loss, Sadness and Depression*. London：Hogarth.

Brown，E. (1999) *Loss, Change and Grief*. London：David Fulton.

Brown, G. (1977) *Child Development*. Shepton Mallet: Open Books.

Buckingham, D. (2000) *After the Death of Childhood : Growing up in the Age of Electronic Media*. Cambridge: Polity Press.

Cowie, H. (2012) *From Birth to Sixteen : Children's Health , Social, Emotional and Linguistic Development*. London: Routledge.

Curran, A. (2012) Autism and the brain's working: how far have we got?, *Debate*, 144: 5-6. Leicester: The British Psychological Society.

CYPMHC (2012) *Resilience and Results : How to Improve the Emotional and Mental Wellbeing of Children and Young People in Your School*. The Children and Young People's Mental Health Coalition, 25 September.

Davie, R. , Butler, N. and Goldstein, H. (1972) *From Birth to Seven*. London: Longman.

De Botton, A. (2000) *The Consolations of Philosophy*. London: Hamish Hamilton.

Fontana, D. (1995) *Psychology for Teachers* (3rd ed) Basingstoke: Macmillan Press.

Freud, S. (1913) *Mourning and Melancholia*. (Pelican Freud Library, Vol. 11.) London: Pelican, 1984.

Fromm, E. (1975) *The Art of Loving*. London: Unwin Books.

Furman, E. (1974) *A Child's Parent Dies : Studies in Childhood Bereavement*. New Haven: Yale University Press.

Ginsberg, K. R. and the Committee on Communications and the Committee on Psychosocial Aspects of Child and Family Health (2007) The Importance of Play in Promoting Healthy Child Development and Maintaining Strong Parent-Child Bonds, *Pediatrics*, 119 (1): 182-191.

Gittens, D. (1998) *The Child in Question*. Basingstoke: Macmillan Press.

Golman, D. (1996) *Emotional Intelligence*. London: Bloomsbury.

Gray, C. and MacBlain, S. F. (2012) *Learning Theories in Child-*

hood. London: Sage.

Holland, J. (2001) *Understanding Children's Experiences of Parental Bereavement*. London: Jessica Kingsley.

James, O. (2007) *Affluenza*. London: Vermilion.

James, O. (2012) *Love Bombing*. London: Karnac Books.

Kline, P. (1972) *Fact and Fantasy in Freudian Theory*. London: Methuen.

MacBlain, S. F. and MacBlain, M. S. (2004) Addressing the needs of lone-parent pupils, *Academic Exchange Quarterly*, 8 (2): 221-5.

MacBlain, S. F. and Purdy, N. (2011) Confidence or confusion: how prepared are today's NQTs to meet the additional needs of children in schools? *Journal of Teacher Development*, 15 (3): 381-94.

MacBlain, S. F., McKee, B. and MacBlain, M. S (2006) The curriculum: confronting neglect and abuse, *Academic Exchange Quarterly*, 10 (2): 87-191.

Main, M. and Solomon, J. (1986) Discovery of insecure-disorganized/disorientated attachment patterns: procedures, findings and implications for the classification of behaviour. In T. B. Brazelton and M. Yogman (eds) *Affective Development in Infancy*. Norwood, NJ: Ablex.

Mayall, B. (2002) *Towards a Sociology for Childhood: Thinking from Children's Lives*. Maidenhead: Open University Press.

McKee, B. (2004) Child protection in education: training the trainers. Paper presented at European CAPE conference, 10-12 July, Lancaster, UK.

Miller, A. (1987) *The Drama of Being a Child*. London: Virago Press.

Motion, A. (1997) *Keats*. London: Faber and Faber.

National Statistics (2003) *Social Trends*. London: Stationery Office Books.

Pearce, C. (2009) *A Short Introduction to Attachment and Attachment Disorder*. London: Jessica Kingsley.

Raphael, B. (1984) *The Anatomy of Bereavement: A Handbook*

for the Caring Professions. London: Hutchinson.

Ricks, D. M. (1972) The beginnings of vocal communication in infants and autistic children. Unpublished M. D. thesis, University of London. Cited by Cromer, R. F. (1974) The development of Language and cognition: the Cognition Hypothesis, in Foss, B. (1974) *New Perspectives in Child Development.* Harmondsworth: Penguin, p. 97.

Sartre, J-P. (1967) *Words.* Harmondsworth: Penguin.

Tennant, C. (1988) Parental loss in childhood. *Archives of General Psychiatry*, 45: 1045-50.

Tizard, B. and Hughes, M. (1984) *Young Children Learning: Learning and Thinking at Home and at School.* London: Fontana.

United Nations Children's Fund (UNICEF) (2007) *Child Poverty in Perspective: An Overview of Child Well-being in Rich Countries.* Florence: UNICEF Innocenti Research Center.

United Nations Children's Fund (UNICEF) (2010) *The Children Left Behind: A League Table of Inequality in Child Well-being in the World's Richest Countries.* Innocenti Report card 9. Florence: UNICEF Innocenti Research Center.

Wells, R. (1988) *Helping Children Cope with Grief.* London: Sheldon.

Winsdale, J. (2012) Positioning among the lines of force in schooling: an issue for psychologists and counselors in schools, *Educational and Child Psychology*, 29 (2): 20-31.

Wolfenstein, M. (1966) How is mourning possible? *Psychoanalytic Study of the Child*, 21: 93-123.

Zwozdiak-Myers, P. (ed.) (2007) *Childhood and Youth Studies.* Exeter: Learning Matters Ltd.

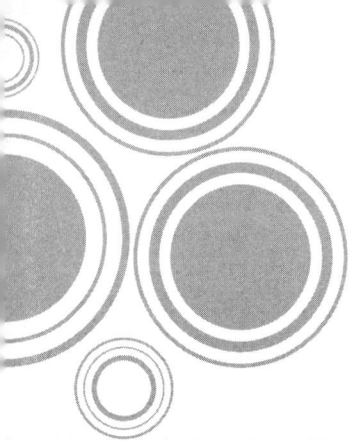

第五章　学习和学校教育

本章主旨：

- 在当代和历史环境中，强调学习和学校教育功能的重要性；
- 考察 21 世纪学校的功能；
- 通过课程和政府的影响探索学习的本质；
- 强调学校变迁的复杂性，理解变迁对儿童的影响的重要性；
- 探索社会、经济、政治对学习的影响；
- 在快速发展的全球环境中思考学习和学校教育。

导　言

20 年前，肖斯塔克（Schostak）(1991，p. 11)对学校教育和教育做出了如下区分：

> 学校教育涉及所有的控制、强制和社会化，通过价值观、态度、行为以及个体常识去形成一种共享的"现实"。学校、媒体机构、商业世界、教会、政治和法律框架以及家庭都可以被看作教育过程中的不同工具。相应地，教育为学校教育提供了批判性观点，它致力于解放个体在经验探索中的表达和行动，从而发展多种可选择的可能性。

肖斯塔克在上面提出的区分使这个世界发生了巨大的变化。例如，在 2001 年纽约的双子塔遭破坏以后，全球社会开始警惕恐怖分子的威胁并积极教育青年人要更宽容和理解他人。学校尤其应该强调这一点，政府也应该增加更多的指令。除了恐怖分子的威胁外，全球的经济也发生了剧烈变化，这导致之前许多用于学校和教育系统的资金都没有了。这意味着学校在满足孩子尤其是需要额外资源的孩子的需求的方式上发生了重大变化，如在课堂上他们使用的学习支持系统，以及教育心理学家、学校社会工作者或信息通信技术的辅助和支持。在英国，自 2010 年联合政府（Coalition Government）选举以来，教育改革的等级和空间变化速度大大加快，这种加速尤其体现在学校教育中。在选举之后，学校的资助和管理方式发生了很大变革，一些人认为这是一种进步，而其他人却认为联合政府做出的改革是很大的倒退。

一、历史环境中的学校教育

我们知道英国的学校教育从威廉·莎士比亚和查尔斯·狄更斯甚至20 世纪六七十年代起，就发生了翻天覆地的改革。尽管这些改革存在一些可识别的相似性但也有很大不同。很明显，儿童接受学校教育的方式在不停地加速变化，并且在下个世纪的英国教育系统中许多学校现在的教育形式必然会发生更多的巨大变革。

目前，在英国正出现一种类似免费学校和学院的新类型学校。当学校开始变为由慈善机构、企业家和教会等一系列利益集团管理时，这就给前几代人一个提醒了。事实上，英国学校教育的历史完全是偶然设计出来的，它存在着一些不合理的脱节。理解教育尤其是学校教育和学习改革产生的历史背景，使我们能更深刻地理解为什么以我们现在的这种方式教育儿童以及为什么英国的教育系统仍在发生变革。一个有用的切入点就是去了解教育开展的历史背景，以及我们是如何变成英国的现在这个样子的。19 世纪英国的贫民儿童免费学校就是我们现在所介绍的免费学校。

在 1818 年，著名的哲学家福禄贝尔（见第一章）在德国法兰克福建立了第一所学校后的两年，一个住在英国朴次茅斯的名为约翰·庞德的补鞋匠开始利用他的店铺教育当地的贫困儿童。庞德向孩子介绍了像烹饪和补鞋子这样的技能并通过宗教教育和自然教他们读写。大约在同一时期，之前当过兵的托马斯·克兰菲尔德（Thomas Cranfield）在伦敦也经营了一些贫民儿童免费学校来照顾贫困儿童。事实上，当时贫困儿童学校的数量有巨大增长。蒙塔古（Montague）（1904）和伊加（Eagar）（1953）、史密斯(2001，p.3)在他们的著作中对19世纪这种学校规模的扩大提供了一些见解：

> 例如，在1844年，大约有200位教师在这些学校中从事教学，而到1851年这一人数则超过了1600。(Montague，1904，p.169)截至1867年，据报道英国大约存在226所周末贫民学校、204所日校和207所夜校，儿童在这些学校的平均出勤人数为26000。(Eagar，1953，p.123)

在1828年前后，著名教育家和现代主义者托马斯·阿诺德(Thomas Arnold)被任命为著名的拉格比学校(Rugby School)的校长，这所学校与著名小说《汤姆·布朗的学校生活》(*Tom Brown's Schooldays*)有很密切的联系。拉格比学校是为了迎合那些上层阶级或有特权的孩子而开设的。尽管它迎合了更有特权的阶级的孩子，但是学校中的许多日常实践到现在仍被认为是完全不能接受的。此外，当时学校提供给学生的环境与如今有很大不同。事实上，阿诺德使学校发生了很多变革。通过建立这些学校，他创造了一种教学模式，这在很大程度上影响了上两个世纪整个英国的教育和学校教育。阿诺德的理念在许多方面都超前于当时的时代环境。例如，他不仅介绍了现代外语还引进了数学和历史这些被我们现在认为是儿童学校学习必不可少的内容。阿诺德还设立了学长制，这种制度在今天仍被英国的大多数学校沿用。不像如今的学长制，阿诺德将这个系统作为在他的学校中保持秩序和纪律的主要手段，年长的男孩作为学长，被授予管理年轻男孩的权利。

在1870年，通常被称为《福斯特法》(*Forster's Act*)的小学教育法案在英国通过。这个法案为5~12岁的孩子的初级教育奠定了基础。10年以后的1880年，针对所有儿童的义务教育年龄推迟到了12岁。《福斯特法》是在一些开明的思想家和企业家公开表达儿童的教育会给国家带来繁荣发展的观点时通过的。1902年，一个以《巴尔福法》(*Balfour's Act*)之名而为人所知的教育法案控制着当地教育当局的教育。随着这个法案的出现，中学的数量呈现显著增长，义务教育小学的资金支持也在英国教会和罗马天主教会的控制下。在这一点上，目前英国联合政府正在试图削弱地方当局影响的举措，以及为了获得学业地位和更大自主权而选择退出地方当局控制的学校大量增多的现象值得我们思考。

在 1918 年，《费舍尔法》(*Fisher Act*)规定 5～14 岁的儿童必须接受教育，并将中学教育的责任交给国家。然而，在当时，许多 14 岁还在读小学的儿童拒绝进入其中任何一个新建的中学。到 1944 年，《巴特勒法》(*Butler Act*)将学校毕业的年龄提高到 15 岁，并正式将 11 岁作为中小学之间的区分。这个法案的特别之处是它建立了一个系统，在这个系统中，11 岁以上的儿童在一场被称为"11＋"(Eleven Plus)的考试中的表现成为决定他们将被分配去往文法学校、技术学校还是现代中学的标准。21 年后的 1965 年，英国工党政府发布了《通告 10/65》(*Circular 10/65*)，呼吁当地教育局去执行一个审核，通过这项审核他们开始将中学转变为新的综合性学校系统。因此，如果执行这项审核，他们就要废除当时已经存在的文法学校、现代中学和"11＋"考试体系。这在当时引起了很大的争议，很多人都反对关掉文法学校。然而，也有很多人提倡关闭文法学校，支持新的综合体系，因为在这种体系中儿童能够在同一所学校里共同接受教育。许多曾经在文法学校里工作的教师们发现自己不得不在综合性学校里教学，这种巨大的变化使他们难以应付，因此许多人离开了这个岗位。

关闭文法学校尚存争议，即使在今天，英格兰的许多地区仍然在开设文法学校。值得一提的是，在介绍综合教育体系时，之前提到过的像贫民儿童免费学校这样的私立院校仍然存在。在文法学校里的都是那些支持关闭私立学校的人，他们认为从那些迎合享有特权的人的慈善机构中获益的都是杰出人物。然而，其他一些人则强烈拥护私立学校，这很可能是因为他们自身的传统教育经历，这些私立学校也被视为具有示例性的高教学标准。随着教育标准办公室(Office for standards in Education)(2013)一份报告的出版，这一辩论最近取得了进展。这场辩论的辩题是"最能干的学生：如果这些孩子在非选择性中学就读，那么他们是否能够维持一贯的良好表现呢？"(见第九章)。这份报告主要强调了儿童在选择性学校(如私立学校)和非选择性的公立学校之间提高能力的差异(见第九章)。

在《1981 年教育法》的基础上，英国在 1996 年通过的教育法更加强调了儿童所处的环境、学校应该提供给他们的支持与自身发展之间的关系的重要性。"一个孩子因学习障碍有特殊的教育需要，那么我们就需要为他们提供特殊的教育"(Department for Education and Employment,

1996，Section，323）。在这里我们可以看到新法案的重点是，如何从儿童个体自身的因素转向儿童所处的外部环境以及它们如何影响儿童的学习。随着将有特殊教育需求或者残疾的儿童以及之前曾在特殊学校里接受教育的儿童纳入主流人口，许多教师的挑战随之增加。表5.1反映了英国政府在教育领域中所发挥的影响力以及教师和学校所面临的重大变革。

目前，英国在孩子如何接受教育方面经历着巨大的变革。这种变革受新思想的驱使，很多人企图对这些教育变革的理论基础进行修正，却遭到了一些人的反对。无论这些变革能否为儿童提供更好的教育和学习机会，未来都存在着无限的可能，只有时间会告诉我们真相。

英国当前的联合政府的选举见证了《2011年教育法》（2011 Education Act）的通过。法案的细节在教育部网站（DfE，2013，p.1）上做了如下公开表明这个法案：

……包括一些增加教师权利的措施来惩戒学生以养成好的行为……取消学校和当局的义务并给他们更大的自由去决定如何实现它们的功能……学院将计划扩大规模，增加16～19岁学生就读的学院和可选择的规定院校的数量……这项法案将会改变学校的责任，更加专注于教育标准办公室的审查以及利用更广泛的权利来干预那些表现不佳的学校。独立的资格监管机构——英国资格及考试监督办公室，要求确保英语资格标准与英国以外的资格证书相当……该法案还规定实施增加大学教学自由的建议，使大学能更好地控制自己的管理和聘任安排……它将使政府具有为贫困的两岁儿童提供免费早年供养的权利……对执行权做一些调整……并且为有特殊教育需要的人或受到学习困难评估的人提供直接金钱帮助的规定。

很显然，这项新的立法是为了在教育结构以及指导英国教学实践的基本原则上做出重大变革。只有时间才能够告诉我们这些开展的新的重大变革效果如何。这再次强调了儿童工作的从业者了解支撑流行思想的那些哲学本质的重要性，也许更具体地说，是政策制定者和决策者对教育课程和最终儿童的学习施加了巨大的影响和权威。

表 5.1　相关立法的时间轴

1883　《工厂法》

介绍了两小时儿童义务教育。许多儿童在工厂、教会学校或者妇孺学校中被好心的妇女讲授基本的识字和计算。

1870　《福斯特法》

国家承担起教育责任并为 5～13 岁的儿童提供初等教育。学校受教育局的监管。

1876　《桑登法》

使父母有义务确保他们的孩子上学并成立出勤委员会。

1880　《芒德拉法》

5～10 岁的儿童必须去学校接受教育。满 14 岁的儿童除非受官方豁免外（如以便就业），也需要强制入学。

1902　《巴尔福法》

当地政府取代了学校董事会来负责教师的聘用和学校地方的分配。

1918　《1918 年教育法》

离校年龄上升到 14 岁。

1944　《巴特勒法》

1951　普通教育证书（GCE）——介绍了"O"和"A"水平

1963　《纽塞姆报告》（我们未来的一半）

1965　《通告 10/65》（建立中等教育组织）

1967　《普鲁顿报告》（重点关注儿童及其小学）

1970　《残疾儿童教育法》

1973　《1973 年教育法》（ROSLA）

离校年龄升至 16 岁。

1978　《沃诺克报告》（关注特殊教育的需求）

1981　《1981 年教育法》

1985　《斯万报告》（提出全民教育）

1985　《白皮书》（建立更好的学校）

1987　《DES 咨询文件》（设定国家课程）

1987　《通告 11/87》（设定学校性教育）

1988	**《1988 年教育改革法》**
	引进国家课程，使儿童在所有的国家资助的学校中接受相同的教育。英语、科学和数学成为必修。用普通中等教育证书 GCSEs 代替 GCE 的"O"和"A"水平，中等教育证书(CSE)考试最初是在 60 年代为那些没有达到 GCE "O"水平的儿童设置的。
1992	**《学校教育法》**
1996	**《1996 年教育法》**
	学校有法律义务去努力满足有特殊教育需求的儿童。当地政府有法律上的义务去为那些学校不能满足他们个体需求的儿童进行法定评估。
2008	**《2008 年教育和技能法》**
	所有满 18 岁的英格兰青年人都具有接受教育或培训的义务。到 2013 年，义务接受教育或培训的年龄为 17 岁。2015 年受教育年龄又增长到 18 岁。
2009	**《学徒制、技能、儿童和学习法》**
2010	**《儿童、学校和家庭法》**
2011	**《2011 年教育法》**

二、学校的功能

与任何人谈论学校的时候他们都会有自己强烈的观点，能够很快地说出他们在上学时或好或坏的个人经历。关于学校的轶事比比皆是，每个人似乎都是这个主题的权威。如果你尝试向其他人在如何更好地组织学校以及如何教孩子上提供自己的看法，你不仅会冒着被挑战和引发矛盾的风险，而且可能还会花费你大量的时间。幸运的是，在过去的 10 年中，随着我们对儿童发展和学习本质的理解得到提高，那种情况已经发生了很大的改变。在一部精彩的关于童年的自传中，著名作家弗兰克·迈考特(Frank McCourt)(1997，p. 84)叙述了他自己的学生时代。尽管这发生在 50 年前的爱尔兰，但是它仍能让本书的大多数年纪较长的读者联想到他们儿童时代的学校，并为他们带来一些熟悉感。本书的作者所经历的教育在许多方面与这些年长的读者非常相似：

　　在某学校里有 7 位校长，他们都配有皮带、手杖和黑刺棍。他们会用棍子敲你的肩膀、背、腿，尤其是手。如果他们打你的手掌这就被称为拍。如果你迟到、如果你的钢笔笔尖漏水、如果你笑、如果你讲话以及如果你不知道某事，他们就会打你。如果你不知道上帝为什么创造这个世界、如果你不知道利默里克（Limerick）的守护神、如果你不会背使徒信经、如果你不会算 19 加 47、如果你不会算 47 减 19、如果你不知道爱尔兰 32 个郡的主要城镇和产品、如果你不能在世界地图上找到保加利亚，他们就会打你……如果你不会用爱尔兰语讲你的名字、讲圣母玛利亚、请求用盥洗室，他们会打你……如果你从来没有赞扬过奥利弗·克伦威尔（Oliver Cromwell），他们也会打你。

　　为了探寻学校的功能，奇蒂（Chitty）（2002，p. 2）提供了三大维度：个人成就、为工作做准备、作为"社会发展和变革的基本要素"的学校教育。第一个维度可以在第一章探索的观点和基本原理中找到，第一章中的大多数理论学家和哲学家都意识到了在他们所属的年代中学校在儿童的个体发展中扮演的重要角色。第二个维度更有争议，并且很多争论的核心都与在学校中应该教授的内容以及学校的真正目的是什么有关。

　　第二个维度在近年来获得了更多的关注，因为紧缩措施已经开始影响英国以及全球的就业率。现在学校教授的内容的性质和政府指导课程的基本原理得到了人们更多的考量，因为工作越来越少，个体应该更认真地思考自己所拥有的技能和知识库以及这些东西如何在开放的就业市场上发挥作用。第三个维度也得到了人们更多的注意，因为社会正以一种许多人认为前所未有的速度发生着变革。然而，奇蒂强调关于最后一个维度的重要思考如下：

　　……即使在像英国这样一个相对小的国家里，对于我们想要的生活的社会类型也还是没有一个明显的具有压倒性的观点。20 世纪 70 年代的悲观主义让位于 20 世纪 80 年代的模糊的确定性……在教育领域中，我们似乎非常不确定如何处理撒切尔学派教育愿景特别是载于《1988 年教育改革法》（1988 Education Reform Act）和国家课程的原始蓝图中的一些更为持久的因素。（2002，p. 5）

社会的需求与学校教育之间一直存在着一种艰难的不协调的关系，并且随着新政府的产生和经济政治领域的变革这种关系还会继续存在。我们通过思考 20 世纪 30 年代德国纳粹党的出现以及他们对学校教育、学习与课程或共产主义国家政府直接影响的程度，来看社会和学校教育之间的矛盾如何展现。在 20 世纪 70 年代，有名的政治学理论家迪韦尔热（Duverger）(1972，p.236) 为马克思主义和塑造了当时思想的自由主义民主之间的时期现有政治辩论做出了贡献，评论如下：

国家的心理影响首先从儿童的教育形式开始。教育的基本目标是使新一代人融入社会……教育的主要目标是将之前世代发展起来的所有的文明经验传递给新一代人。

然而，更令人不安的是迪韦尔热也提出了：

一种过于以材料技术和直接专业教育为导向的教育，是一种不太重视普通教育、阻碍批判性思维的发展并助长保守主义的教育。但是，一种不重视技术和专业技能、强调普通教育的教育形式会产生较少的一致性，呈现更多的独创性。(p.236)

这里要再次提醒的一点是理论家杰罗姆·布鲁纳（见第二章）对我们如何尝试理解学习、教育和学校教育产生了重要影响。在几个方面，布鲁纳选择去挑战决策者阐述的关于学校的教育目的和教育功能的基本思想。施密特(2011，p.85) 对布鲁纳当时的想法提出了以下尖锐的评论："布鲁纳说我们应该以教育的本质来对待教育，而对他来说教育的本质是政治。"从这个角度思考布鲁纳关于学校功能的观点很有趣，他强调通过文化引导儿童只是这个过程的一个方面而已。他认为文化是：

……由机构（如学校、医院、图书馆、银行、公司、商店、法庭等）组成的，在这些机构中人们可以发挥的作用是确定的，然而大家对这些角色的尊重被消耗完了。(Smidt，2011：85)

🔖 练　习

~~~
　　是否有太多学校不能跟上改革的进度，不能够使儿童为 21 世纪
的工作做好准备？
~~~

三、学习和课程

　　许多教师和早期教育从业者会很难去回想国家课程不存在以及教学检查没有私营化时的样子。令人惊讶的是，在第二次世界大战后的几年间，由中央政府统一制定课程的想法其实是失败的。事实上，在奇蒂（2002，pp.48-49）的著作中，史密斯（1957，p.161）提出："在这个国家中教师在教学上的统一是重要的，因为它决定着课程和教学方法。"

　　在过去的几十年里，课程发展的中心因素是对考试的强调，并且许多人会认为这已经过度了。例如，奇蒂（2002，p.151）特别注意过度考试对儿童的负面影响。参考 2000 年 8 月发表的意向调查《破坏性测试？青少年考试压力的调查》，奇蒂引用了下面的数据：

　　……到 16 岁时，大多数青少年将已经参加过 60 次或者更多的外部测验和考试……而对那些一直读到高三的人来说，这个数字大概会上升到 75……从来自英格兰和威尔士的 8000 多位中学生的详细回答中，报告表明许多青少年正忍受着多种与压力相关的疾病，有睡眠障碍甚至出现了饮食失调问题，如暴食症和神经性厌食症。近期尚未看到政府对这项调查结果的宣布……那些未能达到现行小学 11 岁测试标准的学童到 12 岁时须进行义务教育测试。（p.151）

　　提供课程的一个重要因素是学校和早期教育环境中检查制度的变化。紧接着是《1992 年教育法》（*1992 Education Act*）产生的政治影响，政府将检查者（HMI）的数量从 500 减到了 170，并且设立了新的教育标准办公室（Ofsted）。

　　2010 年，一个新的英国政府主持大局，并提出了一些可以说是教育上的最大的革新。这些被提出来的重大变革主要发生在思想意识形态转变的环境中。在最近颁布的绿皮书之后，一项新的议会法案的提出为这

些重大变革打开了道路。这次提出的变革更加强调发展科学、数学和英语这些核心科目中的知识。教师将更广泛地在阅读教学中使用系统合成语音；鼓励学校采用英语学士学位考试并在学校里为那些希望追求职业道路的学生提供更多机会；国家的考试年龄为 6、11 和 16 岁；防止小学生多次重考 GCSE 考试，他们将考试安排在课程结束的时候；当批改卷子以及评定分数和等级时，要更加强调书写语法，如拼音和标点；为了更好地响应政府的提倡和交出一张良好的改革绩效表，在未来会有更多的学生有更好的知识、技能基础和识字水平，这项变革也明确规定了小学和中学在识字水平上的最低标准。

太多的教师仍过于关心内容的传递而没有充分进行反思的过程，了解那些支持思维和学习的元认知结构，其实教师本身就是辩证的一部分(Fisher and Rush，2008；Fisher et al.，2010)。这就使大量儿童不能够满足个体需求，不能达到他们真正的潜力(Long，et al.，2007)。最近费舍尔等人(2010：94)评论道：

    ……准备走上教学岗位的学生应该将需要实时地接受关于学习的理论观点作为一个主要优先事项……这样做可能使他们从关于学习真正是什么的模糊和扭曲的概念中抽离出来并更好地理解知识的本质和功能、学习的目的、不同阶段的儿童在发展中加工信息和构建周围世界意义的方式以及通过有效的学习合理地改善他们的生活。

尽管围绕教学和学习的理论及不同教学方法有效性的辩论仍在继续，但是现今英国关于教学和学习的讨论仍稍显简单和两极化，他们基本上还是围绕着教学和学习是传统的和以教师为主导的或当代的和以儿童为中心的(Geens，et al.，2009；Peace and Mufti，2012)。

📖 练 习

国家课程的好处是什么？学校应该有开设他们自己的课程的自由吗？

四、阶段之间和学校之间的过渡

应该很少有人回忆不起来自己刚入学那天的情境，以及他们后来从小学进入中学那天发生了什么。一些人甚至能够回想起他们第一次离开父母进入有新的托儿所教师或班主任的教室的那些生动且富有感情的记忆时刻。对于一些人来说，这些记忆是愉快的，而另一些人则认为是痛苦的。毕竟，不是每个人都有相同的开始。读者可能会希望将自己的经历与作者劳里（Laurie）的非常著名的自传中的人物赛德（Cider）和罗西（Rosie）进行比较：

> 早晨，没有任何警告，我的姐姐们围在我的身边，给我围上围巾，系上靴子，戴上帽子，往我口袋里塞一个烤土豆……婴儿室里装满了玩具，如我之前从没见过的——彩色和形状各异的卷黏土、填充的鸟和绘画的人。我们的年轻教师玩起来就像一个竖琴的算盘……（1962，pp. 44-45）

在儿童的生命中，这种发展的过渡最好被看作一个过程而不是一个事件。例如，布朗芬布伦纳（Bronfenbrenner）（1979，p. 26）引用了肯尼迪等人（Kennedy et al.）（2012，p. 20）的观点，他将过渡定义为"每当一个人的生态环境因角色、环境或两者的变化而改变时，过渡就产生了"。布朗芬布伦纳的定义是有趣且有用的，因为它特别强调了儿童的角色从一个家庭成员转换到处在家庭之外且周围都是陌生人的正式场合中的学生的变化。在这种新的、更正式的环境中对儿童角色的期望，尽管在许多方面跟在家里很相似，但又非常不一样。

毫无疑问，在家庭中大多数年幼儿童第一次准备接受正式教育就是在幼儿园、托儿所或者小学里。然而，由于家庭的文化各不相同，在儿童开始正式学习时这些文化将会对他们产生很大的影响。在向正式学习和未来学习过渡的过程中，家庭对孩子的影响是巨大的。在家庭中，儿童获得了去应对和控制新情况的不同的能力。每一个儿童从他们的家庭向新的正式的学习环境的过渡都是不同的，并且他们经历的这些早期的过渡过程与他们经历的结果是一样重要的（Crafter and Maunder，2012）。布朗芬布伦纳的将过渡视为一种发生在个体与他们所处的社会、文化和历史环境中的动态过程的观点值得我们再次思考。他认为这个过程以互惠为特点，个体自身和个体的特征确实会影响过渡的性质。

根据更广泛的文献，朱迪—罗亚（Jadue-Roa）和怀特布雷德（2012，

pp.32-33)指出了三个看法，这些视角是为促进早期过渡领域的研究而提出的：

第一个认为过渡是一个危险的过程，它将人放在有危害的险境中。因为缺乏连续性，过渡会威胁孩子的情绪和心理健康。第二个是关于入学准备和未来在学业活动中的成功的……第三个方法承认过渡是儿童学校生活的一部分。年幼儿童的看法、呼声和主观能动性都应该受到重视，我们应该允许他们对自己的生活经验进行加工，这样做会减少情绪困扰的风险以及对学业成就的负面影响……

肯尼迪等人（2012，p.19）在谈到儿童早期过渡的准备时，进一步评论道：

……在英国，政策制定者对儿童早期过渡的准备尤其关注，就像最近大量的政府委托报告中所示的那样……新的焦点从对初级基础阶段三个主要领域的学习……转移到建立新的网站（www.foundationyears. org.uk）去帮助父母、护理人员和从业者确保儿童已经做好上学的准备……采用一个对两岁儿童进度的新的"发展检查"，这个检查要基于从业者对孩子的评估，它用于确保每个儿童的学习和发展能够被早早地确定。

最重要的是父母和初级护理人员与在幼儿园和学校里工作的专业人员的合作。通过这样做，他们可以向他们的孩子传达关于边界、价值观和期望的信息。如果不这样做，或者家长向他们的孩子展示他们与教师的冲突，那么孩子就会知道教师可能与他们的父母存在着不同的价值观。这可能会引发一些问题的产生。下面是一位儿童心理学家与8岁的约翰的父母的访谈中的摘录，约翰曾经因为对他人有侵略行为而被转介给了教育心理学家。

案 例

心理学家："我想请您告诉我一些约翰在家里的情况。"
爸爸："您想知道什么？您认为我们没有照顾好他吗？"
心理学家："不，我不是这个意思。我想了解约翰在家里和在学校里的情况。"

妈妈："我们经营着一家酒吧，所以我们非常忙。我在下午茶之后会把他放到床上，他喜欢在睡前看电视，我在下楼管理酒吧时会确认他是否安好，而且我每隔半小时就会上楼去检查一下他的情况。"

心理学家："学校关注的是他在生气的时候会咒骂教师。他在家里也骂人吗？"

爸爸："不，他从不骂人。"

妈妈："他过去这样，但是现在不这样了，他爸爸说得对，他现在不这样了。"

心理学家："是什么使他在家不骂人了呢？"

妈妈："这很简单。每一次当他骂人的时候我们就会往他的嘴里放一勺芥末，这样他就知道骂人的后果了。我们只那样做了几次。"

上述例子表明，学校与家庭之间的价值观在行为管理的方式上有明显的区别。很明显父母对"惩罚"有不同的观点。同样，很明显学校和父母需要更紧密地合作起来去寻找一个共同管理约翰行为的方法，并向约翰说明他的父母和教师正在合作。学校面临的挑战是做好约翰父母的工作。一个特别的挑战是学校需要消除约翰的不好的辱骂行为，并设法用不同的行为取代这种辱骂行为。如果约翰了解到在家里这种类型的回应更重要，并且这种回应会通过父母缺乏敏感和理解的反应而得到强化时，他就会抵制改变。此外，学校还需要试着去改变父母往他的嘴里塞一勺芥末是一种合适的惩罚的观点。他们可能将这种对约翰辱骂行为的回应看作完全可以接受的。如果学校坚持让他们停止这样做并且要求他们用另一种行为反应来代替往约翰的嘴里放一勺芥末，他们可能会直接听从学校的安排，但是他们会继续认为学校的反应是不正确的。在这种情况下，学校的教师需要定期与家长会面，这将需要家长耗费时间和精力去完成。

虽然人们认识到了发展过渡是孩子教育的必要部分，但是大家几乎没有考虑到发展过渡对个体情感、社会性和学业方面产生的影响。现在越来越多的人认识到过渡是值得更广泛的研究和更密切的评估的。事实上，崔（Choi）（2012，p. 29）最近提出了英国的政府部门已经不断地对这个问题进行关注，并指出有必要将小学和中学之间的过渡作为改善多数学生出勤问题的关键因素。

当孩子从幼儿园或托儿所去到小学时，他们可能会离开原来的朋友以及与为他创造环境的关键成年人之间的重要关系，而这种关系会为他们未来的发展和学习奠定许多基础。再后来，大多数的孩子会远离那些与朋友共同拥有的教师、建立的彼此互相了解的且规模较小的团体而进入中学教育。科瑞福特（Crafter）和蒙德（Maunder）（2012，p.14）关注了小学生"……与预期行为和责任有关的共同做法"。尽管在中学里这些共同行为很多见，但是它的形式与小学时期发生的那些共同行为不太一样。因为在小学里，大家每天见面聊天。对于一些儿童来说，小学和中学教育之间的过渡是极富挑战的（Chedzoy and Burden，2005）。例如，莱昂斯（Lyons）和伍兹（Woods）（2012）认为大约有 25％的儿童发现自己在向中学过渡时是有困难的。现在思考下面的例子。

📶 案 例

詹妮 11 岁了，在家里与爸爸妈妈生活在一起。詹妮的爸爸比妈妈年龄大很多，她的父母都很保护她。她是出生在 8 月的早产儿，这使她成了在学校里的这个年龄段中的最小的孩子。她的祖父母时常关切地说她的父母对她保护过度并且过于溺爱。詹妮之前在一个小的乡村学校里读小学，现在将要完成中学第一年的学习。在她转入中学前的几个星期里，她变得非常焦虑。大部分小学阶段的儿童都将去到不同的学校，只有三个同学与詹妮去了同一所中学。在中学的第一年里，詹妮努力地去交朋友并且大多数时间都只与另一个女孩在一起玩。她的教师们对她较为后进的成绩很关注，教师们将她描述为一个不爱在课堂讨论中发言的"过于安静的小女孩"。

莱昂斯和伍兹（2012，p.9）评论道"缺少同龄人的强烈支持使儿童在过渡时很脆弱"。在这个阶段，友谊是极其重要的。同龄人提供情绪和社会支持，并且通过这种方式青年人能够开始安全地建立起新的教育环境，这会是他们未来过渡到成年早期的一部分。在詹妮的事件中，她似乎感觉很脆弱，她的父母可能没有发展和鼓励她的以更自信的方式与她的同伴互动的过渡所需的成熟度和弹性。在某些方面，我们可以认为她缺乏自我效能，而且发展过渡并不能帮助她提高她的自我效能。在崔（2012，p.27）最近的研究中，他引用了塔贝尔（Tobell）（2003）的研究，调查了 30 位读中学一年级的女孩们的过渡期。这些女孩们倾向于以一种不太积极的方式来讲述她们的过渡，这表明她们在与同龄人建立个人关系方面存在一定的困难，一种"作为一个年轻的成年人突然增加的责任"的期望给他们带来了很大的挑战。显然，从小学到中学的过渡对一些儿童来说可能是一次不愉快的经历，而对于其他人来说它可能是兴奋的、有收获的并且快乐的时光。在这两个阶段中工作的教师需要继续深化他们对孩子生活中的重要阶段以及它如何影响他们的学习、社会性和情绪发展的学习和理解。

📖 练 习

从业者们如何从教育过渡阶段的研究中获得经验呢？当前的学校和早期机构有能力为有广泛需求的儿童个体的过渡提供帮助吗？

五、社会、经济和政治对学习的影响

在 1943 年《教育重建白皮书》(*White Paper Educational Reconstruction*)和《1944 年教育法》(*1944 Education Act*)颁布后的几十年里，政治辩论异常火爆。有些人认为，政治人物常常干涉和干预教育，甚至建议解构和重建英国的教育。例如，让我们来看看摘自 20 世纪 80 年代撒切尔夫人执政期间的教育大臣基思·约瑟夫先生离职后的采访(quoted in Chitty，2012，p. 29)：

我们有一个血腥的国家制度，我多么希望我们不是这样的。我希望我们在 1870 年就选取了不同的路线。我不想要它。我认为我们根本不知道该怎样做……但是我们正为它所累……我们得到了义务教育，这是一种极端重要的义务，我们强迫孩子做他们不想做的，而且我们也得不到我们想要的结果。

之前，在 1981 年，基思先生在保守党会上发表了他积极呼吁的一种被他称为"高尚思想"的教育券系统，在这个系统中父母会有更棒的选择；这个想法是父母会得到一个他们自己的孩子的教育券，或者像他于 1982 年在研究所董事会上的演讲一样：

117

教育券，实际上就是给所有父母的现金设备而不是钱，它只能用于学校。它来自纳税人……无论父母是否贫穷，它都会给所有的父母一个选择学校的机会，不管这些学校费用多少，无论他们是在私立部门还是在公共部门……教育券都会为所有父母提供一个平等的道德待遇。当然，它不会为所有的儿童提供一个平等的背景，因而家庭在儿童的教育中非常重要，每个家庭给予孩子的爱、纪律和鼓励都各不相同。（Chitty，2012，p.29）

读者们不妨思考一下基思·约瑟夫先生对政府最近提出的倡议如引入自由学校所表达的意见。当然，学校不可能在社会、经济和政治维度的影响之外发挥作用。它们所起的作用的程度是重要的，因为它提出了许多需要我们思考的问题。这三个维度中的每一个都发挥了自己的独特性但它们却又相互关联。请注意布莱尔执政时期的政治影响，特别是涉及美国学校的政府指令的影响，如默茨（Merz）和斯威姆（Swim）（2011，p.305）认为"大多数公立学校的校长和教师都在努力发展和实施人权的愿景"。的确，考克斯（Cox）（2011，p.3）认为，英格兰的小学教育文化：

……至少在一定程度上是通过对教育的绩效导向和目标驱动的政治议程来实现的……除此之外，在过去的 20 年左右，教师必须遵守压倒一切期望的政策倡议。

考克斯认为，这样做会导致教师超负荷工作。她还认为，更令人担心的是，教师过去运用自己的专业判断的机会变得更加有限。可以说，这会间接影响他们的学生的学习，因为教师的自主权减少了。有些人认为如果这种情况继续下去，优质教师将会离职。

最近，在 2012 年，英国国家报纸《观察家报》的政治编辑丹尼尔·包福瑞（Daniel Boffrey）如下写道：

根据一位前学校首席检察官的说法，州立学校教师的士气正处于"摇滚底层"，他今天作为工会成员警告说，政府干预的"完美风暴"威胁到了人才从专业领域的流失……教师面临的压力包括更艰难的目标和一个目前威胁着大部分学校的新的教育标准办公室登记体系……许多教师也抱怨他们学校的破败环境……

梅奥尔(2002，p.13)就政策制定者和父母做出了如下评论：

作为一个妈妈我被警告要去思考儿童期……孩子在政策制定者的手中获得了原始交易。在20世纪七八十年代，当其他欧洲国家正在普及高质量的国营托儿所时，英国的学前儿童当时正是(目前也是)一个摇摇欲坠的补丁服务的受害者。的确，它称不上服务，而是一个特别制度，其运作肯定不符合儿童，甚至也不符合在不安全和不负责任的"规定"面前努力养家的"工作"母亲的利益。

社会对在西方工业化社会中的儿童有与日俱增的巨大影响。最近，在2006年，英国报纸《每日电讯报》刊登了超过100名教师、心理学家以及其他专家联名写的恳求政府去防止孩子死亡的信。他们如下写道：

由于儿童的大脑还在发育，他们不能像完全发育好的成年人那样去适应快速的科技和文化变革。他们仍然需要那些在人类发展中所需要的，包括真正的食物(而不是那些加工过的垃圾食品)、真正的游戏(而不是久坐不动的、基于屏幕的娱乐)、关于他们生活的世界的第一手经验以及与现实生活中的重要成年人的定期互动。(Fenton，2006，p.1)

然而，几年之前，借鉴了贝克汉姆著作的梅奥尔(2002，p.163)评论道：

像贝克汉姆描述的，厄运预言家与乐观主义者的抗争……厄运商人预见了儿童的死亡，因为儿童接触"成人娱乐"，并承受着超越他们年龄的压力；乐观主义者将儿童看作，通过获得知识、娱乐和儿童之间的关系从成人的控制中解放出来。贝克汉姆认为，全盘接受任何一种理论都不好，这些主张者都夸大了自己的论断……

最近，在2012年7月，《每日电讯报》的内政部主编马丁·贝克福德(Martin Beckford)报道"根据官方报道，七八岁的儿童正吸食摇头丸和大麻……报道中最年轻的摇头丸食用者的年龄为九岁"。

在这一点上很有必要再次吸取布朗芬布伦纳的理论观点，他尤其强调儿童成长所在的变化和动态的文化环境(Bronfenbrenner，1979；Bronfenbrenner and Ceci，2005)。随着儿童的成长，他们与他人互动的性质发生了改变。因此，布朗芬布伦纳认为，为了正确地理解发展，我们需要将它放在个体生活所在的社会、政治和经济环境中来看。他试图通过许多层包含在孩子的成长中的视觉化方式来说明，并且认为这些层面直接或间接地影响了所有个体的生理成熟。

布朗芬布伦纳将个体周围的每一层命名。他将与个体最亲密的一层称为"微系统"。在这一层中，儿童会与如家人、他们参加的幼儿园或托儿所、加入的社团和他们的邻居等因素建立最直接的关系。布朗芬布伦纳认为微系统对孩子的影响是一个双向的过程，即"双向影响"。儿童会被他们父母的行为和信念影响，当然儿童也会影响他们的父母。因此，布朗芬布伦纳认为，这种影响是双向的并且这种影响对儿童是非常强烈的。这是非常重要的一点，需要进行详细的分析。

所有的儿童都影响着他们的父母，尽管有一些的影响等级会更低一些。父母与他们的孩子包括婴儿的交流方式的本质并不总是由父母主导。事实上，也许更常见的是，非常年幼的孩子通过他们的哭叫或吸引人的咕咕声和微笑来直接影响他们父母的行为，也可能间接地影响他们父母的学习。例如，一个躺在小婴儿床上的婴儿发出轻轻的咕咕声或者牙牙学语的声音，会使他的妈妈听到声音后过来抱起婴儿，并给他一个大大的拥抱，然后跟他游戏。在这个例子中，婴儿启动了(尽管不是故意的)一个行为(咕咕声或者呀呀声)，然后妈妈的行为就会被激活并可能通过婴儿的微笑得到强化(见第二章)。在某种意义上，他们双方强化彼此的行为——一个双向的过程——在这个过程中，学习发生在婴儿和母亲身上，尽管整个过程处于潜意识水平。

在第一层微系统中，布朗芬布伦纳涉及了两者之间关系的建立，如儿童的父母与他们的第一任教师或者他们的社区与学校之间的关系。通过这种方式，孩子们可以将他们在学校中获得的经验与他们在家庭中获得的经验联系起来，并且通过这样做他们可以比较他们与成人和其他联系着的儿童的区别。

下一外层是"生态系统"，布朗芬布伦纳将其视为儿童更广泛的社会系统。在这一层中如承担义务这种因素，使父母不得不使他们的雇主和工作环境对他们的孩子产生影响。在生态系统中，儿童更广泛的社会经历间接地影响着他们。从一个例子中就可以看到英国当前的经济形势，在这种经济形势中，许多单亲家庭的福利将减少。另一个例子是英国当前的联合政府通过允许引进免费学校给父母更多的选择来发动教育体系的重大变革。

生态系统之外是"宏观系统"，此系统由儿童的文化、社会价值观和国家的法律结构等组成。这一切都会对儿童的内在层面产生影响。例如，在成年人拒绝婚姻破裂和离婚这种传统社会中长大的儿童，比那些在能够接受婚姻破裂和离婚的团体中长大的儿童所得到的实际支持更少。在宏观系统中，在儿童文化历史上占统治地位的意识形态观点被认为具有核心重要性。布朗芬布伦纳辨别出了更近的一层，称为时间系统。这一层的核心是时间以及这如何与他们成长的环境接口。随着儿童的发展，他们以不同的方式与其他人和他们所生活的环境互动。然而，布朗芬布伦纳的理论受到了批判，因为它没有充分注意到个体的心理需求。在英国的北爱尔兰部分，三年前进行的一个对学习成绩不良的分析(DENI，2009，p.12)给出了以下令人担忧的数据：

现有数据为我们显示了生活在贫困中的儿童学习成绩不良的一种形式。据 2006 年 7 月的报道，以使用免费学校膳食(FSM)作为社会和经济剥夺的指标，仅有27%的得到免费学校膳食津贴的小学生在毕业时能得到至少 5 个或更多的 A*—C 等级的普通中等教育证书……包括英语和数学，那些没有得到免费学校膳食津贴的学生则有 60%能够获得普通中等教育证书……"许多边缘化群体在生活中所受的不良教育会加强贫穷的循环"。

为了表达对英格兰儿童学习成绩不良的关切，教育标准办公室的首席检查员目前正在呼吁对一些儿童的教学进行改革。他公开批评了在更富裕的农村沿海地区的许多儿童正在接受的教学的质量。他的意见被媒体广泛报道。英国国家报纸《独立报》的教育编辑理查德·加纳(Richard Garner)评论如下：

首席学校督察迈克尔·威尔肖(Michael Wilshaw)爵士强烈要求，我们应该与全国最有才华的教师和校长签订合约，以便政府把他们调到弱势学校。他们将会被部署到郊区、农村集镇和贫富差距较大的海滨度假村，在那里许多贫穷的青年人正经受着"无关紧要的教学"，以这样的方式我们才能改善弱势儿童的教学。迈克尔爵士公开表示在教导弱势学生方面记录最差的学校不是在内陆城市，而是在英格兰东部和东南部的那些贫穷的沿海城市和农村。那些贫穷的、不被重视的孩子在水平低下的学校中学习，影响着国家的未来。他们被标记、被教育水平低下埋没，葬送在对学生漠不关心的教学中。

改变这种趋势的最重要的因素是吸引和激励那些最好的人才来领导这些地区的水平低下的学校……

这可能需要政府与学校(特别是被指定帮助教师培训的学校)的合作，以挑选和激励有经验的教师到非优质学校、更偏远或更有挑战性的地方工作。(2012，p.4)

根据以上报道，很明显的是，一家具有权威性的全国性报纸提到，关于英国儿童受教育的方式的讨论一直具有国家利益的性质。加纳的报道，不仅突出了围绕来自弱势背景的儿童的教学方式，而且包括了未来教学职业会如何有所不同地被组织以及作为政府干预的结果，我们必须以一种批判性思维来看待。

六、全球环境中的学习和学校教育

我们不可能撇开全球环境去完全理解学习以及 21 世纪的儿童是如何接受教育的这些问题。例如，思考当前英国的环境对学校的影响表现为：中东地区的冲突；家庭迁移到像新西兰、澳大利亚和加拿大这样的其他国家的难易程度；地方当局治理的减少和国家政府权力的集中；全球经济衰退带来的紧缩措施的增加；全世界的大多数个体能够在万维网上获得信息的容易度。

我们的许多对教育领域的思考一直并且将会继续受其他国家进行的研究和实践的影响；我们只需要看到国际上研究教育和学习的学术期刊的增多，这为学生教师和从事持续性职业发展的实习教师提供了便利。此外，大多数英国儿童现在正享受着来自其他国家的文化多样性，如种类繁多的事物、电视节目和文学作品以及在外出购物、旅游或吃饭时与来自不同文化的个体打交道所获得的社会经历。所有的这些都会影响儿童的学习和社会发展并且能使他们听到 50 年前未听说的经历。这些经历对儿童极其有益，因为它能够打开他们的思路，使他们直接看到存在于他们之外的社区和社会。

练 习

> 思考在 21 世纪学校需要在哪些方面付出更多努力去满足儿童不断变化的需求这一观点。

为了在全球环境中更好地理解儿童的学习和教育，去对比儿童和青年人的生活经历也是很重要的。例如，人们一般都可以理解英国儿童如果满 14 岁就可以做兼职，满 16 岁就可以做全职。然而，不是所有的地方都是这样的。最近一项国际劳动力的报告（2005）显示，全球有 2.46 亿个儿童做童工，1.79 亿个 5～17 岁的儿童被用于对身体和心理有危害并可能对生命造成威胁的工种，约有 8.5 亿个儿童被困于包括债役劳动、卖淫和色情的活动，甚至被困于武装冲突等奴役劳动模式中（Gray and MacBlain，2012）。从这些惊人和令人担心的数字中我们可以很明显地看到全球有很多儿童没有办法接触任何合适的学校教育。然而，西方工业化世界中的普遍观点仍然坚持把儿童期视为一个以天真活泼、经济安全和定期接受正规教育为特点的时期。伍德黑德（Woodhead）（2005，p. 88）引用史密斯（2011，p. 18）的观点时，注意到了与采用这种儿童学习的普遍观点相关的问题如下：

尽管正常发展的普遍理由为我们实现儿童早期的权利提供了强有力的基础，但是它们也有一些局限。第一，它们忽视了儿童经历的多样性，包括他们在学习、游戏和交流方式上的差异……第二，任何年幼儿童的具体情况都是局部的，不能包含儿童时期的多样性。第三，早期发展的特定文化模式和护理都很难被标准化和普遍化。

———— ＊ ———— ＊ ———— ＊ ————

◎ 总　结

　　因为目前的联合政府引入了一种新型学校，这种学校强调了意识形态的转变，所以 21 世纪的英国学校教育正变得越来越复杂。基于这个原因，从业人员带着批判性的眼光来看待自己的实践，并且借鉴那些想要为目前的教育提供新的和有目的的见解的思想家和研究人员的工作是很重要的。可能更重要的是，新型学校会在未来的几年里为应对国内和全世界的经济、政治和社会变化而发展。

　　本章旨在突出在社会、文化、历史以及全球环境中思考学习和学校教育的重要性。将考察学校的功能与特殊的历史环境相结合是为了使读者知道，我们需要看学校教育的动态特征，并且要知道儿童在正式教育方面的经历不仅在过去的几十年甚至几个世纪里都变化显著，而且会继续改变并会在未来得到彻底改变。本章还探讨了为儿童提供的课程的性质以及影响课程的政府因素和全球经济因素。本章还考察了学校之间和教育阶段之间过渡的复杂性，以及理解这些过渡可能会对孩子产生影响的重要性。下面一章我们会谈到智力的概念及其与学习之间的关系。

◎ 推荐阅读

Chitty，C. (2002) *Understanding Schools and Schooling*. London：Routledge Falmer.

Cox，S. (2011) *New Perspectives in Primary Education*. Maidenhead：Open University Press.

◎ 参考文献

Academies Commission (2013) *Unleashing Greatness：Getting the Best from an Academised System. The Report of the Academies Commission*. Pearson/RSA.

Beckford，M. (2012) Children 'are taking Class A drugs aged 7'，*Daily Telegraph*，27 July，p. 2.

Boffrey，D. (2012) Schools 'face talent drain' as teachers' morale dives，*The Observer*，13 March，p. 1.

Bronfenbrenner，U. (1979) *The Ecology of Human Development*.

Cambridge, MA: Harvard University Press.

Bronfenbrenner, U. and Ceci, S. J. (1994) Nature-nurture reconceptualized in developmental perspective: a bioecological model, *Psychological Review*, 101 (4): 568-86.

Bronfenbrenner, U. (2005) *Making Human Beings Human: Bioecological Perspectives on Human Development*. London: Sage.

Buckingham, D. (2000) *After the Death of Childhood: Growing Up in the Age of Electronic Media*. Cambridge: Polity.

Chedzoy, S. M. and Burden, R. L. (2005) Making the move: assessing student attitudes to primary secondary transfer. *Research in Education*, 74 (1): 22-35.

Chitty, C. (2002) *Understanding Schools and Schooling*. London: Routledge Falmer.

Choi, K. (2012) Supporting transition from primary to secondary school using the Protective Behaviours programme, *Educational & Child Psychology*, 29 (3): 27-37.

Cox, S. (2011) *New Perspectives in Primary Education*. Maidenhead: Open University Press.

Crafter, S. and Maunder, R. (2012). Understanding transitions using a sociocultural framework, *Educational and Child Psychology*, 29 (1): 10-17.

Department for Education and Employment (1996) *Education Act*. London: DfEE Publications.

Department for Education (2013) *Education Act 2011*. London: DfE Publications. Available at: http://www. legislation. gov. uk/ukpga/2011/21/notes/division/2 (accessed 10 April 2013).

Department of Education Northern Ireland (DENI) (2009) *The Way Forward for Special Educational Needs and Inclusion*. Bangor: DENI. Available at: http://www. deni. gov. uk/ (accessed 5 February 2013).

Duverger, M. (1972) *The Study of Politics*. Sunbury-on-Thames: Nelson.

Fisher, A. and Rush, L. (2008) Conceptions of learning and pedagogy: developing trainee teachers' epistemological understandings. *The Curriculum Journal*. 19 (3): 227-38.

Fisher, A., Russell, K., MacBlain, S. F., Purdy, N., Curry, A., and MacBlain, A. D. (2010) Re-examining the culture of learning in ITE: engaging with the new demands of the 21st century, *Critical and Reflective Practice in Education*, 1(2).

Fenton, B. (2006) Junk culture 'is poisoning our children', *Daily Telegraph*, 12 September, p. 1.

Garner, R. (2013) Schools chief: use the best teachers to help failing schools, *The Independent*, 20 June, p. 4.

Geens, W., James, S. and MacBlain, S. F. (2009) Journeyman to master: the changing shape of a PGCE Primary course. *The International Journal of Learning*, 16 (8): 629-40.

Gray, C. and MacBlain, S. F. (2012) *Learning Theories in Childhood*. London: Sage.

International Labour Force (2005) *A Global Alliance Against Forced Labour: Global Report under the Follow-up to the ILO Declaration on Fundamental Principles and Rights at Work 2005*. Geneva: International Labour Force Office.

Jadue-Roa, D. S. and Whitebread, D. (2012) Young children's experiences through transition between Kindergarten and First Grade in Chile and its relation with their Developing Learning Agency, *Educational & Child Psychology*, 29 (1): 32-46.

Kennedy, E., Cameron, R. J. and Greene, J. (2012) Transitions in the early years: educational and child psychologists working to reduce the impact of school culture shock, *Educational & Child Psychology*, 29 (1): 19-30.

Lee, L. (1962) *Cider with Rosie*. Harmondsworth: Penguin.

Long, L., MacBlain, S. F. and MacBlain, M. S. (2007) Supporting the pupil with dyslexia at secondary level: mechanistic or emotional models of literacy, *Journal of Adolescent and Adult Literacy*, 51(2):

124-34.

Lyons, R. and Woods, K. (2012) Effective transition to secondary school for shy, less confident children: a case study using 'Pyramid' group work, *Educational & Child Psychology*, 29(3): 8-26.

Mayall, B. (2002). *Towards a Sociology for Childhood: Thinking from Children's Lives*. Maidenhead: Open University Press.

McCourt, F. (1997) *Angela's Ashes*. London: Flamingo.

Merz, A. H. and Swim, T. J. (2011) 'You can't mandate what matters': bumping visions against practices, *Teacher Development*, 15(3): 305-18.

Office for Standards in Education (Ofsted) (2010) *The Special Educational Needs and Disability Review*. London: Ofsted.

Office for Standards in Education (Ofsted) (2013) *The Most Able Students: Are They Doing as Well as They Should is Our Non-selective Secondary Schools?* London: Ofsted.

Peace, M. and Mufti, E. (2012) *Teaching and Learning and the Curriculum: A Critical Introduction*. London: Continuum.

Schostak, J. (1991) *Youth in Trouble*. London: Kogan Page.

Smith, A. B. (2011) Respecting Children's Rights and Agency: Theoretical Insights into Ethical Research Procedures. In D. Harcourt, B. Perry and T. Walker (eds) *Researching Young Children's Perspectives: Debating the Ethics and Dilemmas of Educational Research with Children*. Abingdon: Routledge.

Smith, M. K. (2001) 'Ragged schools and the development of youth work and informal education', *The Encyclopaedia of Informal Education*. Available at: http://www. infed. org/youthwork/ragged_schools. htm.

Smidt, S. (2011) *Introducing Bruner: A Guide for Practitioners and Students in Early Years Education*. London: Routledge.

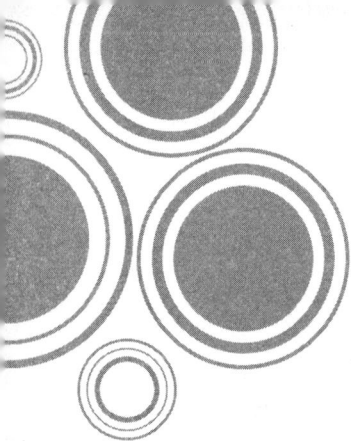

第六章　智力与学习

本章主旨：

· 强调有争议的智力的本质以及这样一个概念如何帮助我们理解学习；

· 考察与智力测验相关的遗留问题以及与智商（IQ）概念相关的争议；

· 探索与智力测试、智力功能和儿童的学习需求相关的事宜；

· 通过参考鲁文·福伊尔施泰因和霍华德·加德纳的作品，强调关于智力和学习的另一种思维方式；

· 探索与被认为有天赋的儿童的相关问题；

· 考虑智力能力低下以及这样的智力在 21 世纪是否有任何地位。

导　言

自从哲学家和理论学家第一次试图解释智力开始，在大多数学科中都有关于它的性质的争论，特别是心理学和教育学对其的探讨尤其激烈。尽管已有几十年甚至几代人的反思，但是评价和研究这个术语仍然可以引起激烈的争论。它是一个读者能够在一切类型的谈话中都能听到的被频繁使用的概念。"试着以更聪明的方式来做吧"常被父母和教师挂在嘴边。就像"他非常聪明"或者"他没有那么聪明"一样，父母可能也会经常提及"他不是非常聪明"。但是，聪明这个名词究竟意味着什么呢？更具体地说，它能告诉我们关于学习的什么内容呢？

在本章的开头我们将会探索智力的本质并强调两个重要的关于优生

学以及 20 世纪的人们在定义智力上所做的尝试的争论。然后本章将会探索智力测试背后的一些观点，尤其是智力的使用和滥用问题。我们还将探讨智力与学习之间的联系，思考两位有重要贡献的心理学家——霍华德·加德纳（Howard Gardner）和鲁文·福伊尔施泰因（Reuven Feuerstein）在智力与学习本质的争论上提出的理论观点。最后我们将特别讨论那些被认为有天赋和有才能的儿童的学习，本章以质疑在 21 世纪儿童将被归类为低能力者收篇。

一、智力的本质

毫无疑问，在人类发展的心理学中最具争议的领域之一就是"智力"。几个世纪以来，理论学家和心理学家已经对智力的本质问题进行了大量的争论——那它究竟是什么呢？最具争议的就是它是不是遗传的以及它能否被测试。20 年前海斯（1994，p. 178）在她的心理学研究中提醒她的读者：

> 智力也许是心理学中唯一一个最具争议的话题。人们对它是什么、它是如何发展的以及它与生活的相关问题的看法有很大差异，并且这些差异有时会发展成一种十分激烈的辩论。这里最主要的一个影响因素就是政治：智力不仅仅是一个学术问题……智力理论的政治影响主要集中在三件事情上：社会阶层化、教育和优生学。

海斯认为，随着西方世界走向一个精英系统，那些被认为更具有智力的人被赋予地位，智力的概念第一次出现。她还注意到试图去解释智力的本质的理论如何大大地影响了上两个世纪学校的许多实践过程。可以说，这种情况甚至到今天仍在继续，并提醒我们历史的和继续上演的关于优生学的争论。海斯在弗朗西斯·高尔顿（Francis Galton）的原创作品中提及，"从维多利亚时代的家庭研究中得出，家庭在智力发展中起到显著的作用，因此智力是遗传的"（1994，p. 180）。她概述了高尔顿提出来的案例：

> 一如既往，他（高尔顿）警觉地发现处于社会较低阶层的人大量生育，他认为这会导致整个国家或整个民族的智力水平的降低，这些社会底层

人士中会产生大量的浪费者、醉鬼和堕落的人来污染社会。那些自称为科学的优生学争论其实是为了保护社会种族的"纯粹性"，并防止它变得"杂乱"，因此，那些基因劣质的人应该被阻止生育。(1994，p.180)

历史向我们证明，这种观点被一些社会的极端分子接受了，尤其是在阿道夫·希特勒(Adolf Hitler)领导下的纳粹分子，他们因为这种观点企图灭绝那些他们认为不好的个体。然而，不仅仅是20世纪三四十年代的纳粹德国是这种情况，甚至在当今西方工业社会的一些地区中，这种例子也到处都是。海斯再次引用了美国的一些地区通过的法律的例子，即"对低智力者进行强制绝育"（见后面关于智力这一名词的讨论），她评论道这是在1972年的弗吉尼亚州还在进行的事情。

为了更好地理解智力的本质，我们现在来讨论其定义的复杂性。格罗斯(Gross)(1992，p.840)提供了一些有影响力的人物对这一名词的不同定义：

比内(Binet)(1905)："在我们看来，智力中有一种基本能力，它对现实生活的影响是极度重要的。这种能力就叫作判断力，或者被称为一种好的、实际的感觉，倡导个体自身对环境的适应能力。判断正确、理解正确、推理正确……"

特曼(Terman)(1921)："一个人聪明的程度就是他能够在多大程度上进行抽象思维。"

伯特(Burt)(1955)："一种先天的、综合的认知能力。"

韦克斯勒(Wechsler)(1944)："有意识地行动，合理地思考，有效地处理环境问题的全部能力的总和。"

📖 练 习

反思在儿童玩耍中能够观察到的行为的类型，并思考如何能够说明智力是或不是遗传的。

在强调了智力的定义和这一概念的本质的复杂性之后，我们现在转到关于它的测试尤其是IQ测试的争议。

二、IQ测试的历史发展：使用和滥用

也许，我们可以在美国心理学家亨利·赫伯特·戈达德(Henry Her-bert Goddard)(1866—1957)的著作中找到一个对智力概念的最初解释。戈达德是一位备受争议的人物，他的许多与儿童测试相关的观点到现在都被认为是很难让人接受的。他是一个优生学家，他相信智力和心智能力都是由遗传决定的，并且他主张应该将那些被认为是"低能的"儿童和青年人采取制度化和绝育。在1910年的美国低能研究协会的会议上，他提出了一些被认为是"低能的"个体的分类。那些智力得分在51～70的个体被称为"痴愚者"，26～50分的被称为"傻瓜"，0～25分的被称为"白痴"。令人悲伤的是，到今天这些名词仍然是一种常见的说法，我们仍然可以听到有些人用这些名词来骂人。

戈达德以一名教师的身份开始了自己的事业，在当时，他负责教那些被认为是"低能"的儿童。戈达德生命中的一个重要的转折点于1908年到来，他去法国旅游的时候知道了比内—西蒙智力量表，并将其带回美国。在将量表由法语翻译成英语之后，他致力于将量表用于那些他所教的儿童的身上，然后接着将它介绍到了整个美国。这个量表非常受欢迎，到他从法国回来的20年后，这个量表在美国已发行了两万多份。除了将量表用于他所教的儿童外，戈达德在1910年还把它带去了埃利斯岛，在那里所有希望进入美国的移民在一开始都会被拘留起来通过这个测试进行筛查。在他首次去埃利斯岛的两年之后他又去了那里，并且为那些新来的移民建立起了一套修改的筛选程序。以这套筛选程序为基础，美国国会通过了1882年法令。法令阻止那些被认为"精神上有缺陷"的人走出埃利斯岛进入美国。戈达德把他改编过的比内-西蒙智力量表作为这个筛查程序的一部分。但是这些量表究竟是什么呢？它们来自哪里以及为什么它们会如此受欢迎呢？

让我们来看看法国那时候的情况。在1881年，法国政府立法提出每个孩子必须接受正式教育。在这之前，那些被认为有太多智力困难而无法上学的儿童都要待在家里。因为这项新的法案要求所有的儿童都必须接受教育，所以政府需要建立特色学校来满足这些儿童的需求。接下来的挑战就是如何确定一些程序来为儿童应该进入哪种类型的学校做出决定。这就开辟了试图进行智力功能测试的道路。在1905年，法国心理学

131

家艾尔弗雷德·比内（Alfred Binet）和他的同事西奥多·西蒙（Théodore Simon）受邀去设计一个评估过程，通过该过程来解决哪些儿童应该被安置在这些专业学校的问题。

一开始，比内认为设计一些能够评估个体的推理和社会理解活动的任务是合适的。他也认为区分口头的和实际的任务很重要。比内开始着手设计这些他认为能够在年龄和能力的性能中辨别的任务。换句话讲，年纪较大的儿童会比年幼的儿童做得好，那些被他们的教师认为更有能力的儿童比那些被他们的教师认为能力欠缺的儿童做得好。然而，不是只有比内尝试着设计能够用来测试智力的任务。在 1962 年，著名的心理学家乔治·米勒（George Miller）（1962，p.310）提出在 20 世纪和 21 世纪之交，他们为智力测试所做的许多工作都还很幼稚和愚昧。在这里，他提到了被比内和其他人（如亨利和西蒙）接手的心理学家雷蒙德·卡特尔（Raymond Cattell）的工作：

卡特尔……是世纪之交时美国心理学家中最亮的光芒之一。看一下他提出的测试智力的目录：

测力计压力。手可以挤压多紧？

压力引起疼痛。前额需要多大的压力才能够引起疼痛？

命名颜色的时间。命名一条彩色纸需要多长时间？

在卡特尔和其他人的工作之后，比内致力于尝试着将儿童在这些任务上的表现标准化，这样就可以记录到标准化分数。他得出的结果就是"心理年龄"（MA）这一概念，"一个儿童的心理年龄是按年龄的时间顺序，在某一年龄大多数儿童获得的与他自己相似的分数"（Fontana，1995，p.97）。

然后，比内最初的工作就由美国斯坦福大学的刘易斯·特曼（Lewis Terman）进一步发展，智商这一概念就此诞生。一个孩子的智力可以通过将心理年龄与实际年龄的比例乘以 100 米计算。例如，一个心理年龄和实足年龄分别为 10 岁和 8 岁的孩子的智力为：$10/8 \times 100 = 125$（Fontana，1995，p.98）。

另外，封塔纳（1995，p.98）还利用 IQ 这一概念鉴定了一些重要的问题。例如：

经验表明心理年龄到 15 岁以后就不会再发展（即至少在智力测验的得分上，大概到 15 岁会达到峰值）……因此，我们现在使用偏差智商来表示个体在他们的年龄标准中存在的偏差，这样的话我们依然可以按比例使智力均数的常模等于 100 这样一个方便的分数。

尽管心理年龄和智力概念的推广在一开始存在很多困难，但是基于比内建立的智力系统评价的最初版本，通过斯坦福大学的专家们的努力，后来斯坦福—比内量表得到了许多重大的发展。最初版本的斯坦福-比内量表产生于 1905 年，在 1908 年编制了一个修订版本，第三版在 1911 年面世。同年，比内去世。这个量表需要个体执行并且包含了一系列问题，其中一些问题要求儿童进行口头报告，一些问题将会被计时。

斯坦福—比内量表、其他一系列相似的评估方法以及现在最常用的最著名的韦克斯勒量表都是建立在智力的人口分布理论的基础上的。然而，这样一个假设回避了智力是否是常态分布的这一问题。例如，当这些量表被用于测试儿童与他们的同伴相比时的智力水平以及教师通过他们的 IQ 分数来分配学习环境时，特殊的问题就出现了，以本为例。

📶 案　例

本 10 岁了，他刚刚进入一所私立学校就读。他是因为在之前的学校里过得不开心而进入这所学校的。他的新学校被认为是一所非常传统、非常重视取得良好成绩、使学生能够继续就读著名的私立高中。因此，声誉以及考上好的公立学校的学生人数是本的新学校的重要关注点之一。作为传统教学方法的一部分，这个学校通过他们在英语和数学科目上的能力和成绩来给学生排名。在进入学校的第一周，本就参加了许多学校准备的考试，并得到了口头和非口头的成绩。所有测试的平均分都是 100 分。本在这些测试中的分数将会决定他被分在哪一个组。例如，如果他得到了 130 分，那么他将会被分在"头等组"；如果他得了 80 分，那么他将会被分在最底端的 12 组。本的学校的大部分教师都认为，聪明的学生会做得很好而不聪明的学生做得就会较差。他们已经使用这个系统很多年了并且一直热衷于从提供智商分数的教育心理学家那里获得测试成绩，这在他们将学生排序分组的时候很有帮助。他们认为，高智商的儿童能比低智商的儿童获得更多的学业上的成就。本在进入学校之前仅在 5 岁时被一所私立学校的心理学家评定过。当时心理学家认为本的智商为 95（平均水平：85～115）。本被他的教师分在了低水平小组，因为他被认为与那些智商得分高于平均分的儿童相比能力较不足。

从本的事例中我们可以看到他的智商得分是他被安排在低水平组的重要决定性因素。然而，他的教师没有意识到，当本的智商分数被计算的时候他在一些子测验中的得分极其低，因为他在工作记忆和加工速度方面有学习障碍。在大多数其他的子测验中，他的得分都高于平均分。当所有的分数被计算的时候，较低的分数拉低了他整个智力测验的分数。这些低分的子测验掩盖了他是一个能力高于平均水平的儿童的事实，他的智商比同龄人更高，他只是在某一个具体的方面存在学习障碍而已。还好，现在的教育心理学家在处理智商分数时会非常小心，如果不这样的话，那么大多数教育心理学家绝不会使用它们。

现在请大家仔细思考下面的问题。

📖🔍 练 习

如果有的话，本的教师能从他的智商分数中得到什么好处呢？他们可以如何选择将他放在不同的组呢？

尽管 IQ 的概念被公开批评，作为一种可使用的概念也将会继续被挑战，但是在今天它仍被广泛使用。以记者菲奥娜·麦克雷（Fiona Macrae）在 2012 年的英国日报《每日邮报》上的评论为例：

研究者提醒，沉迷于大麻的青少年面临着智力长期受损伤的风险……一个有名的包括来自伦敦国王学院精神病学研究所的专家的国际研究小组，让 1000 多名男孩和女孩在十三四岁时做一系列智力测验，然后在 20 多年以后他们 38 岁时再做这些相同的测验，研究者发现他们的智力分数存在着一定的差异。

这里最为重要的一点就是，我们对智力的理解是不全面的。这个概念中尚有许多我们没有理解的方面。事实上，我们正在继续一段在接下来的几十年间能够增强我们对智力的本质的理解的旅程。

弗雷德里克森和克莱因（2002，pp.232-233）给出了下面关于 IQ 测验的标准化评估的非常有用的描述：

> 一个普通的智力量表包括一系列范围广泛的具有智力挑战性的能以标准的形式呈现给被试者的任务。在一个儿童智力量表的编制过程中，一个大的、有代表性的儿童样本将会进行这些任务，并且在每个水平上的儿童的平均分以及均值左右的分数的分布都是可用的。之后，当个体填完这个量表后，他们的得分会被拿来与最初经过"标准化"的样本常模进行比较。因此这种 IQ 测验是基于常模的。

他们也意识到了一些智商倡导者和被提出的规范测试的好处，如对测试时间的节省（通常一项 IQ 测验很快就能够完成），他们：

> 提供一个对普通的智力能力或者在时间上很稳定的潜力的合理可靠的估计……利用在不使用测试的情况下无法得到的广泛的规范信息……筛查思维和信息加工方面的薄弱区域……提供衡量未来发展或学习的基准指数。（2002，p.234）

三、智力与学习：联系

智力与学习之间的联系乍一看很明显。然而，要表明这两个概念之间的联系充满了困难，儿童工作的从业者在做两者之间的假设时需要特别小心。让我们以被一个教育心理学家评估并关心他接下来在学校里进步缓慢的亚当的事件为例。

案 例

11 岁的亚当将要进入小学的最后一年。他在读和写上的进步十分缓慢并且他对于进入中学变得很焦虑。他的父母关心这个问题已经有一段时间了，在两年前他们就让一位教育心理学家给他做了评估。当时亚当 9 岁，心理学家对亚当在阅读和拼写方面的评估报告如表 6.1 所示。

表6.1 案例分析——亚当(最初的语文分数)

测验	标准分	百分位数	年龄当量
识字	78	07	6岁3个月
阅读理解	80	09	6岁6个月
拼写	79	08	6岁6个月

2/3的儿童被认为处于第16到第84百分位数这一平均水平，第16百分位数处于平均水平范围的最低点而第84百分位数处于平均水平范围的最高点。第85百分位数越往上，表示水平越来越高，第95百分位数表示前1/100的水平。在范围的另一端，第1百分位数表示水平最低的1/100。

两年以后同一个教育心理学家对亚当进行了再测，对亚当在阅读和拼写方面的结构报告如表6.2。

表6.2 案例分析——亚当(后来的语文分数)

测验	标准分	百分位数	年龄当量
识字	72	03	6岁9个月
阅读理解	71	03	6岁9个月
拼写	78	07	7岁3个月

这位教育心理学家在他之后的报告中评论道：我对亚当的评估使用了一系列心理测验，测验表明亚当是一个至少处于平均智力水平的儿童。但是他也是一个有学习障碍的人，这影响了他在语文的所有方面的进步，尤其是他在工作记忆和加工速度方面有困难。关于亚当在阅读和拼写方面的得分我们应该意识到这些测验分数不是精确测验的结果，并且在不同的阅读和拼写任务之间存在变异，在时间上也存在变异。显然亚当会继续在语文的所有方面经历明显的困难，并且可能会在许多阅读和拼写的过程中产生困惑。他将受益于那些能够解决他特定的学习障碍的高度结构化的、累积性的、顺序性的和多感官的学习。当被问到元音时，我观察到亚当变得非常困惑，他通过说"d""u""a"和"e"来回答。尽管亚当尝试了3次，但他还是不能够按顺序说出字母表。当被问到"a"发什么音时，亚当回答的是字母"m"的发音。

我们可以看到，尽管亚当的智力"至少处于平均水平"，但是他仍努力学习语文及其他很多课程。为什么会这样呢？当然，一些人会认为，如果他处于那种能力水平，那么他为什么不能阅读和拼写？我们应该思考亚当在学校中的学习经历以及在整个发展过程中社会性和情绪方面的能力。尽管亚当的智力是正常的，但是很显然，他在学校里的许多学习都不符合他的智力水平。为了取得有目的的进步，亚当应该在理解语言结构的同时对单词进行结构分析，他能从这两种方法中受益并取得语文领域的进步。例如，了解许多单词是由前缀、后缀、词根等组成会使他受益，并且他应该使自己熟悉这些东西。学习这些的目的是当他在尝试阅读或拼写单词的时候，他能够使用一种更有效的策略去试着分析结构，而不是仅仅使用许多阅读能力差的儿童所使用的猜的策略。

亚当也应该遵循高度结构化的、顺序性的和累积性的阅读和拼写程序，其中包含多项分析技术，这将有助于解决他在工作记忆和加工速度方面的具体的学习困难。日常的学习强化是很重要的，他可以使用一种可视化的时间表将他的一周分割为几段，如早上休息前后和下午休息前后。新的学习内容的强化应该是日常事件并且应该被以一种尽可能创造性的方式使用。强化的重要性在第二章中已被介绍过。

亚当在写作时会受益于使用书本，因为这将与他的运动知觉记忆的发展一起工作，他应该被鼓励在写字母时发出声音，读出这个词。亚当可以参与制作自己的书（See MacBlain and MacBlain, 2011 for an extensive self-help programme for children with literacy difficulties），使用信息通信技术来支持他的学习，识字、阅读理解和拼写也非常有益并且可以提供给亚当一个定期记录、自我检查和校对书面作业的机会。定期阅读他具有高度兴趣的和简单的阅读材料，并把它们与亚当的好奇心相联系，这将会非常有益。在配对阅读中，与成年人配对可以鼓励亚当通过谈论自己的想法和他对与一个成年人或孩子一起阅读的文本的理解来寻找联系。他也能够从那些定期发展他的自信的机会中受益。

现在让我们来看一下吉莉恩的事例，她是一个年轻女孩，在十几岁时她就成功地考上了大学并主修创意艺术学位课程。

案 例

吉莉恩是一名 19 岁的年轻女子。为了让她的学习障碍在开始大学课程时被教师正确意识到，她提到了自己的评估，如表6.3和表6.4。进行这项评估的教育心理学家在她的报告中评价如下：吉莉恩是一个聪明且口才好的年轻女子，我对她的印象非常深刻，因为她愿意尝试有挑战性的和艰巨的任务。吉莉恩将她的阅读描述为"差的，它实在很慢"，并将她的拼写描述为"它太糟糕了"。在上课的时候她也强调了"我错过了很多教师讲的内容并且必须问我的朋友来记笔记，否则我会错过很多正在进行的事情……我读完一些东西后也不能就我刚才读的内容得出一个线索"。

表 6.3　案例研究——吉莉恩（智力能力）

指标	百分位数
工作记忆	21
加工速度	2
言语理解	91
知觉组织	98

表 6.4　案例研究——吉莉恩（语文分数）

测验	标准分	百分位数
阅读正确率	82	12
阅读理解	70	2
拼写	67	1

很显然，吉莉恩在智力上非常有能力、有潜力，她能在发展自己的创造力和才能方面做得很好。然而，我们也能很明显地看到，她在学校里的学习受潜在的阅读障碍的本质的影响。结果表明，在她的认知能力与读写能力上存在的差异很大，并且我们必须询问她的整个小学阶段以及中学阶段的学习经历。在中小学时她会有很多的阅读任务，并且为了评估课程她要用口头表达和书面表达来对完成任务。我们也需要考虑吉莉恩的情绪和社会性发展是如何影响她的学习障碍，以及学习障碍是如何反过来影响它们的。

需要特别注意的是，吉莉恩在那些构成加工速度指标的子测验中表现较差。例如，她在能够测验速度和正确率、手眼协调、短时记忆和注意技巧的编码子测验中的得分低于平均分。值得注意的是，吉莉恩在进行工作记忆测验的子测验时表现不佳。例如，她在一项能够提供关于短期听觉顺序记忆、注意策略和集中能力的有用信息的记忆广度子测验中得分很低。这项测验也使我们知道了那些支撑阅读正确率和拼写过程的附加信息所包含的两部分。吉莉恩在这些子测验中的表现与她在其他功能领域中的表现形成了鲜明对比。例如，吉莉恩在区组设计子测验中取得了一个高于平均分的分数，这是一个非常有用的评估，它试图测验视觉－运动协调、感知组织的能力和空间可视化能力或抽象概念化能力和泛化能力的再生机能。

我们还要注意，吉莉恩在相似性和词汇子测验中取得了很好的高于平均水平的成绩。与之相似的子测验评估的是上下级分类的技能，如牛和马都是哺乳动物，外套和鞋子都是服装的种类。词汇子测验包含许多按难度升序排列的单词，要求个体对每一个单词的意思进行口头解释。吉莉恩的分数表明她有很好的知识和词汇基础，并且这能够使她的阅读水平有很大提高。

当表达对某一写作主题的理解时，吉莉恩发现自己有很大的困难。当吉莉恩试图同时执行需要处理书面符号信息和口头说明的多个操作时，情况似乎也是如此。吉莉恩的书写速度落后于那些有能力的学生的平均水平。

吉莉恩将会从教学评估中获益，以便教师们能够确定使用合适的信息通信技术，这将使她的学业课程变得容易进行。特别是教师们可以鼓励和支持吉莉恩在可能的情况下使用录音机记录讲座内容，并将其用作记录和组织自己的复习的手段。另外，吉莉恩还可以利用信息通信技术发展她现有的技能，拓展知识，并探索这如何帮助她的高等教育学习。她也能在任何考试中获得额外的时间上的收益，便于她在有限的时间内正确理解问题，有效地加工书面信息，只有在这种情况下，才能反映出她的能力和潜力。这也使她能够去检查她的书面作业的准确性、她阅读和回应的文章的意思以及撰写和执行书面证据来说明她的相关专业知识和理解。

四、鲁文·福伊尔施泰因和霍华德·加德纳的理论著作

现在让我们来看两个著名的人物的著作，他们挑战了我们理解和评

估儿童和青年人的智力的方式。其中的第一个是鲁文·福伊尔施泰因。鲁文·福伊尔施泰因 1921 年出生于罗马尼亚的博托沙尼，在第二次世界大战后他与那些在大屠杀中的幸存儿童一起工作。这个经历很大程度地影响和塑造了他对儿童思考和学习方式的思考。当福伊尔施泰因开始教这些儿童的时候，他使用标准的智力测验对他们进行了评估。尽管他介入之后观察到他们做得比以前好多了，有很大提高，但是福伊尔施泰因发现他们大多数人仍然表现不佳。这使得他去探索这些儿童是如何学习的以及他们的能力是不是固定不变的，通过教授这些智力技能能不能使他们得到发展。这使他开始探索能力和潜力的不同，他提出了著名的动态评估方法。

福伊尔施泰因曾经提出，我们关于学习和智力发展的信仰体系应该将人的潜力视为几乎不受限制。同时，我们也应该认识到人为的障碍将会起作用，这可能阻止儿童发展的变化以及他们潜力的实现。福伊尔施泰因认为，所有能够获得适当支持的儿童，无论他们可能会经历哪种等级的困难，他们都能够成为有效的学习者。通过采纳这样一种信仰体系，福伊尔施泰因认为，儿童工作的从业者可以从限制儿童可能性的思维中解放出来。

当这样一种过程与某个结果的产生联系在一起时，学习者就可以学到如何学习。这种情况的最著名的例子就是由福伊尔施泰因命名的结构化认知改变，这种改变意味着大脑的认知结构可以得到改变。在本质上，学习具有积累性并会积极地影响个体一生的表现（Burden，1987）。福伊尔施泰因主张，这种方法直接改变了个体认知发展的结构。我们应该认识到，福伊尔施泰因认为结构性变化是一种个人的行动信息来源并对这些来源做出回应的方式。福伊尔施泰因认为，学习如何学习的核心特征是中介学习经验的概念，这个概念是福伊尔施泰因社会互动主义学习理论的核心。福伊尔施泰因等人（1980，p. 16）将此称为：

……环境对孩子产生刺激的方式是由"中介"代理人体现的，这个中介代理人通常是父母、兄弟姐妹或其他照顾者。这个中介代理人被他的目的、文化和情感投资引导，选择并构建孩子的外部世界……通过这个调节的过程，儿童的认知结构会受影响。

　　调节学习的核心特征是：调节者应该清楚、了解并确定学习者已经理解什么是有意图的（意向性和互惠性）；调节者应该解释他们为什么要去进行一项任务（投资意义）；这项行动应该被认为具有超越当前的价值（Burden，1987）。

　　在过去的20年中，像福伊尔施泰因一样，霍华德·加德纳（1983）还提供了另外一种我们理解智力的观点，他的观点在什么是智力方面挑战了学术界和实践者。加德纳师从布鲁纳，布鲁纳对他有很大影响，这种影响尤其体现在他关于教育和认知发展的观点上。对加德纳的观点产生进一步影响的是著名的精神分析学家埃里克·埃里克松（Erik Erikson），他也曾作为一名学生就读于哈佛大学。

　　加德纳认为智力不是一个单一的概念，而是由多元智力组成的，其中的每一个都"自成一个体系"。但是他们之间"相互作用，否则就不可能完成任何事情"（Gardner，1983，p. 851）。加德纳将多元智力总结为言语智力、逻辑－数理智力、空间智力、音乐智力、身体运动智力、人际交往智力、自我反省智力以及最近探索的像自然观察者一样的智力，最后这个可能会加入最初的七个之中。尽管他的多元智力观点不总能被学术型心理学家接受，但是它在许多从业者尤其是教育者之中非常受欢迎（Smith，2002，2008）。

　　我们不可能对加德纳的多元智力理论的每一个层面进行检验，因而他的理论受到了批评。"这个理论模棱两可，我们搞不清楚哪些类型的智力是独立的，哪些类型的智力又是相互关联的"（Brooks et al.，2004，p. 55）。

五、有天赋的学习者

案　例

　　布赖恩5岁时就读小学一年级，之前他在小班就读的一年里表现优异。他的父母帮他向一位教育心理学家进行了咨询，他们担心他的需求没有被充分认识到。他们非常担心他非同寻常的能力不能被他的学校正确意识到。在布赖恩的妈妈最初与教育心理学家的讨论中，他的妈妈描述他为"非常聪明"并且"总是忙个不停"。当教育心理学家在布赖恩的家里与布赖恩会面时，她看着布赖恩完成了一系列任务，与布赖恩和他的妈妈谈话，并请布赖恩去完成一些学前和小学儿童智力量表（WPPSI）中的任务以获得一些额外的基线评估数据。在这种情况下，布赖恩的得分如表 6.5。

表 6.5　案例分析——布赖恩（智力能力）

	标准分	百分位数
言语智力	147	99.9
行为智力	142	99.7

像之前说明的，2/3 的儿童被认为处于平均的智力水平，即为第 16 至第 84 百分位数。从第 85 百分位数开始越往上代表着越来越高的智力能力水平，第 95 百分位数表示处于前 1% 的智力能力水平，在这个范围的另一端的第 1 百分位数表示处于最低的 1% 的智力能力水平。在布赖恩完成这些子测验之后，教育心理学家让他读学校的阅读课本并发现他能读得非常好，能够读出"分配"和"抗生素"这种布赖恩印在厨房的桌子上的一张单独的纸上的单词。

布赖恩的情况是十分少见的，很显然他是一个智力能力高于平均水平的儿童。然而，很明显他的超乎寻常的高能力并没有被教师充分认识到。很少有孩子能像布赖恩一样有这么高水平的智力能力，那些在大多数领域极有能力以及像在艺术、音乐和运动等特定领域里表现出特殊优势的儿童也是占少数。

最近，好学校指南网站（The Good Schools Guide website）（2013a）就议题"有天赋的儿童的教育"做出了如下评论：

天赋是令人兴奋的许多教育问题之一。对一些人来说，"天赋"可以用精英的概念去定义……在英格兰，教育部对有天赋的学习者和有才华的儿童做出了区分……有天赋的学习者是那些在一个或多个课程科目上有特殊能力的儿童……有才华的学习者是指那些在创造性艺术（像音乐、艺术和设计、戏剧、舞蹈）和体育上有特殊能力的人。一些学校（以及父母）更喜欢"更有能力"或"高能力"这个词，但"有天赋的"这一术语是官方语言。

好学校指南（2013b）也在"有天赋的儿童"的议题之下进行了评论：

非常聪明的孩子通常能表现出良好的手眼协调，尽管有时候他们的书写落后于他们的阅读和其他技能。有些孩子无法达到自己在手写和绘画方面设定的高标准，会因为挫折而拒绝在纸上创作任何作品。

对那些被认为特别聪明的儿童的评估指导意见如下：

一些人在发动脑筋、运用想象力和创造力方面颇具优势。然而，这些特征并不总能显现在智力测验中。因此如果家长们怀疑他们的孩子有天赋，他们不应该心存顾虑，而应该和学校的教师谈论这些事。

这个指南突出了特别聪明的儿童所面临的一些挑战。例如，他们经常缺乏一个认为自己非常有能力的积极看法，并且这些孩子不愿意在同龄人面前表现出他们的高水平能力，他们害怕尴尬和被欺负。其他的挑战也包括他们缺乏合适的评价和介入、如掩盖孩子的真实能力的阅读障碍和运动障碍等特殊教育需求、学业进程与情绪发展的不匹配、与同龄人混在一起、无聊和沮丧有时导致的不满。

费里曼（Freeman）（2013，p.8）在一项始于 20 世纪 70 年代的研究中指出：

在 35 年的样本中，210 个个体的生平事迹已经表明了有天赋的人与其他人唯一真正的差异是潜力。但是有天赋的人面对的唯一挑战是其他人对这些差异如何反应，这将影响儿童进入成年的方式。很显然，他们的发展受到了自身家庭生活环境的影响，家庭其实就是更广泛的社会的缩影。

此外，在莫里斯（Morris）的论著（2013，p.19）里，斯坦纳（Steiner）和卡尔（Carr）（2003）提到他们提出的认知特征能够解释有天赋的儿童在学习上的优势，这被称为"……加工的速度，对复杂的、具有挑战性的环境和更复杂的元认知过程如策略形成和问题表示的偏好"。然而，在对有天赋的儿童更专业性的投入上，费里曼提出了以下问题：

对有天赋的儿童的特殊教育来说，有两个问题需要我们解答，即这些孩子在学业上的最初优势在多大程度上受霍桑效应的影响，他们在注意和改变上的优势能否持续多年。事实上，最开始时尽管在这个项目中个体的学业成绩是最好的，满意度是最高的，但是天赋教育的优势往往会在几年后消失……（2013, p.9）

在 2013 年 6 月，教育标准办公室发布了一个题为《最有能力的学生：在公立学校里他们是否能够表现得同样优异呢?》(*The Most Able Students: Are They Doing as Well as They Should in Our Non-selective Secondary School?*)的报告。这个报告的重要结果如下：

- 在公立学校中最有能力的学生没有取得他们应取得的成就……
- 中学的领导在创造一种卓越的学校文化上做得不够，在学业上获得好成绩应该被认为是极度重要的……
- 从小学到中学的过渡期的安排不能有效地保证学生维持他们的学习势头到 7 年级……
- 对重要的第三阶段的教学关注不够……
- 许多学生习惯以一种比他们的能力低的水平行动……
- 课程和家庭作业的质量有待提高……
- 很少有学校会与家庭一起帮助学生扫除在进入大学的道路上的文化和经济障碍……
- 大多数拥有 11～16 岁年龄段的学生的学校对考大学不够关注……
- 学校关于如何申请最有名的大学的专业性知识一般都不是最新的，也不是最相关的……（pp.8-10）

对于学校尤其是那些非选择性公立中学来说，如何更好地进行教育实践这个问题意义非凡。这也是教育标准办公室所关注的事情，如何管理那些较有能力的儿童的学习这个问题尤其重要。然而，在实际的过程中很可能会出现一些问题。例如，学校究竟要如何确定谁的能力更强、谁的能力不那么强呢？一些学校是否更强调学生的成绩而不去关注那些可能被阅读障碍和运动障碍掩盖的认知和智力能力？中学是否会认为，在数学、英语、科学上有高水平以及有较强的识字能力和知识基础，从小学阶段过渡的孩子更有能力呢？如果是这样，他们就能够更有效、更广泛地开展对这些孩子的工作。另外，学校是否能够通过儿童在过渡时期的表现来评估每个儿童的认知能力和潜力呢？以下面的马克和安德鲁为例。

案　例

马克来自一个父母双方都受过很好的教育并且有专业性的职业的家庭。自从马克 5 岁进入学校后，他的父母就意识到他的能力不如他的哥哥和他们班级里的大多数其他儿童。为了解决这种问题他们为马克安排了课程进行私人教学，尤其是在阅读、写作和数学方面。

安德鲁是一个极其有能力的儿童，但是自 5 岁进入学校后，他就表现出很多行为问题。当他 4 岁的时候，他的爸爸离开了家，这使他很沮丧，从那时开始他由妈妈抚养。他的妈妈被诊断出患有抑郁症。从安德鲁很小的时候开始，他的妈妈多数时间就独自一人待在房间里不与任何人交流。现在，在小学的最后一个学年里，所有教师都认为安德鲁是一个"真正的问题"，他很难集中注意力并且不愿意学习。作为一个在校学生，他发现学习是枯燥的并且缺乏刺激。虽然他原来十分有能力，但是现在他却被看作缺乏能力的人了，他的识字和算术能力都很差。

马克和安德鲁的例子告诉我们，当中学识别出那些"更有能力"的儿童并尝试满足他们的特殊需求时，很可能会出现很多问题。

六、是否存在能力低下的学习者？

如果我们说一个孩子能力低下，那么这种低下其实意味着什么？更具体地说，这对那些儿童或者他们的父母来说意味着什么？能力是一个在这几十年间渗透在很多教师和儿童工作的从业者的谈话中的概念，这个词究竟有什么价值呢？可以说，当能力这一概念被运用于学习和发展时，它就是错误的。能力通常在儿童被与其他人比较时得到判断。通常在这些比较中，我们所缺乏的是对儿童潜力的关注。根据之前提到的维果茨基、布鲁纳和福伊尔施泰因的理论，我们不仅要在能和不能的方面对孩子进行判断，还应该在给予合适的环境时，通过他们能够获得的东西来理解儿童的学习。

在 21 世纪，被用来理解或解释儿童学习的"能力"一词是否还有意义颇具争议。那些对智力和学习理论有较少理解的教育从业者通常会用自身模糊的观察和生活经历来解释这一个词。可能会有争议的是，未来的从业者应该扪心自问，他们是否协助了儿童对学习进行建构，尤其是他们是否在认知发展方面满足了儿童的需求，而不是简单地教导孩子哪些是可以做的或不能做的。

练 习

• 思考为什么会有那么多的儿童工作的从业者不能够完全理解智力与学习之间的关系的观点。这样的观点是否合理？

• IQ 的概念与 21 世纪的儿童的学习有关系吗？

• 如果有的话，学校选择使用标准化测验来测验儿童的智力有什么利弊？

• 为什么我们应该考虑儿童的潜力而不是他们的能力？这样做能够改变教师和早教从业者的实践吗？

———— * ———— * ———— * ————

总 结

本章旨在探讨围绕智力本质的、历史的、哲学的和政治的争议，特别是与智力测验相关的遗留问题。这个主题通过与智力测验和儿童个体的学习需求相关的问题得到了进一步的探讨。另外鲁文·福伊尔施泰因和霍华德·加德纳的著作中提到的关于理解智力和学习的替代性方法、对被认为有天赋或有才华的儿童的关注等问题都值得后来的研究者思考。本章总结了对 21 世纪继续使用低能力这一术语的挑战。在接下来的章节中，我们将更进一步地关注学习的情绪方面以及在这个领域中儿童所面临的问题。

推荐阅读

Burden, R. L. (1987) Feuerstein's instrumental enrichment programme: important issues in research and evaluation, *European Journal of Psychology of Education*, 2(1): 3-16.

Feuerstein, R., Rand, Y., Hoffman, M. and Miller, R. (1980) *Instrumental Enrichment*. Baltimore: University Park Press.

Gardner, H. (1983) *Frames of Mind: The Theory of Multiple Intelligence*. New York: Basic Books.

Gray, C. and MacBlain, S. F. (2012) *Learning Theories in Childhood*. London: Sage.

MacBlain, S. F. and MacBlain, A. D. (2011) *Letters Form Words*. Plymouth: SMB Associates SW.

参考文献

Brooks, V., Abbott, I. and Bills, L. (2004) *Preparing to Teach in Secondary Schools*. Maidenhead: Open University Press.

Burden, R. L. (1987) Feuerstein's instrumental enrichment programme: important issues in research and evaluation, *European Journal of Psychology of Education*, 2(1): 3-16.

Feuerstein, R., Rand, Y., Hoffman, M. and Miller, R. (1980) *Instrumental Enrichment*. Baltimore: University Park Press.

Fontana, D. (1995) *Psychology for Teachers* (3rd edn.) Basingstoke: MacMillan Press.

Frederickson, N. and Cline, T. (2002) *Special Educational Needs, Inclusion and Diversity*. Maidenhead: Open University Press.

Freeman, J. (2013) The long-term effects of families and educational provision on gifted children, *Educational & Child Psychology*, 30(2): 7-15.

Gardner, H. (1983) *Frames of Mind: The Theory of Multiple Intelligence*. New York: Basic Books.

Gray, C. and MacBlain, S. F. (2012) *Learning Theories in Childhood*. London: Sage.

Gross, R. D. (1992) *Psychology: The Science of Mind and Behaviour* (2nd edn). London: Hodder & Stoughton.

Hayes, N. (1994) *Foundations of Psychology: An Introductory Text*. London: Routledge.

MacBlain, S. F. and MacBlain, A. D. (2011) *Letters Form Words*. Plymouth: SMB Associates SW (email: enquiries @ seanmacblain. com).

Macrae, F. (2012) How teenagers addicted to cannabis risk damaging their IQ and show signs normally seen in early Alzheimer's, *Daily Mail*, 28 August.

Miller, G. A. (1962) *Psychology: The Science of Mental Life*. Harmondsworth: Penguin.

Morris, N. (2013) Facing challenge: a phenomenological investigation into the educational experiences of academically gifted pupils, *Educational & Child Psychology*, 30(2): 18-27.

Office for Standards in Education (Ofsted) (2013) *The Most Able Students: Are They Doing as Well as They Should in Our Non-selective Secondary Schools?* London: Ofsted.

Smith, M. K. (2002, 2008) Howard Gardner and multiple intelligences. *In the Encyclopedia of Informal Education*. Available at http: //www. infed. org/thinkers/gardner. htm.

The Good Schools Guide (2013a) Available at: http: //www. goodschoolsguide. co. uk/help-and-advice/your-child/gifted-talented-able-children/439/educating-the-gifted-child (accessed 5 March 2013).

The Good Schools Guide (2013b) Available at: http: //www. goodschoolsguide. co. uk/help-and-advice/ your-child/gifted-talented-able-children/214/the-gifted-child (accessed 5 March 2013).

第七章　情商学习者

本章主旨：

- 探索情商的本质；
- 考察情绪学习者的特征；
- 探索情商发展的核心方面；
- 向读者介绍一些干预计划；
- 突出儿童的感觉可以不一样的重要性；
- 强调学会给予合适的情绪反应的重要性。

导　言

本章说明了越来越多的实践者意识到我们不仅要从知识获得方面还要从儿童的经历以及在学习环境中的感受和情绪方面来思考儿童的学习。在近几十年里，一些重要的研究者塞洛维（Salovey）和迈耶（Mayer）以及离我们更近一点的戈尔曼已经对儿童的学习和发展给予了很多关注，使得从业者现在开始探索和理解儿童情绪管理的方式以及这对学习的影响。尽管儿童在情绪这一方面的学习和发展已经得到了大量的关注，但是必须承认，在这一问题上许多儿童仍受到了忽视。

本章探讨了什么是情绪的学习者。在探讨之前，理解情商的建立具有重要的意义。本章以在前几章中阐述的观点为基础，如第四章的早期依恋、第五章探索的阶段间的过渡、第六章考察的智力与学习之间的关系，当然还有在第一章中阐述的几辈思想家的重要观点。他们教导我们要从"整个儿童阶段"的角度去思考问题。最后一点与我们如今观察到的身边社会的快速变革尤其有关，也和儿童与青年人面临的在越来越以物质主义、形象、即时访问以及儿童界限越来越模糊以特征的文化中学会成长的压力有关。

一、情商的本质

为了使儿童积极有效地在社会中发挥作用并且满足他们的大量要求，他们需要能管理感受和情绪。他们不仅需要理解别人的情绪，也需要了解他们自己的情绪并且能够管理它们。如果他们做不到这些，他们就可能会产生问题。许多研究者和从业者现在采用情商和情绪素养这两种方式来解释这一过程，这两个概念虽然有所不同但常被互换使用。塞洛维和迈耶（1990，p.189）对情商做出如下定义：

……社会智力的子集，包括监控个体自己和他人的感受和情绪的能力，辨别出它们并用这个信息来指导自己的想法和行动。

塞洛维和迈耶认为在情商的发展过程中有四个重要的因素或阶段，它们是：情绪感知、情绪推理、情绪理解以及情绪管理。第一个因素包括理解其他人的肢体语言、面部表情等，儿童在年幼的时候就开始发展正确感知情绪的能力。在这一阶段中，儿童感知能力的发展取决于许多因素，可能其中最重要的就是成人、年长的兄姐以及与他们亲近的朋友提供的意见和解释。第二个因素就是儿童会使用他们自己的情绪去对他人的情绪进行推理。例如，他们可能扩展他们对遇到的情况的思考和理解，通过这样做，他们扩展了他们的认知能力；他们将会开始对他人的情绪反应是否合适做出判断，如果不合适，应该怎样做。第三个因素就是个体通过准确的解释过程来理解情绪。例如，一位教师可能经历某一个孩子对他非常敌视，并将孩子的敌视纯粹地理解为一种愤怒的发泄，而事实可能是这个孩子为他自己所做的事情感到非常尴尬和内疚。

最后一个因素或阶段是管理的能力，更确切地说是情绪调节。例如，这种能力要求个体对他们从别人那里观察和体验到的情绪做出合适的反应。塞洛维和迈耶提出了以下问题：

那些发展了与情商相关的技能的人们可以理解和表达他们自己的情

绪、认识他人的情绪、调节影响并使用心情和情绪来激发适应的行为。
然而，这仅仅是对一个健康的、自我实现的个体的定义吗？（1990，
p.200）

在参考了迈耶（上面提到的塞洛维的合著者）的著作后，戈尔曼
（1996，p.48）做出如下评论：

迈耶发现了倾向于以独特风格来解决情绪问题的人。

· 自知。清楚他们自己的心情……当他们心情不好时，他们不沉迷
或念念不忘，并且能够快速地从中解脱……

· 吞噬。这些是经常被他们的情绪淹没而无法从中挣脱的人……他
们是易变的并且不是很清楚他们自己的感受，因此他们迷失在其中……
结果，他们不会试着去摆脱不好的心情……他们经常感到不堪重负并且
在情绪上失去控制……

· 接受。这种人通常清楚他们的感受，他们也倾向于接受自己的心
情，但是从不尝试着改变它们……

小学和中学的早期教育从业者和教师应该清楚有第二种独特风格的
儿童会表现为被他们的情绪吞噬。读者也应该知道他们遇到的那些能够
展现出独特风格并能处理困难感受和情绪的成年人。例如，进行青少年
阶段教育的教师认为男生的行为是外向的和具有侵略性的，女生的行为
是内向的并且明显地不愿意与成年人交流，甚至是退缩的。当然，这是
对这些孩子的形象过度简化了，然而在一些例子中他们可能真的是这
样的。

📖 练 习

思考你观察到的儿童在沮丧时的行为的例子。你是如何理解这
些行为的以及什么使你以这种方式理解他们的行为？

最近，在一个受教师和演讲者协会（Association of Teachers and
Lecturers）委托所做的名为《以智慧看情商》（ATL，2005，p.6）的报告
中，盖伊·克拉克斯顿（Guy Claxton）教授评论如下：

在学校里，青年人的情绪比以前更多地展现在教室里和操场上。以下面两点为例。

• 青年人被社会学家称为"顺从减少"（教师简单地将其标签化为"坏行为"），学生将他们更多的复杂的个人情绪带到了教室。

• 青年人生活在"包容"的后果中，教师有时候会面对来自青年人的挑战行为，他们很难知道如何应对青年人所表达出来的强烈情绪。

克拉克斯顿（ATL，2005，9）认为，情商在两个重要的方面不同于传统的对智力的理解和表达。首先，情商：

……是评价聪明的不同方式。它表示了对其他人的观点的理解或者知道如何去处理压力都是智力的形式，事实上，这种智力形式可能对在压力下能快速解决逻辑难题的人一样有用。

克拉克斯顿提出的第二个区别是，不像一些关于智力是固定不变的流行观点那样，情商：

……注重情绪能力能够发展的程度……尽管一个"低（智力水平）能"的孩子受制于他的遗传基因，但是许多教师仍对他们的情商很感兴趣，因为他们相信自己可以为这些孩子做一些事情来帮助他们。

最后也是最重要的一个区别说明了为什么情商或情绪素养的整体概念在整个教育领域，不仅是在英国，而是在全世界的教师中如此受欢迎。通过发展情商的概念，我们可以摆脱较传统的把智力看作与生俱来的观点（见第六章），教师和早期教育从业者正意识到，他们在儿童的学习方面做什么以及如何做能够对儿童如何思考以及他们如何有目的、有意义地与环境和身边的人交流产生重大影响。也许更重要的是，它还强调了教师，尤其是那些与年幼的儿童打交道的教师，在创造支持儿童认识他们的潜力的学习环境上面临的挑战，而不仅仅关注孩子在学习和生活中得到和发展出的能力。

克拉克斯顿特别关注当我们谈论情商时进行某种测验的重要性。这种测验模式可以使情商的概念得到更大的可信度，就像智力的概念那样

（见第六章）。他认为通过自我报告和绩效评估这两种方式可以达到此目的，自我报告的方法是指个体自己利用问卷和采访的形式，绩效评估的方法是指让个体参加特定类型的任务并观察他们的成功程度。克拉克斯顿参考了以色列心理学家鲁文·巴昂（Reuven Bar-On）在一项"情商清单"（Emotional Quotient Inventory）（EQ-1）上所做的特别尝试，以自我报告的方式测验。克拉克斯顿认为它通常更具成本效益：

　　EQ-1 将情商分为五个部分，每一个部分都通过一个不同的分量表来评估。借鉴霍华德·加德纳的术语，巴昂称这些部分为内在智力（包括了自知、自尊和自信）、人际智力（同情、社会责任和社会意识）、适应能力（问题解决、现实检验以及灵活性）、压力管理（压力忍受和冲动控制）和一般心情（高兴和乐观）。受访者需要报告他们同意或不同意的一系列描述，这些描述旨在挖掘不同情商的特质，他们的回答会通过正常的心理测验方式被统计，得出量表总数和分量表分数。（ATL，2005，p.11）

　　然而，我们很难去定义某些被巴昂确认为情商的成分。这些成分不仅难以定义，也难以观察和记录。例如，我们要如何定义快乐、乐观或者灵活性呢？

📖🔍 **练　习**

　　思考你曾经将一个儿童描述为高兴的、不高兴的或自卑的经历。你认为你可能是以什么方式来测量这些概念的？其他人赞成这种方法吗？早教从业者和教师在记录这种对儿童的描述并与其他专业人员分享时可能会出现什么问题？

二、情商学习者

　　最近很受欢迎的作者和心理学家奥利弗·詹姆斯（Oliver James）在他对概念"爱的轰炸"（见第四章）的介绍中表示，儿童在生活中拥有爱的重要性得到了大家的关注。詹姆斯尤其关注年幼儿童的发脾气和反抗行为，他评论了在儿童生活中爱和一致性的重要性以及父母需要花时间向儿童解释儿童自己的行为会如何影响别人：

　　儿童需要时间来学习忍受愿望没有实现，受到挫折而不发怒。一些年纪小的儿童使用武力来强加自己的意志，感受到挫败时会变得愤怒是完全正常的。自我调节的能力即在采取肢体行动前按下"暂停"按钮的能力发展得很慢……但是直到他有语言以及相对复杂的思维时，他仍然很容易被情绪淹没——"红色警戒"下降……如果孩子的行为结果能得到不断的解释……如果对于他的困境他总能得到爱、支持以及同情，那么他就能够明白他自己的感受并且会感到足够安全，他的需要能够得到满足而不需要强加给自己。(2012，pp.27-28)

　　具有较高情商的儿童通常在他们的父母给予的爱中感到安全。希望读者们再次思考一下弗罗姆（见第四章）提出的在关心、责任、尊重和理解方面谈论的爱的观点。具有高情商的儿童通常在较低的年级就可以了解到他们的需求可以在一个有关爱的且有界限的框架中得到满足。常规的建立应该具有一致性和目的性。那些被鼓励以一种与他人合作的方式去探索以及进行风险测验的孩子，在取得成功时会感到满足。他们能够学会将努力和结果联系起来，并内化他们对于成年人会帮助支持并关爱他们的感知。他们通常会有更大的心理弹性，会习惯于从他们的父母以及年幼时的重要他人那里获得表扬。当与他人在一起时，他们会表现出有目的地谈论自己的感受的能力。更重要的是，他们能运用以更高的解决问题的水平为特征的思维去评估具有挑战性的情况和事件。

　　毫无疑问，在学校里的儿童会以不同的方式看待教师。然而，他们对教师的感知会受到他们过去与成年人以及同龄人的交流经历的很大影响。教师也以不同的方式看待学生，并且他们自己也会被他们在儿童时期的经历以及他们在小时候经历的教养方式的性质影响。教师在与有较低情商的儿童工作时面临的挑战被科尔弗（Colverd）和霍奇金（Hodgkin）(2011，p.20)很好地描述为：

　　每一个儿童都会以一对分离的眼睛来看他的教师……每一个儿童都将他们的教师看作强势的人物。这将对儿童的情绪、学业、生活产生巨大影响……教师必须平衡一种对儿童不喜欢或不相关的感觉，需要将儿童与学习及其自身联系起来。具有挑战性行为的儿童很难被教师喜欢。他们可能故意鼓励你不喜欢他们，以确认他们毫无价值的感受。

显然，教师以一种平衡且无偏见的方式来看待学生是很关键的。毕竟，教师这一角色的基本作用就是促进儿童情商的发展，通过这样做使孩子们为正式教育阶段以及儿童早期、青年期和成人期阶段之间的正常过渡做好准备。然而，如今许多小学教师和早教从业者都面临着许多挑战。对于小学教师和早教从业者来说，现实就是非常多的进入学校的儿童具有很少的以前几代入学儿童应具备的技能。这不仅在行为管理方面还在教授重要的社会技能方面，甚至在发展语言表达和更重要的言语感知方面给教师带来了挑战，同时也带来了一系列问题。尤其是早期教育从业者将会意识到儿童学会听从并注意到他们身边的成年人的需要。通常，儿童在开始正式教育时所处的环境对于他们来说很陌生，如果他们对于家庭之外的复杂的社会环境经验有限，那么对于他们来说教育环境可以说是具有敌意的。甚至，对于一些儿童来说，那是他们第一次在生命中感受到一致、稳固、敏感和关爱。

📖🔍 **练　习**

什么因素促进了情商的发展？教师和早教从业者应该做更多去促进儿童这方面的发展吗？如果应该，他们可以采取什么措施？

三、发展情商

发展情商是从出生就开始的一个过程。科尔弗和霍奇金（2011，pp.14-15）评论如下：

在早上总是以温和的话语和拥抱来叫醒一岁幼儿的母亲……正在创造一种体验模式，这种模式将构建起儿童的大脑来预测他的行为……让孩子相信他是被关心的，触摸以及被照看的体验是令人愉快的。如果一个儿童有一个负面的且痛苦的看护体验，如果看护者是吓人的并且疏忽的，那么儿童将来对于看护者和成年人的期望同样会令人害怕和痛苦。

关于婴儿与他们的最初抚养者之间的第一次体验的重要性方面，戈尔曼（1996，p.22）这样描述：

许多有效的情感记忆来自在生命的前几年中婴儿和看护者之间的关系。尤其是对于殴打或彻底忽视这类创伤性事件来说，这尤其正确……生命中最早的互动铺设了一系列的情感经验……

戈尔曼继续强调道：

儿童面临的最大风险是父母严重无能、不成熟、滥用药物、沮丧或长期生气，或简单无目的以及生活混乱……一项对虐待儿童的调查发现受忽视的青少年的表现最差：他们是最焦虑的、漫不经心的、冷漠的、激进和退缩交替的。在他们这些人里面，在一年级留级的人数就占到了65%。(p. 195)

现在让我们来看一下比利的案例。

案　例

比利3岁了。据他的邻居说，他的父母对他缺乏关心且有虐待身体的可能。比利的妈妈是一名海洛因成瘾者，她与比利生活在一个破败的城市中。她从不工作并在16岁时生下了比利。比利的爸爸在发现他的妈妈怀孕后就离开了她。尽管他的爸爸就住在离他几公里远的地方，但是他也仅仅来看过比利几次。比利的爸爸来看他时，对他的妈妈很野蛮。比利看到了他们的争吵和互相大喊大骂。比利很少被他的妈妈带出门，当比利的妈妈出去玩乐到午夜才回来的时候，她总是在晚上留他与住在旁边几户远的十几岁的女孩在一起。比利看起来很瘦，营养不良并且常常无精打采的。他是个很少笑、经常不开心的小男孩。在家里，他很少因为自主做一些像自己刷牙、自己洗澡和自己穿衣服这样的事而被他的妈妈表扬。如果他有任何一点做错了，那么他的妈妈就会骂他甚至有时候会贬低他。当比利开始进入托儿所后，学校的工作人员有时会看到当他的母亲离开时，他会因过分紧张而泪流满面。当他被妈妈抱起时他很少注意她，宁愿使自己沉浸在周围发生的事情中。当托儿所的工作人员阻止比利做事情的时候，他总是发脾气，发泄愤怒。教师还经常看到他攻击其他的儿童，在交朋友方面存在很大的困难。他很少表现出与其他的儿童一起玩耍，他更喜欢从其他儿童的手中抢夺玩具或者一个人独自玩儿。托儿所的工作人员发现比利似乎对成年人非常不信任，这让他们非常忧心。

很显然，比利缺乏大多数儿童在刚出生的几个月以及几年中得到的照顾。他的母亲为了应付生活，将滥用药物作为排解孤独和拒绝照看自己的小孩的手段，她担心经济问题，并且害怕处理男朋友、父母和自己的兄弟姐妹之间的关系。如果我们运用行为主义（见第二章）的理论来试着理解比利的学习和情商的本质，那么我们就可以观察到，他的母亲以及他周围的成年人为他提供的行为典范不断地施加在了比利身上，他也会对大人的行为进行模仿。同样地，我们也能够意识到比利的像交谈、抚摸、拥抱、积极倾听他人、启动有目的的行动以及问问题这些重要的行为并不被他的妈妈和周围的成年人强化。因为他们没有花时间在比利身上，他们与他在一起的时间的质量是很差的。在这里，比利学到对身边人的期望是十分消极的。当他尝试爬或者跳这种新的行为时，他总是被惩罚并被要求停下来。比利在他的家庭环境中学习到成年人都是不关心儿童的。当他转到当地的托儿所时，他会带着这些期待，他对于在托儿所中将会与他打交道的成年人的期待和在家庭中的相似。但是，学校和家庭可能还是会有一些细微的改变。因为托儿所的成年人管理他的行为的方式是不一样的，他将会进行一个新的学习过程。

很明显，在比利的案例中，当托儿所中的与他接触的成年人观察和理解他的行为时，他们会发现，持续的强化已经内化成了大脑中的结构。如果我们将维果茨基的理论用于比利的情况，那么我们就会更具批判性地去考察比利所在的学习环境。托儿所的工作人员尤其需要为比利创造一个能发展他的社会言语能力的丰富环境，并且应该将这一环境打造成让他能认识到这里与家里有本质区别的地方。如果我们将皮亚杰的理论用于比利的情况，那么我们就会关注比利的认知发展以及托儿所在发展比利的思维上支持他积极、有目的地与环境互动的重要性。

塞洛维和迈耶（1990，p. 201）认为有较高情商的个体能够：

……了解他们自己以及他人的感受。他们对内在经验的积极和消极方面都很开放，并且能够标注它们，并在合适的时候谈论它们。这种了解通常能够有效地控制对自己和他人的影响，促进幸福感的产生。因此，有较高情商的个体通常是快乐的，并且会使别人感觉更好。

157

然而，他们也认为：

许多适应的问题可能是由情商不足引起的。那些不学习调节他们自己的情绪的人可能会成为他们情绪的奴隶。(p. 201)

很明显情商的发展可以通过许多方式实现。发展心理弹性就是一种非常有效的途径。我们可以在加梅齐(Garmezy)和格罗特伯格(Grotberg)的著作中找到对理解弹性很重要的两个贡献，他们两个人都确定了一些他们认为在心理弹性中很明显的"保护性的因素"。加梅齐确定的因素是：

第一，人格特征如自尊；
第二，家庭凝聚力及没有不和谐的家庭关系；
第三，外部支持的可用性。

然而，格罗特伯格提出了与加梅齐不同的因素，它们包括"个人因素""家庭及外部支持结构"以及"儿童自己的社会人际关系技能"。格罗特伯格试图用下面的例证(Barnard et al. 1999, p. 57)证明："我是"或者人格特征，如自尊，表明了儿童相信自己被其他人爱着，也乐于取悦并且尊重身边的人，更重要的是他们能够为他们的行为负责；"我有"或者家庭及外部支持结构，可能包括儿童能够感受到他们身边的个体中有他们可以信任、爱他们并且能够在学习上积极地帮助他们以及设立界限和标准来鼓励他们独立和自主的人；"我能"或者儿童自己的社会人际关系技能，如儿童能感觉到他们能够与他人交流恐惧和焦虑等感受，探索并发现问题的解决办法，练习控制他们自己的情绪和行为以及当感觉到他们需要支持时能够接近他人。

格罗特伯格认为第一个"我是"的因素，可能能够加大个体的心理弹性，但并不能创造出它们。她认为在"我有"这一因素下，我们才有可能产生并加大个体的心理弹性。但是她认为在"我能"这一因素下，个体本身能够学习但不能保证一定学会。格罗特伯格视儿童为积极的个体并且认为任何经历丧亲后的儿童都需要至少一种上述因素来锻炼他们在面对创伤时的弹性。她认为，当没有任何"保护性的因素"出现时，儿童不能像一个积极的个体一样起作用，他们可能产生心理健康问题。

　　现在让我们再来看一下之前的比利的案例。现在想象比利被他的妈妈要求坐在餐桌旁吃午餐，她确保里面含有像水果和蛋白质这些重要的元素。然而，比利拒绝吃任何东西并开始乱发脾气，他将食物扔到地板上，跪下来大声喊叫。在这种情况下他的妈妈应该试着去理解他这样做的原因，尤其是他不想吃饭的原因。她应该平静地对他说话并问他为什么不吃饭。她可能抱起他并平静地告诉他当他还小的时候好好吃饭的重要性。她以这种方式向比利提供了合适的模仿行为。通过与她在一起以及对她的观察，比利就会学习到积极回应的本质，这也会随着他的长大而成为他自己保留的一部分。当她与比利谈话时，她应该鼓励他清楚地表达自己的感受。通过抱着比利并与他谈话她也能够鼓励他学习到界限和准则是重要的，并且使比利能够从中获益。以这种方式，她可以帮助比利未来的学习，当他大一点的时候，他就能理解为什么教师对学生设立界限并对他们有要求。她也能够与比利谈论吃饭的重要性、他关于吃或不吃的选择以及他的行为的后果。

　　通过这种方式照顾比利，他的妈妈也能使自己的需求得到满足。但是遗憾的是，比利的妈妈从来没有做过一件这样的事情，而是把他的食物拿走并对他大喊大叫，或者甚至会拍打他、不理他，直到他不再发脾气。她把他放到床上，可能几小时都不理他。比利通过发脾气来表现他对妈妈的需要，其实这样并不能让他从中了解到自身行为的后果以及行为的局限性。他也不能意识到自己的情绪和感受。相反，他通过被惩罚和拒绝以及不被妈妈爱的感知来内化情绪。也许，最重要的是，他没能够学习到如何有效地交流自己的情绪和感受，以及去明白除了攻击和喊叫之外还有其他的行为方式。

　　以比利为例，运用格罗特伯格的三个之前讨论过的"我有""我是""我能"来说明，我们能够推测，比利缺乏这里面的第一种"我有"——他缺乏与妈妈之间的信任关系、设立的清晰界限的连续性和积极且有目的的角色模型。在这里面的第二种"我是"中，他缺乏被爱、为自己感到自豪和妈妈对他的独立和有责任的表现的信任。在最后一种关于"我能"的说明中，比利没有学到如何与他人有效地沟通并且以一种解决问题的方式来评价情况，当他沮丧时他不应使用一些相对情绪化的反应去应对。在这种方式中他不能学习到管理他的感受和行为的重要性。

我们已经知晓了情商在家庭中的发展，现在让我们来考虑一下学校和幼儿园需要在大多数儿童的生命中扮演的重要角色。戈尔曼（1996，p. 279)评论道：

随着家庭生活不再为越来越多的儿童提供一个在生活中的确定性基础，学校就成了一个被放置在社区、可以纠正儿童的情感和社会能力缺陷的地方。对儿童情绪素养的培养表明对学校的要求已经扩大了。

毫无疑问，学校需要提供一种共鸣来促进所有儿童的情商的发展。例如，在小学里，在正式教育的第一年中，许多关于儿童未来社会性和情绪发展的基础就已经建立起来了。然而，任何一所学校的核心工作都是去丰富学校教师的特有经验。这种经验需要教师去理解儿童目前所产生的负面行为都是源于他们各自独特的家庭，教师应该学会与孩子的父母沟通交流。在很多情况下，不能正确理解这些情况的教师将会表现出对学生在教室和学校里的行为表现的不接受，而这些行为是由孩子自身的选择产生的。此外，我们还需要意识到教师这一角色的另一个重要方面是，教师需要指导和支持儿童在社会性和情绪上的学习，而不仅仅是在学业上教导。关于这些指导，教师可以向儿童提供一些特定的时间段，如每周进行一次特定的适合解决个人在社会性和情绪发展方面的问题的计划。相反，成年人与儿童之间的关系、儿童与同龄人之间的关系是一种持续的动态过程。如果以这种方式培养儿童，那么儿童就可以发展心理弹性、学习应对策略、认识到自己的感受和情绪是什么，以及得到并内化能管理自身感受和情绪的适宜且有效的策略。

练习

思考儿童如何开始发展情商的例子以及父母和兄弟姐妹在这个过程中扮演的角色。在儿童开始接受正式教育之前语言对情商发展的贡献是什么？在上面的比利这一案例中，早期教育从业者以及重要的第一阶段的教师应该如何发展他的弹性并教给他有效的解决机制？

对有效且有目的地促进儿童情商的发展的成年人来说，他们自己的情商也是重要的。然而，并不是每一个家庭都能认识到情商发展的重要性。在这一情况下，对于教育从业者来说，取得更高水平的情商，尤其是获得以自知、果断、自尊心强、自信、对儿童的发展和学习的了解以及确认和管理自己的情绪为特点的能力是很重要的。戈尔曼（1996，p.279）认为"……教师需要能够很舒服地谈论感受"。以下面 B 小姐——一个在教师行业中相对较新的成员为例。

案　例

B 小姐在 3 年前毕业并取得了小学教育学位，在 20 多岁时，她进入这所学校就职。9 月份，她开始了在新的二年级的教学。以前教了这个班级两年的教师告诉她：他们是一个"生动的班级，有一些麻烦制造者，尤其是那个叫鲍勃的学生，你要非常注意他……他的父亲在几年前去世了，从那时起他的行为就恶化了，我认为他是他的妈妈的一切"。B 小姐在新的班级中的前两周是平静的，但是在第三周她发现她自己每天都不得不惩罚鲍勃几次，因为在他应该学习的时候他总是离开座位大喊大叫，并且当她在班上说话时鲍勃经常打断她，尽管她已经好几次告诉他不要那样做，但是鲍勃还是一直那样。在第四周，她请教学助手将鲍勃的位置从教室里搬出去，因为鲍勃非常具有破坏性，他经常大喊大叫并嘲笑其他的孩子。教学助手将他带到图书馆并与他一起坐着，直到鲍勃承诺回教室后会安安静静地学习，他才能获准回去。然而，当鲍勃返回教室坐下来几分钟后，他就又开始大喊大叫。在其他孩子大笑后，鲍勃又一次被教学助手带离了教室。在接下来的几周里，鲍勃的行为恶化了，他班里的教师以及班主任决定让教育心理学家介入并且要求鲍勃的妈妈来学校面谈。

从上面的例子中，我们能很明显地看到鲍勃给 B 小姐带来了很重大的挑战。其中一个就是违背了她希望他不在她的班上的建议。现在让我们来看一下例子中的 B 小姐第一次见教育心理学家的情况。

案　例

教育心理学家："告诉我一些鲍勃的情况。"

B 小姐："在学期的一开始我就已经试了所有的方法。他总是有破坏性并且消遣其他儿童。他拒绝做被要求做的事情并且经常顶嘴。像我说的，我已经对他尝试了所有的方法，但似乎都不起作用。我发现自己大多时候都在说服他安静下来去学习，但是他好像完全忽视了我说的话。有时候我会很有压力，在每周的末尾我都会感到疲惫不堪。您是专家，我希望您能告诉我该怎么做，因为我已经试遍了所有的方法但是似乎对他都不起作用。在其他儿童方面我都没有问题，他们都很好。"

这是教育心理学家与 B 小姐的一次有趣的交流。然而，教育心理学家很快就发现了 B 小姐将她与鲍勃之间的所有问题都归结于鲍勃。她没有对她已经了解到的鲍勃的行为给予足够评判性的思考，因此它们最有可能被他的家庭背景继续强化（见第二章）。更重要的是，他并不能主动地选择他所表现出的行为。此外，B 小姐还表现出了十分不果断的行为，这本身就不能满足她作为一名教师和一个成年人以及鲍勃的需求。事实上，鲍勃从 B 小姐那里学习到他可能可以操纵她，通过这样做来维持一种控制她以及教室环境、通过分散其他儿童的注意力来使他们大笑的感觉。所有的迹象都不能让鲍勃真正意识并理解到他自己的行为和情绪对于课堂来说是不恰当的。B 小姐需要表达出一个清楚且始终如一的界限，并花时间与鲍勃一起帮助他意识到他需要调整自己的行为并理解他人，包括理解教师的感受。

B 小姐与教育心理学家谈话的更重要的一方面是，她告诉教育心理学家的信息中很少有关于鲍勃的。事实上，这些信息是模糊不清的，不够具体的，并且也是缺乏客观性的。在这些信息中，大多是 B 小姐自身的主观感受。它们确实说明了鲍勃在她身上所造成的情绪影响。但是，它们都是没有任何建设性的帮助的。它们还表明了她对鲍勃行为的回应方式基本上处于情绪反应和非自信的水平。正因为如此，对于鲍勃来说，在这种关系模式中发展他的情商希望很小。

一个非常有用的发展情商的方法可以在创造性活动如角色扮演中找到。例如，科尔弗和霍奇金（2011，p. 73）特别提到了戏剧能够在发展情商方面扮演的重要角色。例如，他们特别提到了角色定位戏剧（Positional Drama），它的概念如下：

当我们与孩子一起演出角色定位戏剧时，我们的宗旨是让他们穿上另外的鞋子——比喻另一种生活，另一种人，另一种社会环境，另一段历史时期。

科尔弗和霍奇金把角色定位戏剧看作给儿童提供另一种学习经历的机会。儿童可以通过其他人在生活中的社会性和情绪表现、观察扮演出来的行为和反思与教师的讨论，来创造角色和事件。科尔弗和霍奇金将此作为"通过情感联系和想象力来促进参与学习的整个模式"（2011，p.73）。角色定位戏剧可能是帮助鲍勃理解他应该如何在教室里表现的最有用的方式。

练 习

教师以及早教从业者应该如何发展儿童以及青年人的弹性并帮助他们发展有效的应对策略来管理他们生活中的问题？

四、培养正确的情绪反应：不一样也没关系

感觉到不一样可能是儿童以及青年人面临的最大挑战之一。父母、教师和早教从业者多久发现一次他们要去安慰那些因为感觉到不一样而被周围人不断打扰的孩子？这些情况并不只限于年幼的儿童，我们也可以在儿童的小学和中学的整个正式教育阶段中观察到。这些情况也不仅仅被限制在正式的教育环境中，我们在更广泛的社会群体层面也能够看到。对于一个年幼的儿童或青少年来说，那些被嘲笑以及其他更极端的情况带来的当被边缘化和孤立时产生的情绪感受不仅很难去理解而且很难去解决。但是，有时候可能正是那些伤人的感受能够帮助儿童成长为独立的个体。然而，让人悲伤的是，情况不总是这样。对于许多儿童来说，面对复杂的情绪是极度痛苦的，并且对于一些儿童来说，这种处境就像是一座遥远的桥。在评论情商的复杂性时，塞洛维和迈耶（1990，p.201）给出了以下重要的观点：

有情商的人……在成长的道路上关注情绪。情商包括自我调节，我们需要承认在追求更大的目标时，暂时的情绪和情感伤害是有帮助的。

对于拥有高情商的人来说，痛苦和有害的感受可以被感知为拥有一种重要的角色。因为通过经历悲伤和痛苦的感受，我们能够理解幸福和

163

满足，并成长为独立的个体。对于一些儿童来说，经历这种负面的感受可能在短期内是痛苦的，但是通过被帮助去理解这些感受，他们能够在很长时间里从中受益。因此，负面的经历是有目的的。在某种意义上，个体需要学会在一个更大的框架中，以他们的整个生命旅途为参照来看待负面经历。塞洛维和迈耶再次评论道：

> 因此，有情商的个体能准确地感知他们的情绪，用综合的、复杂的方法来调节它们并使之作为他们走向重要目标的途径。（1990，p. 201）

在极端情况下，不能够处理痛苦情绪会导致一些青年人堕落如通过滥用药物、滥交、饮食失调和抑郁来表达他们自己。因此，父母和教师理解儿童以及青年人面临的困难很重要。在这种情况下，后者（教师）有识别这些问题的知识和技巧，这能为儿童提供合适的帮助。

近几十年来，学校十分关注多样性和差异性对学生的潜在影响。这可能关系到不同程度的成功。社会性及情绪方面的学习（SEAL）等多种举措的实施，旨在构建儿童的基本知识、能力和技能。例如，通过关注自我认识、动机和管理情绪来支持积极的行为和有效的学习。然而，这些举措中的难点在于许多教师将这种项目看作课程的一部分，并且在一周中分配特定的时间来做，而不是将支持这些举措的原理纳入他们在儿童教学的所有方面。

与有行为障碍的儿童接触的教师和早教从业者需要明白，这类儿童不是自己选择的不遵守行为规则。科尔弗和霍奇金（2011，p. 25）将它解释为：

> 他们只是简单地习惯以自己的方式来解读社会性和情绪信号。被父母严重忽视的儿童经常会表现出不合适的行为……这可能会被错误地理解成对抗性的行为，但是儿童不能够理解那些提醒他让步和撤退的信号。这种不适当的行为源自一个背景，那就是儿童并没有被教过社会行为的基础准则即正确理解社会性和情绪信号。他们发现理解其他人的情绪是极其困难的。

教师和学校可以通过清楚的界限、一贯性和稳定性、常规以及对合适的关系和社会行为的操纵来为此类儿童提供一种强烈的安全感。通过这样做,他们能够为儿童提供发展人格的许多重要方面的途径。这能够很好地帮助他们成长为成年人甚至父母。在谈到这些因素在儿童早期的教育和学习中的重要性时,米勒和庞德(2011,p.92)借鉴了斯坦纳的哲学思想(见第一章)并评论如下:

> 斯坦纳观察到,幼儿通过节律和重复的安全得到培育,他们的内在技能和能力可以在其中蓬勃发展……教师和从业人员应该考虑到通过重复的常规来培养有用的(正确洗手)、尊敬的(在吃饭时创造一种平静的气氛)以及令人舒适的(就是我们平常所做的)习惯。

几十年前,因社会学习理论(Bandura,1997a)而广为人知的心理学家艾伯特·班杜拉(Albert Bandura)提出,儿童不仅观察周围人的肢体行为还观察言语行为,如人们对他的期望(Linden,2005)。他进一步提出当儿童向他人叙述和描述事情时,或者当他们使用口头语言和手势来表达他们自己的想法、观点等的时候,他们会观察周围的成年人。班杜拉还提出了一种象征性的模仿。在这种形式中,儿童能被观察到他们自己其实在进行模仿,能够识别他们在童话故事、卡通片、儿童节目、电影以及越来越多的电脑游戏中所认识的虚构人物。

班杜拉提到的另一个非常重要的相关因素是自我效能感。他将其视为儿童有能力做好事情的信念,以及通过控制他们自己的行为来取得成功的能力。班杜拉认为自我效能感是与儿童如何思考和行动以及他们的情绪状态直接联系在一起的。例如,自我效能感较低的儿童对有挑战性的任务经常表现出回避的倾向。这类儿童倾向于把想法集中在消极的因素上,从而建构他们的思考。他们使自己相信他们不能够取得成功。通常有较低自我效能感的儿童在社会情境中的自信心也较弱。

与儿童取得成功的能力直接相关的就是儿童对自己和他人的感觉,他们以这种形式来理解周围的世界。在确定自己的学习目标的任务中,自我效能感较低的儿童通常不如那些自我效能感高的儿童。例如,自我效能感低的儿童可能表现出对尝试和完成任务缺乏兴趣,并且较少参与同伴间的合作。在一些情况下,当被问到以问题解决为基础的学习任务时,他们甚至表现出焦虑。科尔弗和霍奇金(2011,p.36)强调了儿童的学习可能会出现以下情况：

  ……低自我效能感会限制他们认为可能的事情，他们会认为任务超出了他们的能力。缺乏自信影响了他们的动机以及他们在学习中的努力。"我做不到这个，它很乏味"意味着"我认为我不能成功地做到这件事，因此我不想冒险——无论它是否乏味"。

  班杜拉认为发展自我效能感的核心因素是通过经历发展起来的"掌控感"，如通过观察别人的成功、得到同龄人的肯定性评价并理解一个人的感受和情绪。因此，发展自我效能感是儿童早期学习经历中的重要组成部分，这对小学和早期教育的从业者的启发意义是很明显的。

📖 练 习

  识别你观察到的儿童表现出很强的自我效能感的一个情景。思考这是如何在儿童中发展的，以及哪些因素能够促进这个过程。思考模仿成年人的积极行为会有怎样的影响。

◉ 总 结

  本章探索了情商的本质和能够促进儿童和青年人情绪学习的特征。我们讨论了情商发展的核心层面并强调了一些介入项目。本章不仅强调了儿童学会对自己的不同感到自信的重要性，还强调了做出"正确的"情绪反应的重要性。

  很显然21世纪的儿童的需求在许多方面都不同于10年甚至20年前的儿童。学校应该扮演一个越来越重要的角色来支持儿童的社会性和情绪发展。因为儿童发现他们必须在整个青少年阶段至成年早期都待在学校，所以学校这一角色对他们而言可能越来越重要。在这个过程中他们的需求的本质会发生变化，在他们的社会性和情绪发展上建立起来的基础会继续产生更大的重要作用。

  令人备受鼓舞的事实是，英国许多新的教育举措已经将情商作为核心。今后将继续发展的程度是可以公开质问的，因为人们会越来越重视这一结果。接下来的章节关注了这一主题并强调了有很多额外需求的儿童学习的复杂性。

推荐阅读

Barnard, P. , Morland, I. and Nagy, J. (1999) *Children, Bereavement and Trauma：Nurturing Resilience*. London：Jessica Kingsley.

Colverd, S. and Hodgkin, B. (2011) *Developing Emotional Intelligence in the Primary School*. London：Routledge.

Linden, J. (2005) *Understanding Child Development：Linking Theory to Practice*. London：Hodder Education.

Miller, L. and Pound, L. (2011) *Theories and Approaches to Learning in the Early Years*. London：Sage.

参考文献

Association of Teachers and Lecturers (ATL) (2005) *An Intelligent Look at Emotional Intelligence*. London：Association of Teachers and Lecturers.

Bandura, A. (1977a) *Social Learning Theory*. Englewood Cliffs, NJ：Prentice Hall.

Bandura, A. (1977b) *Self-efficacy：The Exercise of Control*. New York：Freeman.

Barnard, P. , Morland, I. and Nagy, J. (1999) *Children, Bereavement and Trauma：Nurturing Resilience*. London：Jessica Kingsley.

Colverd, S. and Hodgkin, B. (2011) *Developing Emotional Intelligence in the Primary School*. London：Routledge.

Garmezy, N. (1985) Stress resilient children：the search for protective factors. In J. Stevenson (ed.) *Recent Research in Developmental Psychopathogy*. Oxford：Pergammon Press.

Goleman, D. (1996) *Emotional Intelligence：Why It Can Matter More than IQ*. London：Bloomsbury.

Grotberg, E. (1995) *A Guide to Promoting Resilience in Children*. The Hague：Bernard van Leer Foundation, Netherlands.

James，O. (2012) *Love Bombing*. London：Karnac Books.

Linden，J. （2005） *Understanding Child Development：Linking Theory to Practice*. London：Hodder Education.

Miller，L. and Pound，L. （2011） *Theories and Approaches to Learning in the Early Years*. London：Sage.

Palmer，S. （2006） *Toxic Childhood*. London：Orion Books.

Salovey，P. and Mayer，J. D. （1990） Emotional Intelligence. Available at：http：//www. unh. edu/emotional _ intelligence/EIAssets/EmotionalIntelligenceProper/EI1990％20Emotional％20Intelligence. pdf(accessed 20 March 2013).

第八章　额外的需求支持和学习

本章主旨：

• 思考在英国太多儿童被评估为有特殊教育需求的事实；

• 探索如今有额外需求的儿童受教育的环境；

• 思考有阅读障碍、运动障碍、计算障碍、注意力缺陷多动障碍和阿斯伯格综合征的儿童所经历的困难和挑战，明确促成积极和重大进步的因素；

• 讨论工作记忆以及加工速度领域的问题对儿童学习的意义；

• 探索品行障碍的概念及其如何影响学习。

导　言

2012 年 7 月 13 日，在英国的全国性报纸《每日邮报》上，教育通讯记者劳拉·克拉克(Laura Clark)写道：

儿童在很小的时候就被他们的托儿所贴上了有特殊教育需求的标签……到 5 岁时，超过 1/6 的儿童——173525 个儿童——被诊断为有特殊需求……大多数儿童在上学的第一年就被诊断……昨天教育部发布的数字表明，在教育系统中有 19.8％的儿童——超过 160 万个儿童——被贴上了这一标签。

在这样一个受欢迎的报纸上报道这样的数字并配有一张清晰的图片是很令人担忧的。然而也许更令人担忧的是下面克拉克再次说明的：

教育标准办公室透露，两年前学校错误地给 450000 个儿童贴上了有特殊需求的标签……政府的前顾问在演讲和言语中警告这通常"被用来作为失败的解释"。

几个月之前，记者彼得·斯坦福（Peter Stanford）在英国的另一家国家性报纸《每日电讯报》上写道：

许多专家害怕用来帮助有学习障碍的儿童的专项基金会被重新收回，现在新的社会剥夺浪潮会将教室洗劫一空。那些来自困难家庭的儿童，如果在学校里表现出行为问题，通常会被注册到 SEN，与那些疑似有阅读障碍和运动障碍等特殊学习障碍的人在一起学习。

一、对学习者和学习的看法

我们如何感知学习者以及学习这一行为是重要的。然而，完全参与这一过程需要我们把视野放得更广一些，我们不仅要考察儿童还要考察他们的环境。这样的一个观点不仅在数不清的研究中得到了支持，还在许多重要的理论家像最有名的在第二章里讨论过的维果茨基和布鲁纳的著作中得到了支持。学习不是发生在真空中的。它不是一个分离的过程，而是一个动态的过程。在动态系统中的主要因素有对学生的教育方法、教师的技能和知识基础、决策的制定者对于教育和学校教育的看法、饮食和媒体等。儿童尤其是有额外需求的儿童工作的从业者需要花时间拓宽自己的视野，并思考儿童学习所处的环境和他们自己管理环境的方式。这将会使他们比那些没有思考过的从业者有更多的关于儿童学习的见解。

二、获得读写能力

美国认为读写能力是我们人类最基本的权利之一（MacBlain et al.，2005，p.54）。有阅读和写作障碍的儿童将处于不利地位，这种读写障碍将阻碍他们潜力的发挥和生活机遇的实现。这个问题带给早期教育从业者和小学教师的主要挑战是，他们要早些确认并评估孩子在识字方面的障碍，并对他们进行合适的介入和干预。

🛜 案　例

数年前，当我（作者）正培训教师以使他们获得能确认他们对有阅读障碍的儿童教学的研究生资格证书时，我被一个案例震惊到了，这种震惊到现在仍未消失。作为此课程的一部分，由皇家艺术学会和英国诵读困难协会验证的教师都必须给一名小学年龄的儿童、一名中学年龄的儿童以及一名成年人讲课，这些学生都有明显的阅读障碍。其中一位教师开始带着目的和意图对一个 60 多岁的老太太进行教学——她从来没有学过读或写。这位老太太很有智慧并且有一种可爱的幽默感。当教师开始教她的时候，这个老太太的脑海中有一个明确的目标——打开银行账户，拿到一张支票单，然后去当地的玩具店用她的支票单给她 5 岁的小孙子买一个又大又红的拖拉机。

教师先从怎样写老太太的名字中的主要字母开始教学，然后教她写名字。随着几周的进步，老太太学会了如何写她的地址、写数字到 100 以及玩具店的名字等。然后教师把她带到了她开户的银行，一周以后她收到了支票单以及很多分别写有"28 英镑 50 便士"的单子来练习她的签名，她与教师动身去了那个收藏有红色的大拖拉机的玩具店结账。教师站在奶奶的身后，奶奶拿出她的支票单问服务员这个拖拉机多少钱，然后在支票单上写下了正确的总额。

上面的例子很清楚地说明，不能识字会如何影响人们的生活。对于教师和后来与之分享学生群体来说，这是一个令人难以置信的教训，并且说明了个体在早期获得读写能力的重要性。

儿童在学校里做的所有的事情的核心都在于获得读写能力。对于那些抗拒获得这一能力的孩子来说，后果和影响可能是毁灭性的。在英国最近发生了很多关于在小学和中学里教语音的事情。这在很大程度上是因为大量的青年人在完成了长达 12 年的正规教育之后离开学校时，几乎没有读写能力。政府一直都很为此担心。例如，太多的儿童在中学时对努力读写很抗拒，并以从学校和社会中撤离而参与犯罪为结局。

有时候，我们很难理解为什么儿童上了那么多年学却在离开的时候有如此低的读写水平。有的人甚至不能够阅读基本的文章。这表明我们还有很多事情要做，去强调儿童学习中最重要的方面。心理学家们考察介入模型、关注有一系列特定学习障碍的儿童的学习以及工作记忆和加工的重要性，这一系列的工作都是想要读者对导致较差的读写能力的许多重要因素进行更深刻和更具批判性的理解。

三、评估和介入模式

正如在本章开头的导言中所暗示的那样，对在学习中遇到困难的儿童的评估和鉴定对于教师及教育工作者来说是一个巨大的挑战。尤其是，鉴定、评估以及接下来的介入需要在孩子们第一次如何参与学习、他们后来是如何被教导的、他们的学习经历的本质这一系列更大的背景下进行观察。所以，负责评估、设计后续干预和管理儿童的整体学习的人员的知识和技能基础变得十分重要。

教育标准办公室在 2009 年对英国的特殊教育需求和残疾人进行了大量详细的审查(Ofsted，2010)。在审查期间，他们访问了大量提供教育的地方，包括早期私立的、自发的、独立的和津贴补助的部门，包括独立的和非津贴补助的特殊学校的、寄宿学校、继续教育学院和独立专科学院。在他们的审查之后，教育标准办公室发现"特殊教育需求"这个短语被使用得太广泛了。他们审查的将近 50% 的学校和早教机构都把"低成就"以及"相对进展缓慢"作为主要的指标来决定一个儿童是否有特殊教育需求。检查人员报告说，他们发现学校把一些儿童鉴定为有特殊教育需求，而实际上他们与其他的大多数儿童没有显著差异。这个报告表明，尽管有些儿童是学习成绩不良的，但是这其中一部分原因在于学校对于"不够好"的规定以及对这些儿童的期望"太低"。这样的结果就像报告的那样，一些儿童被错误地鉴定为有特殊教育需求，并且某些学校是为了得到进一步的资助以"弥补日常教学和牧师的支持"才去把孩子认定为有特殊教育需求的。这个报告也强调了这个事实：

那些特殊儿童和青年人需要来自卫生部门和其他服务机构的繁杂并且具有专业性的支持，以使自己茁壮成长。由此，"教育需求"一词不总能准确地反映出他们的情况。这些思考都表明了我们不仅需要从当前的需求分类体系出发，还需要开始去评判性地思考这个词语使用的方式。(Ofsted，2010，p. 9)

除了识别有特殊教育需求以及残疾的儿童和青年人的学习障碍外，

报告还明确了以下巩固儿童和青年人成功学习的主要因素：

- 他们从教师那里寻求主要的学习并向支持人员寻求支持；
- 评估是安全的、连续的并会起作用的；
- 教师为学生计划合作的机会，可以使他们自己解决问题并将所学运用到不同的环境中；
- 教师的学科知识很好，他们理解学生的需求，知道如何去帮助他们；
- 课程结构不仅是清晰的、熟悉的，还是具有一定的适应性和灵活性的；
- 一个课程的所有方面都经过了深思熟虑，为确保班上的每个人都有途径，任何需要做的调整都不必大惊小怪；
- 教师以不同的方式来表达信息以确保所有的儿童和青年人都能理解他说的话；
- 教师通过调整讲课的速度来适应儿童和青年人的学习情况；
- 教学人员能够清楚地了解确保儿童和青年人正在学习与使他们全神贯注地学习的差异；
- 对个人的尊重反映在对他们成就的高期望；
- 理解孩子所属的支持的具体类型的有效性，并在适当的时候提供适当的支持。（Ofsted，2010，p.47）

四、特定的学习障碍

(一)阅读障碍

案　例

阿瑟 11 岁零 6 个月，他的拼写能力很差。他的阅读能力也很差。他从来都不能够按照学习计划完成他的功课。数学对于阿瑟来说有些神秘。他最近才学习到如果在基本的数学运算中进行操作，那么数学可能就会变得轻而易举。他的书写很难看，而他已经形成了回避阅读的习惯。在过去的几年中，阿瑟的教师表扬了他在艺术方面的创造性和能力。阿瑟因为转到了他当地的中学而感到很兴奋却又很恐惧。他最大的恐惧是被要求大声朗读。阿瑟的父母已经跟教师说过了多次，并表达了他们的关切，但却被告知尽管阿瑟已经在一些方面很努力了但还是没有获得什么进展。在与另外一个小孩的父母交谈之后，阿瑟的父母请求一名教育心理学家对阿瑟进行一次独立性评估。在这项评估后，教育心理学家向阿瑟的父母说出了她的发现并给出了她的报告，摘录如下：

智力功能的当前水平

为了得到关于阿瑟认知功能的额外信息，我使用了韦克斯勒儿童智力量表（表 8.1）。在这种情况下，阿瑟的得分如下。

表 8.1 案例研究——阿瑟（智力功能）

指标	百分位数
工作记忆	0.1
加工速度	5
言语理解	47
知觉推理	39

2/3 的儿童被认为处于平均能力水平并且这个范围为第 16 至第 84 百分位数，第 16 百分位数在平均范围的最低端而第 84 百分位数在最高端。第 85 百分位数越往上表示能力越来越高而第 95 百分位数表示能力最高的 1%。在范围的另一端，第 1 百分位数表示能力最低的 1%。

数据结果讨论

上面的结果告诉我阿瑟有严重的具体学习障碍，这在有阅读障碍的儿童中很典型。特别要说的是，阿瑟在工作记忆和知觉推理指标上的百分位数低于平均水平。

读写能力

教育心理学家评估了阿瑟的阅读准确性（单词识别）、阅读理解和拼写。阿瑟得到了下面的阅读和拼写的结果。

表 8.2 案例研究——（阿瑟读写能力分数）

测试	百分位数
基本阅读	25
阅读理解	50
拼写	04

从表 8.2 中我们可以很清楚地看到阿瑟显然有读写障碍。阿瑟尤其在单个单词的识别、解码以及拼写上有很大的困难。我认为阿瑟在整个"拼写"过程中十分迷茫。这种迷茫与低效策略的使用一起被较差的工作记忆巩固，在我看来，阿瑟对于"拼写"的整个看法极具挑战性并且在某种程度上是个谜。因为这些原因，我建议阿瑟需要获得更高效的策略来处理拼写以及单词识别和解码问题。

总结与建议

总的来说，阿瑟在工作记忆和加工速度（表 8.1）上的障碍是明显的，并且可能会掩盖潜在的能力。那些负责他的教学的教育从业者认识到了阿瑟真实的能力和潜力是非常重要的。这在开始中学教育时尤其重要。提高阿瑟在单词识别、拼写和数学操作这些领域的能力的核心是他需要开发一个新的有效的策略来解决这些问题。考虑到阿瑟在工作记忆方面的弱点我建议着重发展并使用运动知觉记忆，我们需要每天都给阿瑟参与并使用运动知觉记忆的机会。特别的是我提出的下面的建议。

• 阿瑟将会从精准的教学和学习中获益，它为阿瑟提供了认真仔细地思考的机会，这种学习的每一步都很小，这就避免了任何失败的感觉的产生，可以给阿瑟带来许多集中且合适的强化；

• 教学和学习要尽可能地具有创造性并且应该避免对于新材料的过度学习；

• 阿瑟需要开发合适的策略来促进他的工作记忆和信息加工速度；

• 阿瑟在管理时间和发展他的组织技能上需要帮助；

• 阿瑟需要更好地了解如何处理新的学习情况以及如何组织他面临的与要求类型相关的日程表；

• 拼写和单词识别计划应该被有积累和有顺序地高度建构，并且应该被纳入多重感觉学习；

• 阿瑟应该更好地理解教师使用的语言，并通过学习什么是前缀和后缀以及单词是怎样组成的来补救读写能力；

• 他需要更好地理解基本的拼写准则；

• 阿瑟对与声音或符号相应的知识的增加是极其重要的，这能够发展他对于音节化的认识和理解；

• 阿瑟在书写时仍然使用印刷体，我们应该鼓励他去运用草书，这样做可以把他的多重感觉通道联系起来并发展他的运动知觉记忆；

· 信息交流技术应该成为帮助阿瑟在读写能力等许多方面的核心，他能够发展他的键盘技能，这对他进入中学是十分重要的；

· 阿瑟也能够从有机会在他的同伴面前说明他的能力中获益。这能够帮助他内化一种更积极的关于他自己以及他的能力和潜力的看法。

这个例子提供的关于有阅读障碍的儿童的困难的很多描述代表了很多人。尽管不是全部，它说明了具有阅读障碍的儿童的学习是非常复杂的。尤其值得注意的是，这些潜在的问题甚至可能会被最善良的教师掩盖。

读写障碍也许是在教育领域中最有争议的一种情况。而且，这也是一个为人们带来很多困惑和被很多争议包围着的概念。例如，埃弗拉德（Everatt）和里德（Reid）（2009）评论如下：

最受争议的是，关于读写障碍现在仍然没有一个被普遍接受的定论。对于人们到底如何清楚地解释什么构成了读写障碍这个问题，尽管出现了一些新的测验来鉴定读写障碍，但这些鉴定仍是一个有争议的难解之谜……事实上，关于将读写障碍作为一个可辨别的综合征的价值争论仍在继续……

几十年来，阅读障碍领域的职业实践者对定义的问题感到疑惑，对于到底情况是什么、它是否存在、如何被识别以及学校和其他职业人员应该如何对它回应都不够清晰。克鲁克香克（Cruickshank）（1968）提出的一个相关的论点被引用在了庞弗里（Pumfrey）和里森（Reason）（1991，p.15）的著作中，这说明了当时人们的困惑，可以说，它对于现在的这些论点仍有一些实用性：

如果一个在费城被诊断为阅读障碍的儿童搬到往北十几公里的雄鹿县，他就会被称为一个有语言障碍的儿童。在往南几公里远的蒙哥马利县，他会被称为有特殊或特别的语言问题的儿童。在密歇根，他会被称为有知觉障碍的儿童。在加利福尼亚，他会被称为有教育障碍或者神经系统障碍的儿童。在佛罗里达和纽约，他会被称为大脑受损的儿童。在科罗拉多，他会被分类为轻微脑功能失调……

重要的问题之一是阅读障碍如何影响学习。克龙比（Crombie）和里德（2009，p. 71）认为：

> 早期鉴定的责任不应该仅仅在于教师或者学校，它应该是一个在家庭和学校环境中父母和专业人员聚集起来合作的计划……如果早期鉴定是有效的，那么对学前儿童和小学低年级儿童的关注就是重要的。

这是一个重要的观点，它提出了合作的重要性，利用清楚的、综合的且一致的鉴定和介入策略来支持那些在早期教育中正经历读写问题的儿童具有重要意义。如果没有这些的话，儿童的特定困难将会被继续淹没且得不到合适的支持。令人担忧的是，克龙比和里德（2009，p. 71-72）再次强调：

> 通常，在当地权威的教育环境中，在问题被认识到之前以及在名词"读写障碍"可以被使用之前，一个儿童不得不学会读和写。这意味着在提供有效的规定上存在延迟。

这样一个论断令人忧虑，它显示的不仅仅是儿童不能得到他们需要的支持而产生的对潜能的浪费，还有那些正在努力去掌握阅读、拼写以及写作的儿童的父母所经历的焦虑和担心。从上面阿瑟的例子中我们可以看到尽管他的父母坚持着他们对阿瑟阅读的关心，但是他们不能得到地方当局的教育心理学家的评估，而是需要自费请私人进行评估，到那个时候阿瑟已经错失了好几年。由于不能阅读和拼写的儿童通常有更低的自尊、自信和自我效能感，所以其他相应的问题就频繁出现了（MacBlain et al.，2005；Long et al.，2007）。

谈到"计划"满足有阅读障碍的儿童的需求这一问题时，里德和卡姆（Came）（2009，pp. 198-199）强调了教师对有阅读障碍的儿童展示出来的优点和缺点的具体了解的重要性。他们还强调了对这些儿童所表现出来的困难和挑战的看法的重要性，责任并不是某一个从事特殊儿童教育的教师的而是整个学校的。他们也要求对每一个儿童进行"……精准而全面的评估"。这种评估需要成为所有支持儿童的计划和方案中必不可少的一部分。特别是，他们除了要求儿童在阅读方面的准确性和流畅性之外，还要求对儿童的听力理解进行精确的评估。"事实上通常确认阅读障碍的重要因素是听力或者阅读理解与阅读的准确性两者之间的差异"（Reid，2009，p.199）。他们还强调了文化因素，如在培养双语儿童时，我们需要考虑到现在学校里有很多第一语言不是英语的儿童，这需要被视为学校计划中的一个重要因素（MacBlain et al.，2006）。

也许德赖斯代尔（Drysdale）（2009，p.237）冲击了理解和管理有阅读障碍的儿童的学习的重要因素之一。当她提到多感官教学时：

为了成为一个有技巧的阅读者，年轻的学习者必须以闪电般的速度创造一个完全新的与视觉、听觉和运动系统相关的神经回路。其中任何一个系统的技能发展以及学习者快速建立神经联结的能力都会影响学习阅读的成功。

（二）运动障碍

案 例

安妮8岁了，她在当地一所小学上学，被教师描述为一个"总是努力跟上其他儿童，却不受控制，从不按时完成写作任务"的"可爱的小女孩"。安妮的教师已经表达了对她的书写以及"非常差的组织能力"的关切。在体育课上，安妮在遵守游戏和活动的规则方面存在困难。自从安妮开始上学后，她就被她的教师们认为是笨拙的、过度敏感的以及很容易哭的儿童。当她进行造句活动时她非常沮丧。另外，她的父母说她没有平衡性，无法骑两轮自行车。系鞋带对她来说也很成问题。拼写和阅读，尤其是前者，对于安妮来说是一个巨大的挑战。

安妮患有被称为运动障碍的病症，这种障碍不能被很多儿童教育相关的从业者很好地理解。她是典型的在运动方面有困难的孩子，她的情况足以说明与这种情况的儿童工作的教师所面临的挑战。安妮的问题在于她的教师感知她的行为的方式，她的教师在很大程度上将她的行为描述为有问题，这些教师较少关心环境因素对安妮的影响。一些教师认为那些还没有被确认为有运动障碍的儿童的行为感知仅仅是注意力不集中、缺乏动机、容易走神儿、不关心他们的书写、不在意整洁。教师们也会表达出他们对于那些儿童的沮丧情绪。那些儿童总是不能够在规定的时间内完成写作任务、非常不服从组织并且短时记忆很差。但是什么是运动障碍以及它有多普遍呢？

布恩(Boon)(2010，p.7)说明了我们对于什么是运动障碍的理解：

如果你问不同专业的人士什么是运动障碍，那么你会得到依据他们的专业知识的不同的回答……运动障碍基金会……将运动障碍定义为"运动组织的损伤或者不成熟。与此相关的可能是语言问题、感知和思维问题"。它在根本上是大脑加工信息的不成熟，这导致了信息不能够正确地或者完全地传送到我们的身体。

运动障碍基金会认为运动障碍影响了总人口的10%，其中2%的人的生活被运动障碍严重影响。这个基金会还认为，一般来讲，男性比女性更受影响。在现实生活中，在一个有30个儿童的班级中可能会有一个儿童有运动障碍。为了得到一些对于这种复杂状况(以及与发展性协调障碍相关的情况)的理解以及它对儿童的影响，我们需要更紧密地思考"动作"尤其是动作与大脑之间的关系。毫无疑问，动作是所有儿童学习的基础，年幼的儿童更是如此，动作能够在每一个儿童所参与的活动中被观察到。

大脑包括数百万的神经细胞，它们能够促进我们的学习。像麦金太尔(Macintyre)和麦克维蒂(McVitty)(2004，pp.5-6)提出的那样：

……大脑的不同细胞共同运作来接收、分析并对外在(像环境)和内在的感觉(像痛苦、饥饿和不同的情绪)做出反应。当不同的体验发生时，这些神经元会加入作为系统共同运作的网络去促进像视觉或听觉、动作或注意等特定功能的发展……

每一个神经元都有一个轴突，这是一个通向分支树突的长轴。这些轴突通过突触与其他树突相连，形成一个间隙。人脑当中大约有10万个其他的神经元。化学物质如多巴胺作为一种神经递质，将信息从一个细胞传递至另一个细胞。大量的细胞和联结意味着无数的联结可以被创造也可以被破坏……

髓鞘是在轴突周围的一层薄的脂肪膜，起着绝缘体的作用，使信号能够顺畅快速地传递至指定的地点。大脑逐渐成熟的过程会一直持续进行到 30 岁，但是"主要的成熟会持续到三四岁"。（Winkley，2003）

随着儿童的成长和发展，他们的大脑在基本的学习中得到了发育。我们身体的每一个部分都与大脑联结着，身体中的一些部分会比另一些部分拥有更多的神经元。因此，我们身体的某些部位比其他部位更敏感，对像触摸、疼痛等刺激的感受更敏锐。有运动障碍的儿童在这个以不成熟为特点的过程中是不同的。

有运动障碍的儿童通常在穿衣服、吃饭、爬楼梯、保持平衡和做游戏等日常活动中面临挑战。事实上，动作几乎被包含在儿童参与的每一项活动中，如跑、跳、书写、画画和讲话。对于那些有运动障碍的儿童来说这些活动是有很大困难的。儿童的口腔或者喉咙的肌肉影响了他们的讲话和语言加工，如他们会在表达单词、短语和想法以及渲染演讲方面有困难。在某些情况下，他们的话语常常不能被他人理解（Macintyre，2002）。

动作在自尊的发展过程中具有重要影响，许多教师应该对那些在这方面有重大困难的儿童并不陌生。儿童较差的自尊可能是由另外一些问题导致的，如他们的同伴不愿意与他们做游戏、骑自行车有困难、在学校里展示较差的书写任务、组织问题以及学会认钟表等问题。

有运动障碍的儿童的一个特别受影响的方式是对他们的想法和行动的计划。例如，有运动障碍的儿童在为写故事而计划他们的想法时是有问题的。然而很有趣的是，许多来进行评估的儿童都在 9 岁左右。他们的教师期望他们能写一篇更长的故事而不是将句子和图片连线。在进行计划时这些儿童也非常容易分散注意力。例如，当遇到有其他人在身边以及他们周围有噪声或视觉刺激时，他们就不能在有限的时间里完成他们的写作任务。他们甚至很难保持同一姿势久坐，经常乱晃或者在他们的座位上乱动。对于那些有运动障碍的儿童来说，体育课和游戏课十分具有挑战性。他们在动作协调上的不成熟意味着他们在跑和跳的时候不如其他儿童，并且表现出了较差的技能，如踢足球、打篮球或者圆形的物体时的控球能力。对于有运动障碍的儿童来说，扔和接也特别困难。

从事与有运动障碍的儿童相关的工作的教师应该考虑一些重要的因素来满足这些儿童的需求。例如，教师应该至少有对环境的良好的理解，特别是对孩子的社会性和情绪发展的影响。最后值得说的是那些在运动、坚持合作、短时记忆尤其是语言方面有明显问题的儿童的教师应优先考虑将父母牵涉进来对儿童进行多重感官的评估。

(三)注意力缺陷多动障碍

📶 案　例

杰克 11 岁了。在个人方面，他是一个有同情心的、体贴又敏感的孩子，但是他的教师们都将他描述为"不能够坐着不动，总是跑出座位，不断打扰别人并且有时候非常粗鲁，他似乎不知道界限在哪里"，而且"对于其他儿童来说是一个很大的干扰"。他们都说"他从不待在他应该在的地方"，并且早上到学校时，"他每次都迟到还带错课本或者带错家庭作业"。在自由时间里，如在休息时间里，他的教师们将他描述为"有时他是危险的，他总是冒其他孩子不会冒的险，并且他不能以一种积极的方式与其他孩子在一起玩"。

杰克最近被鉴定为有注意力缺陷多动障碍。他的教师们所提供的对他行为的描述对于那些从事与有注意力缺陷多动障碍的儿童相关的工作的教师和早教从业者来说肯定并不陌生。注意力缺陷多动障碍是非常复杂的。例如，麦金太尔和麦克维蒂(2004，p.130)认为有两种明显的类型，"第一种有冲动和极度活跃的重要因素，第二种(通常作为注意力缺陷多动障碍为人所知)特别心不在焉"。通常第一种类型的孩子最使教师和早期教育从业者烦恼。

注意力缺陷多动障碍是一种神经性病症，主要特征是一些可被观察的行为，如极度活跃、冲动、在集中注意力上有明显的问题、在管理自己的行为和感受上存在一定的困难。这种情况不局限于儿童，许多成年人也有这种情况。有注意力缺陷多动障碍的儿童的发展通常是迟滞的。这种障碍影响了 5% 的人口，男孩比女孩更受影响。现在人们认为注意力缺陷多动障碍与其他病症并存，也就是说有注意力缺陷多动障碍的儿童尽管不总是但也会被发现有其他疾病的特征，如有阅读障碍。有注意力缺陷多动障碍的儿童通常会表现出对行为和后果之间的联系缺乏理解，并且应用他人所提供的帮助来改变行为的能力很差。随着这些儿童在学校的发展，如果他们不能被很好地支持，那么他们可能会发展出其他病症，如焦虑和更严重的抑郁等。

与有注意力缺陷多动障碍的儿童相关的工作的从业者可以开放地看待"整个儿童"，并且花时间去了解、进行有目的的评估和介入，而不是仅仅基于他们表现出的行为进行轻率的判断。从业者几乎完全集中在儿童的消极行为上是太有可能的了，就像杰克的情况一样。从业者应该尽可能地致力于关注儿童的积极方面，努力明确儿童的需求，而不是试着对这种病症做出诊断并将时间完全花费在他们表现出的行为上。

20 世纪 60 年代以来，某些兴奋剂药物已经被规定为儿童可用药，如利他林。据估计（Kring et al.，2013，p.405）在 2006 年美国大约有 250 万个儿童服用了兴奋剂药物。克林等人（Kring et al.）（2013，p.406）还认为在对注意力缺陷多动障碍的治疗中，发现不需要药物的其他方法也能够为孩子提供积极的治疗结果，如为父母提供培训和改变教师管理教室环境的方式尤其是使用操作性条件反射（见第二章），由同龄人辅导有注意力缺陷多动障碍的儿童，教师与父母应更紧密地合作起来并通过积极的强化和奖赏来塑造儿童的行为。

克林等人（2013，p.406）还强调了这个领域的研究如何支持了当教师在课堂上改变了他们的授课方式和所使用的材料，并使有注意力缺陷多动障碍的儿童参与能够及时得到反馈的任务时他们能够得到积极的结果这一观点。他们还注意到当教师采用一种热情的、以任务为中心的风格为儿童提供定期的身体活动时间时，教师就会有积极的作用。在克林等人的著作中我们可以看到对环境因素的更多强调，如学习环境、教师和父母的行为。

我们现在来看一种更复杂的最近才开始被正确认识的病症。

(四)阿斯伯格综合征

📶 案　例

10 岁的保罗就读于当地的一所学校。他刚刚被介绍给了教育心理学家，因为他的教师们很关心他的行为问题。在向教育心理学家的介绍中，他们强调"保罗在交朋友上有困难，并且性格有点孤僻……他极其擅长数学，很容易就能做到在班级里最好，有可能比中学的许多儿童做得还要好……但是当被要求进行创造性写作时，他就很焦虑"。他的教师尤其关注他课间在外面的行为。她说他从不"真正地与其他人在一起玩儿，总是在游戏或活动的周边而从不真正地参与进来"。

保罗的行为是典型的一些有阿斯伯格综合征(Asperger's Syndrome)(AS)的儿童的行为。曾经阿斯伯格综合征被归因为教养方式。然而这并不是事实。研究使我们接受了"阿斯伯格综合征是由大脑的特定结构和系统的功能失调导致的。简而言之，就算大脑的兴奋度不同，也不一定代表是有缺陷的……"(Attwood，2007，p. 327)。

梅斯(Mayes)和卡尔霍恩(Calhoun)(2003，p. 15)评论如下：

现在许多专家认为自闭症是一种谱障碍，阿斯伯格综合征是高功能或者轻度的自闭症……然而，争议依然存在，并且"阿斯伯格综合征"仍然是临床医生和父母使用的流行术语。

对阿斯伯格综合征的深入理解能够帮助我们改变现有的观念。例如，在这种观念中，当有阿斯伯格综合征的儿童从学前教育过渡到学校教育时，我们能够通过学校教育和管理患儿得到最好的支持。学术研究已经为了解大脑的功能做了很大的努力，我们对阿斯伯格综合征的理解深入了很多。阿特伍德(Attwood)(2007，p. 327)对此情况做出了如下说明：

研究……证明阿斯伯格综合征是与"社会脑"的功能障碍相关的，社会脑包含额叶和颞叶皮层……也有证据显示了杏仁核、基底神经节和小脑的功能障碍……最新的研究表明患儿在这些部位之间的功能连接很弱……还有证据表明患儿存在右半球的大脑皮层的功能障碍……以及多巴胺系统的异常……因此，我们现在知道了大脑的不同结构起着不同的作用。

阿特伍德认为对于大多数有阿斯伯格综合征的个体来说，大脑发育不同的原因取决于基因因素(2007，p. 328)。

在参考了阿特伍德的著作后，赫伯特(Herbert)(2005，pp. 187-188)为有阿斯伯格综合征的儿童的教师提供了一些干预措施：

• 只要有可能，就应该把孩子所处的活动场所设置为一个可预期的环境，孩子进行的活动要尽量保持一致性和程序化；
• 给予社会交往的机会，在结构稳固和受监督的活动中促进社会关系的发展；

- 为改变常规惯例或时间表而做的准备；
- 进行简洁的、准确的和具体的教学；
- 将任务缩减为可管理的部分；
- 不要期望学生有独立概括知识的能力。

创造一种对所有的儿童有明确的界限和规则的教学环境，使有阿斯伯格综合征的儿童能够感受到支持是十分必要的。有时候，有阿斯伯格综合征的儿童会表现出过分热衷于讨论一个特定的主题，他们这样做可能会打断大人们的讨论。但他们并不是故意的，这样的孩子需要知道界限的存在。有阿斯伯格综合征的儿童需要得到能够在教室中支持新的学习而被使用的策略。一个简单且有效的策略是使用儿童可视化的时间表，通过时间表他们能够一眼看出他们需要做什么。可视化的时间表也表明了这种改变取决于特别有价值的事情的发生，而这经常能够防止有阿斯伯格综合征的儿童变得焦虑和恐惧。

一些关于阿斯伯格综合征的很棒的观点被那些被诊断为这种病症的人提出了。例如，温迪·劳森(Wendy Lawson)(2003，p.190)提出：

对我来说自闭症有很多好的东西。我能够享受我自己的世界的宁静。我能够数小时集中在我期望的对象上……这意味着我可以专注于我选择的学习，并且这对我来说一点也不困难。其他学生很轻易地就劳累、厌倦或者分心，我很专注！

在谈到她的早期经历时，她说道：

如果人们只是看到较坏的那一面并且不停地告诉你你做的是错的，那么你的自尊心就会减弱……我很幸运遇到一对愿意给我花时间的父母……我经常被留下和我的设备在一起，但这对于有自闭症的孩子来说不是特别合适。一些可以让我们"接触"生活的各个方面的早期干预和活动对我们来说裨益颇多。(2003，pp.188-189)

诊断能够帮助有阿斯伯格综合征的青年人和儿童理解他们自己。例如，他们可以知道他们自己不是不聪明的，以及他们不能够被这些缺陷局限。温迪·劳森提出的一个更重要的观点是关于她与他人的社会和语言交往：

某些人可能只是对我讲话而已。然而，我可能会觉得他会介入我的思考或交谈，我几乎感觉到被冒犯！"他们怎么敢闯入我的世界，使我从我的事情上分心。他们不明白我不得不重新开始，再一次回顾我所有的想法或计划，并重新安排吗？……理解每一天的生活都需要对'理念'进行理解——如正确、错误、时间、空间……我在学校里大多数的麻烦都是因为我没有一个关于什么该被说、被做或被期待的观念"。（2003，p. 192）

我们对这种病症的理解在近30年开始深化。在那之前，几乎没有人知道它。对于有阿斯伯格综合征的儿童得到合适的学习机会来说，教师和早教从业者了解更多的关于什么是阿斯伯格综合征尤其是它如何影响儿童及其家人的社会性和情绪生活的知识，是有必要的。

（五）计算障碍

案 例

乔治10岁了。他的教师描述他的阅读为"相当好，比他很差的拼写好很多"，教师把他的数学描述为"这对于乔治来说是一个真正有问题的领域"。尽管他在学习乘法表时进行了不断的尝试，但他还是背不下来。分数、小数、面积和体积对乔治来说更是一个巨大的挑战。他仍没有掌握包括百位、十位和个位的较小数字减去较大数字的方法和知识。在他两三岁的时候，他的父母就发现他数数有困难。他在处理和计算钱以及读出时间方面也是有问题的。方向对于乔治来说也是一个问题，他总是对左右混淆不清。这导致他在地理课上看地图时出现问题。当被问到他的数学能力时，乔治总是以"我不擅长数学"这样的回答快速回复，而发展到近来，他甚至以"我讨厌数学"来回复。

乔治是那些在数学领域里挣扎的儿童的典型，在一开始确定导致他的问题的是什么、它们是否是"儿童内部"的因素或者更多地与教师教数学的方式有关是重要的。20年前，韦斯特伍德（Westwood）（1993， pp.149-150)评论道："很多时候，教师在数学上给的指导都很差劲，这些指导既不符合孩子当前的能力，也不适合学习速度较慢的孩子。"接着，他提出了在较差的数学指导上的一些核心因素，包括教师的教学节奏超出了孩子吸收新概念、新技巧的能力和较差的发现学习的构建，这导致孩子不能"……从教学中学到和记到任何内容"。韦斯特伍德还注意到了教师使用的语言的类型与很多儿童的理解水平不匹配。教师在过早的阶段就介绍了抽象符号以及"……缺少具体的材料或现实生活的例子"。他认为，在数学方面不行的儿童通常都在他们掌握了个位数的计算前被介绍了位值的计算。他还强调了教学的线性性质，很少的教学课程有特定的主题，我们应该给这些孩子多上几次有特定主题的课程，确保他们能够理解这些知识点之后再开始教授新的教学课程。考虑到会有很多的教学因素对儿童在数学上的进步产生不利影响并导致混乱，在这一领域里有特定困难的儿童组成小组是很重要的。

钦(Chinn)(2009，p.127)引用了国家算术战略的《指导支持有阅读障碍和计算障碍的学习者》(*Guidance to Support Learners with Dyslexia and Dyscalculia*)，提供了如下与计算障碍相关的内容：

有计算障碍的学习者理解简单的数字概念有困难，缺少对数字的直观的掌握并且在学习事实和程序上有问题……仅仅在数字上有困难的纯粹的有计算障碍的学习者有正常水平的认知和语言能力，擅长非数学科目。更有可能的是，计算障碍伴随着阅读障碍的语言问题而出现。

钦(2009)进一步评论道：

……计算障碍是一个复杂的概念，因为许多人不能掌握数学问题的背后不可能是单一的原因。并非所有具有数学问题的人都会被诊断为计算障碍。(p.127)

在2012年英国阅读困难协会(British Dyslexia Association)在它的网站上提供了计算障碍的定义：

一种影响获得算术技巧的能力的病症。有计算障碍的学习者可能在理解简单的数字概念上有问题，缺少对数字的直观的掌握，在学习事实和程序方面有问题。尽管他们得出了正确的回答或者使用了一个正确的方法，但是他们可能还是会没有信心地机械地继续这样做。

这个协会认为计算障碍很少被人知道是一种"先天性病症"，它是由"大脑特定区域的异常功能"导致的。协会提供的对于计算障碍的估计表明计算障碍发生在人口的3％至6％，也就是说，有"纯粹"计算障碍的儿童仅仅在数学上有困难，但是在其他的学习领域里他们可以表现得很好甚至很优秀。值得注意的是，协会认为40％到50％的有阅读障碍的人没有表现出有计算障碍的迹象，并且他们可能表现出至少跟其他儿童在数学方面一样好。还有其他10％的人甚至可以表现得更好。然而，协会还估计50％到60％的有阅读障碍的人确实表现出了在数学方面的困难并且指出"……在解码书面单词上的困难能够转化为在解码数学符号上的困难"。

协会在它的网站上提出计算障碍的症状通常在儿童中被发现，这些症状有以下几种情况。

数数：有计算障碍的儿童通常会学习数单词的顺序，但是他们可能难以来回倒数，就算能够数出来也是零零星星的。

计算：有计算障碍的儿童发现学习和回忆数字事实有困难。他们通常缺乏自信，甚至当他们得到正确的回答时，他们也不敢相信。他们还不能使用规则和程序来建立已知的事实。例如，他们可能知道5＋3＝8，但是没有意识到3＋5＝8或者5＋4＝9。

十位以上的数字：有计算障碍的儿童可能会难以掌握单词十、百和千与数字10、100和1000有相同的联系。

方法：有计算障碍的儿童通常在处理钱或看时间上有困难。他们还在速度或温度的概念上有困难。

方向：有计算障碍的儿童可能在理解空间方向（包括左和右）上有困难，并导致在接下来的指示或看地图上有困难。

协会还表明了目前尽管有筛选设备可供教师使用，但还没有对计算障碍的正式的诊断试验。这种联系还表明，与阅读障碍相比，对计算障碍的研究很少。

五、工作记忆与加工速度

许多儿童在读写和数字上缺乏进步，很大一部分原因是他们在短期记忆方面有问题，或者更常见的是他们在工作记忆方面存在问题。怀特布雷德（2012，pp. 98-99）认为工作记忆有三个特征，他描述为：复述和语音环、多感官表现和有限的容量。工作记忆储存信息的能力是非常有限的，并且记忆会随着时间迅速衰减（在大约 30 秒后），个体需要其他的途径使信息保存得更久。通过复述我们可以达到这个目的。通过复述工作记忆中的信息，它有可能储存得更久。复述信息也能促使信息转化成能够储存相当久的长时记忆。我们不仅在早期以及中小学教育中就开始发展我们在复述方面的能力，还在这个过程中提高了这一进程的质量。然后，随着我们的长大，工作记忆的使用频率逐渐提高（尽管不是在所有情况中）。怀特布雷德提出的工作记忆的第二个特征是它的多感官表现或者"视空图像处理器"，它能够促进视觉图像的存储和处理。这种处理器具有以不同的方式表现工作记忆中的感官信息的能力，这增加了记忆痕迹的强度。尽管它似乎是一个相对简单的说法，但是对有阅读障碍的儿童的学习非常重要。例如，有阅读障碍的儿童总是努力去将像单词或计算这样的信息在工作记忆中保持得更久并且通过一种形式将信息转化为可以在以后回忆的长时记忆。因此，不同感觉的共同和一致的使用是一种提高有阅读障碍的儿童的记忆容量的有用途径，并能够最终改善他们的学习。

怀特布雷德提出的工作记忆的第三个特征是有限的容量。例如，成年人通常在短时记忆中能保持 7 比特左右的信息。然而，随着新的信息进入短时记忆，其他的已经存储在短时记忆中的信息就会被挤出来。儿童比成年人的存储量小，只能在短期存储中保存更少的信息。

六、品行障碍

儿童和青年人心理健康联盟（The Children and Young People's Mental Health Coalition）（CYPMHC，2012）最近发布了一项旨在帮助教师防止他们学校的儿童出现情绪和行为困难的指南。它表明，有品行障碍和严重的注意力缺陷多动障碍的儿童，更有可能在读写和识数技能方面存在明显的困难。在他们的指南中，儿童和青年人心理健康联盟对品行障碍和情绪障碍做出了明显的区分，他们将品行障碍定义为"……一个重复而持久的行为问题，侵犯了主要适龄的社会规范或者其他人的基本权利"，他们认为情绪障碍和"……像抑郁和焦虑这样的情况"有关(p. 4)。这项指南还提供了相当令人震惊的事实：

在每个班级中有 1/10 或者至少有 3 个青年人有行为或者情绪障碍……与 30% 的更有能力的青年人相比，几乎少于 5 个有 A—C 级中等教育证书的一半的青年人说他们"总是"或者"经常"感到低落或者沮丧……7 个已经受到了欺负(Faulkner, 2011)……1/4 的中学年纪的青年人在他们生活中的某个时刻身体上的被攻击甚至性虐待被严重忽视。

很明显，以有行为和情绪障碍的儿童为工作对象的大多数从业者会对儿童的学业成就有重大影响。这是很重要的一点，因为有持续的品行或者情绪障碍的儿童更可能有特殊教育需求。也许更令人担心的是，他们会被排除在他们的学校之外。很多这样的儿童将会离开学校，如果有资格留下来，那也是非常少的一部分而已。

最近，克林等人(2013, p. 407)在他们的关于品行障碍的讨论中提到了《精神疾病的诊断与统计手册》(*Diagnostic and Statistical Manual of Mental Disorders*)，他们认为应集中在那些不合法的、被解释为违反其他个体的权利的、打破了形成的社会规范共识的行为类型上。他们强调了形成品行障碍要满足的标准，这些行为应该有像侵犯、残忍、缺少悔恨和冷酷无情的等级以及高频率的特征。克林等人(2013, p. 407)还认为：

在《精神疾病的诊断与统计手册》中有一个相关的但很少被了解的病症是对立违抗性障碍(ODD)。对于对立违抗性障碍是否与品行障碍有区别、是否是品行障碍的先导或者是否是一个更早期的以及更温和的表现还有一些争论……通常与对立违抗性障碍共患的是注意力缺陷多动障碍、学习障碍、交流障碍。但是对立违抗性障碍与注意力缺陷多动障碍是不同的，前者的肆无忌惮的行为并不是由注意力缺陷或者纯粹的冲动引起的。

通常的情况是有品行障碍的儿童和青年人会滥用药物并且比他们的同龄人经历更严重的焦虑和抑郁。专业人员普遍接受的一个理念是包含父母和亲近的家人的干预更有可能产生积极的结果，尤其是如果这种干预尽可能早地发生在儿童的生活中。克林等人（2013，p.412）参考了杰拉尔德·帕特森（Gerald Patterson）和他的同事们的著作，发展和评估了一种被称为"父母管理培训"（PMT）的行为项目。在这个项目中，他们给每个青年人的父母介绍了调整他们自己对孩子的反应的方法。父母被鼓励以一种一贯的方式去鼓励"亲社会行为"，反对"反社会行为"。像克林等人认为的那样，"当孩子表现出积极行为和暂停并且不再倾向于侵略或反社会行为时，我们会教父母去使用像正强化这样的手段"（p.412）。克林等人还认为尽管这种类型的项目在这些年已经被其他人调整了，但事实上，它是对那些表现出品行障碍和对立违抗性障碍症状的孩子的"最有效的干预"。那些加入了培养组的儿童更有可能从他们的经验中受益并接着成为更好的学习者。其实，他们的情商有可能发展得更好。

在这一点上，我们应关注近几年在英国发展起来的培养组概念。在英国，现在有超过一千个这样的培养组。支撑培养组的理论是理解年幼儿童的情绪和社会性发展的差异并认识到他们可能在与他人建立安全依恋时产生问题。培养组的目标是满足学前儿童的特定需求，他们中的很多人出生在功能失调的家庭中并且无法获得积极的教养模式，他们无法与家人形成安全积极的关系。在人们的普遍认识中，培养组已经取得了成功。例如，考伊（2012）引用了许多对培养组的评估（Cooper and Whitebread，2007；Ofsted，2011），这些评估都报告了培养组产生的积极结果，尤其在儿童更好地过渡至小学教育方面，他们能够更积极地与同龄人以及成年人接触，他们表现出的行为表明了他们有更安全的依恋。

这对那些儿童的学习的影响是巨大的。学会管理他们的情绪和行为的儿童将会成为更有成效的学习者并且能够在学校里学到更多。此外，他们在教室里的行为很可能会对其他人有较小的破坏性，因此可以使他们的同龄人从他们的课程中收获更多。在学校里越来越多地被使用的一个特别的举措是社会和情感方面的学习方案，它的目标是促进那些被认为能够有助于提高学生有目的和有效的学习、积极的行为和情绪健康以及幸福的社会性和情绪技能。

七、英语作为一种附加语言的挑战

就在 5 年前据估计（DCSF，2009），仅仅在英国就有大约 856670 个儿童在学校里将英语作为一种附加语言（English as an Additional Language）（EAL），表明了这些儿童有 200 种不同的母语。将英语作为附加语言的学生被视为代表超过英国小学生总人数的 15％以及中学生总人数的 11％。在伦敦，据估计有 50％的学生将英语作为一种附加语言。在英国的其他地方，人们认识到在学校里将英语作为一种附加语言的儿童的数量在增长。例如，在北爱尔兰，过去两年的内部迁移对学校有巨大的影响。北爱尔兰的教育部（DENI，2010）发布的数字表明被称为"新来的儿童"的数量在 2001 年 2 月至 2009 年 10 月增加了 6 倍。在北爱尔兰所有的学校中 2001 年 2 月有 1366 个儿童，而到了 2009 年 10 月人数则上升到了 7899。这些新来的儿童中的大多数都是在小学接受的教育。尽管在前几十年，移民到北爱尔兰的人们是为了短期就业，但是目前政府的数据表明，这些家庭现在倾向于在这个地方安居并养活他们的家庭。最近对一个研究各种学校将英语作为一种附加语言的专家的访问提供了以下信息。

案　例

你认为什么因素有助于在学校里的将英语作为一种附加语言的儿童进行有效的学习？

我会说这是一个不好的实践……我认为如果将英语作为一种附加语言的协调员或者为此承担责任的是其他人将会最好……还有那种刻板印象，哦，是的，将英语作为一种附加语言的儿童都小于平均年龄，把他们放在最下面的小组……如果你考虑优秀的演讲和语言榜样，那么就把他们与你最底端的小组结合在一起，它就不是最好的榜样了……好的英语榜样应该在你的中等或者高于平均水平的小组中……

有没有你认为是好的实践的例子？

一所学校将把英语作为一种附加语言看作整个学校的事情而不是一个人的责任……因此协调员的角色是去促进而不是掌控评估、资源和与父母的联系……这应该是班里教师的责任……

你认为为什么一些学校比其他学校进行得好？

　　我认为这是因为他们以一种积极的方式接纳了将英语作为一种附加语言、多元文化主义，而不是一味说"不"。有这些不能讲英语的儿童……需要学校将把英语作为一种附加语言的儿童和他们的家人带到他们的社区……例如，学校通过买校服、填表格来支持他们的家庭，他们将把英语作为一种附加语言看作奖赏而不是附加的东西……很显然，它是一种来自校长的自上而下发展的态度……你可以看到在一些学校里，他们培养多元文化的精神并且为它感到骄傲……他们有活动，他们让父母分享他们自己的文化……

　　是什么因素阻碍了将英语作为一种附加语言的儿童在学校里的有效学习？

　　我认为这不是一个人的责任……在过去有更多的支持……经济有很大的影响因为当局正在减少资金……牧师和经济支持在一些地区已经完全没有了……现在它是学校的责任……过去流向当局的钱，现在直接流向学校而没有了问责权。

　　上面的采访强调了关于将英语作为一种附加语言的一些重要方面。第一，满足将英语作为一种附加语言的儿童的需要应该是整个学校的责任，由高级管理人员领导，而不是一名工作人员的责任。第二，学校应该将包容这些儿童的文化以及他们的家庭作为学校社区的一部分。第三，这组儿童不是一个单独的同质组而应该被认识到有不同的个体需求。第四，不应该将这些儿童与那些有特殊教育需求或者残疾的儿童"混"在一起。在给中学教师的建议中，布鲁克斯等人（Brooks et al.）（2004，p.275）说道：

　　你可能会遇到两种主要类型的学生：

　　· 那些出生在英国并且经历了教育体系发展的学生。这其中的一些学生已经进入了有很少英语教学或者没有英语教学的学校；

　　· 那些因为家人来寻求救济或者因为父母中的一方或双方在英国学习或工作而最近才来到这个国家的学生。

　　肯纳（Kenner）（2006，p.75）引用了萨克西纳（Saxena）（1994）对一个居住在伦敦南部、来自旁遮普家族的 4 岁儿童所经历的典型的一天的描述：

　　这个男孩观察到他的父母和祖父母用旁遮普语、北印度语以及英语读报纸和小说、写信和列购物清单。结果，他能够区分三种不同种类的字体，尽管他学习的文字仅限于英语。

　　教师不总能完全知道许多儿童使用的语言文字的范围，因为在学校环境中儿童很少有机会使用或者甚至发展他们已经学到的文字的范围。布鲁克斯等人（2004）也提到了在其他的因素中将英语作为一种附加语言的学习取决于孩子自己使用自己的第一语言的熟练度。

八、资源学习者和学习

　　教师和早教从业者通常抱怨没有足够的资源。人们经常听到的情况是班级规模太大，缺少像个人电脑这样的信息通信技术设备，需要有更多的成年人在教室中工作。许多教师在满足学生的需求上面临的挑战有很多，并且在一些情况下这会影响教师的动机和斗志，尤其是那些第一年参加教学工作的教师。大多数从业者会认为需要更多的设备、附属工作人员、空间和信息通信技术方面的资源。事实上，不同的学校和早教机构在每个月甚至每一天都面临着资源的挑战。

　　然而，受渴望获得额外资源的驱使，有些学校会对有额外需求的儿童进行经常性的鉴别和评估。在一些情况中，这些评估可能只是意味着如成人在追求额外的资源，而不是因为他们已经准备好精确的评估之后所要实施的合适的干预策略。

练　习

　　• 花时间去批判性地思考和评价"教师是一种有同情心的职业"这句话。

　　• 在我们不断深化理解影响儿童学习的条件的基础上，批判性地思考太多的教师和早教从业者需要更好地准备来满足儿童的额外需求这一观点。

◉ 总　结

在过去的 30 年里出现了关于具有额外需求的儿童的更新和更复杂的思考。立法、研究以及探索和理解儿童学习的意愿，意味着从业者和学校已经接受了对大量有特殊教育需求的、残疾的以及那些非英语母语且有特殊教育需求的儿童的教育挑战。

为了有效地满足像这些表现出阅读障碍和运动障碍的儿童的需求，我们需要学校和早教机构有合适的资源，从业者被充分地培训并且做好准备，来满足当今许多儿童的学习要求，努力解决他们在早期发展中显现出的困难、学习模式和教养方式等问题。

🔍 推荐阅读

Attwood，T. (2007) *The Complete Guide to Asperger's Syndrome*. London：Jessica Kingsley.

Boon，M. (2010) *Understanding Dyspraxia：A Guide for Parents and Teachers* (2nd edn). London：Jessica Kingsley.

Chinn，S. (2012) *The Trouble with Maths：A Practical Guide to Helping Learners with Numeracy Difficulties* (2nd edn). London：Routledge.

🎤 参考文献

Attwood，T. (1993) *Asperger's Syndrome：A Guide for Parents and Professionals*. London：Jessica Kingsley.

Attwood，T. (2007) *The Complete Guide to Asperger's Syndrome*. London：Jessica Kingsley.

Boon，M. (2010) *Understanding Dyspraxia：A Guide for Parents and Teachers* (2nd edn). London：Jessica Kingsley.

British Dyslexia Association (BDA) (2012) *Dyscalculia，Dyslexia and Maths*. Available at：http：//www. bdadyslexia. org. uk/about-dyslexia/schools-colleges-and-universities/dyscalculia. html (accessed：9 January 2013).

Brooks，V.，Abbott，I. and Bills，L. (2004) *Preparing to Teach in*

Secondary Schools. Maidenhead: Open University Press.

Chinn, S. (2009) Dyscalculia and learning difficulties in mathematics. In G. Reid (ed.) *The Routledge Companion to Dyslexia*. New York: Routledge.

Clark, L. (2012) Nurseries label one-year-olds 'special needs', *Daily Mail*, 13 July, p. 12.

Cowie, H. (2012) *From Birth to Sixteen: Children's Health, Social, Emotional and Linguistic Development*. London: Routledge.

CYPMHC (2012) *Resilience and Results: How to Improve the Emotional and Mental Wellbeing of Children and Young People in Your School*. The Children and Young People's Mental Health Coalition, 25 September.

Everatt, J. and Reid, G. (2009) Dyslexia: an overview of recent research. In G. Reid (ed.) *The Routledge Companion to Dyslexia*. New York: Routledge.

Crombie, M. and Reid, G. (2009) The role of early identification models from research and practice. In G. Reid (ed.) *The Routledge Companion to Dyslexia*. New York: Routledge.

Department for Children, Schools and Families (DCSF) (2009) *Statistical First Release*, August 2009. London: DCSF.

Department of Education Northern Ireland (DENI) (2010) *Statistics on Education*. Bangor: DENI.

Drysdale, J. (2009) Overcoming the barriers to literacy: an integrated, contextual workshop approach. In G. Reid (ed.) *The Routledge Companion to Dyslexia*. New York: Routledge.

Fenton, B. (2006) Junk culture 'is poisoning our children', Daily Telegraph, 12 September, p. 1.

Frederickson, N. and Cline, T. (2002) *Special Educational Needs, Inclusion and Diversity*. Maidenhead: Open University Press.

Gray, C. and MacBlain, S. F. (2012) *Learning Theories in Childhood*. London: Sage.

Herbert, M. (2005) *Developmental Problems of Childhood and*

Adolescence: Prevention, Treatment and Training. Oxford: Blackwell.

Kring, A., Johnson, S., Davison, G., Neale, J., Edelstyn, N. and Brown, D. (2013) *Abnormal Psychology* (12th edn). Singapore: John Wiley & Sons.

Kenner, C. (2006) Using home texts to promote L1 and L2 literacy learning in the classroom. In T. M. Hickey (ed.) *Literacy and Language Learning: Reading in a First or Second Language.* Dublin: Reading Association of Ireland.

Lawson, W. (2013) Remembering school. In M. Prior (ed.) *Learning and Behavior Problems in Asperger Syndrome.* New York: The Guilford Press.

Long, L., MacBlain, S. F. and MacBlain, M. S. (2007) Supporting students with dyslexia at secondary level: an emotional model of literacy, *Journal of Adolescent and Adult Literacy*, 15(2): 124-34.

MacBlain, S. F., Hazzard, K. and MacBlain, F. (2005) Dyslexia: the ethics of assessment, *Academic Exchange Quarterly*, 9(1).

MacBlain, S. F., O'Neill, A., Weir, K. and MacBlain, M. (2006) Supporting pupils with dyslexia: emotional or mechanistic approaches to literacy. In T. M. Hickey, (ed.) *Literacy and Language Learning: Reading in a First or Second Language.* Dublin: Reading Association of Ireland.

MacBlain, S. F. and MacBlain, A. D. (2011) *Letters Form Words.* Plymouth: SMB Associates SW (enquiries @ seanmacblain. com).

Macintyre, C. (2002) *Play for Children with Special Needs: Including Children Aged 3-8.* London: David Fulton.

Macintyre, C. and McVitty, K. (2004) *Movement and Learning in the Early Years: Supporting Dyspraxia (DCD) and Other Difficulties.* London: Paul Chapman.

Mayes, S. D. and Calhoun, S. L. (2003) Relationship between Asperger Syndrome and highfunctioning autism. In M. Prior (ed.) *Learning and Behaviour Problems in Asperger Syndrome.* New York:

The Guilford Press.

Office for Standards in Education (Ofsted) (2010) *The Special Educational Needs and Disability Review*. London: Ofsted.

Prior, M. (2003) (ed.) *Learning and Behavior Problems in Asperger Syndrome*. New York: The Guilford Press.

Pumfrey, P. and Reason, R. (1991) *Specific Learning Difficulties (Dyslexia): Challenges and Responses*. London: Routledge.

Reid, G. (ed.) (2009) *The Routledge Companion to Dyslexia*. New York: Routledge.

Reid, G. and Came, F. (2009) Identifying and overcoming the barriers to learning in an inclusive context. In G. Reid (ed.) *The Routledge Companion to Dyslexia*. New York: Routledge.

Stanford, P. (2012) Can 20% of school children really have special needs? *Daily Telegraph*, 12 May, p. 23.

Westwood, P. (1993) *Commonsense Methods for Children with Special Needs*. London: Routledge.

Whitebread, D. (2012) *Developmental Psychology and Early Childhood Education*. London: Sage.

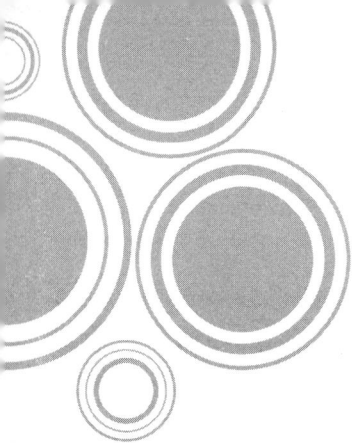

第九章　学习社区

本章主旨：

- 思考创建高效的学习环境需要哪些因素；
- 调查影响学习社区的经济和社会因素；
- 反思学习和种族隔离的关系，并进一步探索新的学习方法；
- 思考在 21 世纪，文法学校、学院及私立学校和学习的相关性；
- 探索英国的移民现象及其与学习的关系。

导　言

　　孩子从出生那刻起就属于某些社区，特别是他们的直系家庭和外延家庭。他们最初的学习也是在这些社区中开始的。他们不仅学习语言和探索周围的世界，更为重要的是，他们还学习如何扮演他们在该社区中的角色。例如，孩子们学习如何扮演哥哥姐姐、侄子侄女以及孙子孙女的角色。在这方面的学习对他们向外延的社区如玩伴、幼儿园、小学以及教堂等的角色的转换起着至关重要的作用。令人担忧的是，很多孩子从幼年的时候，由于父母病重，通常会扮演照顾者的角色，这对于他们的成长来说是一个很大的挑战。

　　在不同的社区中，青少年可以学着去适应学习者这个角色，而这个角色正是他们在接受教育时不可缺少的。特别是，孩子们开始学习如何与成年人交流。通过这种方式，青少年逐渐成长为有责任心和影响力的公民，最终成为社区中的一员。可以说，早期的学校和学习环境对孩子们从青少年转换至成年角色甚至是父母的角色都起着关键作用。在早期教育环境中工作的那些成人在不同情况下的不同行为、有影响力的和有目的的言语、情绪管理的方式、积极的互动交流等都对青少年起着模范作用。

早教学校激发儿童独立地、积极地思考，并理解在学习过程中他们自身的行为是至关重要的。在某种意义上，学校的目的在于发展儿童的独特的、适应他们生活和工作的身份特征。这种自然但又复杂的过程最初开始于家庭，然后会延伸至儿童所处的学校。早期的家庭经验会影响儿童在学校里的发展。因此，学校的工作人员以及教师必须和儿童的父母发展出良好的关系。

《家校知识交流项目》(*The Home School Knowledge Exchange Project*)一书探索了学校和家庭的学习经验对青少年的意义和价值。利用该书的观点，考克斯(Cox)(2011，p.117)提出了一些帮助维持父母与教师之间的权力平衡的建议：

在实践中实现的一个方法是让孩子们把对他们很重要的东西带入学校；另一个是给孩子们一个供他们自由使用的相机，让他们记录他们自己选择的生活的各个方面。有趣的是，最初教师和家长会发现他们很难接受从家到学校的"知识转移"的思想，这反映了建立权力平衡的困难。

不过，在英国，并不是所有的孩子在整个教育过程中都走同样的道路。有的将在公立中小学里学习，而另外一些则将就读于私立学校、新成立的学院或免费学校。一些孩子甚至将在家里接受教育。有些人还会就读于文法学校、综合学校或信仰学校，而其他人则会就读于有斯坦纳传统的学校等。孩子在英国学习的方式和他们所属的学习社区是多样化的，而且这种多样性呈增长趋势。有人认为所有的孩子都属于同一个教育体系是正确的举措，而其他人则希望幼儿所面向的社区具有多样性和丰富性。

本章探讨了一些我们对学习社区的看法、争论和困境。首先是确定一些促成高效学习社区的关键因素，然后确定经济和社会因素对社区的影响。本章以新形成的文法学校为例，围绕着种族隔离的问题进行探讨。而这里的专科院校和独立部门通常指代私立学校。本章还将考虑英国移民的增加对学习社区的影响。

一、创建高效的学习环境

什么是高效的学习环境？考虑这个问题的一个关键起点在于反思为什么有些人在某个环境中可以获得成功，而另外一些人却在相同的环境中失败。同样，我们也需要考虑为什么有些孩子在特定的学习环境中看起来会遭遇很多失败，而他们的同伴似乎会取得很多成功。孩子们的成功和失败是否取决于他们的能力、动机和背景？他们的成功和失败是否以一种重要的方式和他们的学习环境相关联？探索高效的学习社区的创建不仅是学校面临的挑战，更是整个社会需要解决的问题。

当我们开始批判性地思考儿童学习环境的本质时，这样的任务就会占有更大的比例。儿童学习环境的范围是巨大的。读者值得花一些时间来思考自己所经历的不同的学习环境以及自身在阅读过程中、在与他人简单的交谈中、在电视上观看不同的少儿节目中所观察到的。值得思考的另一个方面在于，从 20 世纪初开始，在过去的几十年里英国孩子们的学习的方式发生了巨大的改变。在以前，孩子们的学习方式就是静静地坐在座位上，害怕说错话而得到教师的处罚。如今，孩子们以小组的方式坐在教室里，教师会鼓励他们勇敢地表达自己的想法。现在孩子们在学校里的学习环境要比三四十年前幸福得多。这也就是说，学习社区现在的环境与数十年前面临的挑战不同。教师以相当激进的方式改变了这些学习社区的本质。

近 30 年来，我们看到了早教学校的儿童的需求增多，这可能与日益增长的特殊教育需求（Special Educational Needs）（SEN）有关。例如，据估计，在 2008 年，声称有特殊教育需求的 150 万个儿童在同年进入了主流的学校（DCSF，2008），而在数年前，这些学生更有可能被安置在特殊的学校里接受教育。在英国的其他地区如北爱尔兰，在 2009 年，约有60000 个有特殊教育需求的学生进入主流的学校就读（DENI，2009）。

最近，教育部（DfE）（2012a）报告称在需要国家资助的学校里最常见的问题类型有：发音、言语与沟通（29.1%）、中等学习困难（21.8%）、行为、情绪和社会性困难（18.6%）。教育部还报道说，在国家资助的中学里，最常见的三个需要类型是行为、情绪和社会性困难（29%），其次是中等学习困难（22.7%）和特殊学习困难（15.9%）。令人非常惊讶的是，在特殊学校里最常见的需要类型是严重学习困难（24.6%），其次是自闭症障碍(20.4%)，中等学习困难类别占 18.6%。推动有特殊教育需求和残疾的孩子进入主流学校的同时，我们仍然要牢记其实那群孩子一直有中等学习困难。在过去的几十年里，特别是在 20 世纪 80 年代初的立法之前，他们从特殊学校转移到了主流学校，把英语作为附加语言的主流学校的有特殊教育需求的儿童的人数一直在增加(在第八章中讨论)。

从这点来讲，区分特殊教育需求和特殊需求是非常重要的。在罗布森(Robson)的研究的基础上，弗雷德里克森和克莱因(2002，p.37)提供了以下内容：

在黑人和少数种族中，罗布森(1989)提出了可以确定特殊或额外的需求的四个方面，这些学生和有特殊教育需求的学生一样并不被认定到具有学习困难的范围之内。

第一方面，语言。有特殊需求的学生特别需要英语方面的帮助，如有可能，要帮助发展并维护他们的第一语言。

第二方面，文化。学校课程特别需要参考并尊重他们广泛的文化领域，包括他们自身的文化遗产。

第三方面，公开的种族主义。学校要反对种族行为的支持，并促进对其他文化的积极影响。

第四方面，社会经济不利。学生特别需要教育政策和规定来消除社会经济劣势对学业成绩的负面影响。

所有的这些特殊需求都是群体现象……在这个意义上，他们与作为特殊教育需求的基础的学习困难的个人经验完全不同。

毫无疑问，以有特殊需求的儿童为对象的工作者，不要急于做出关于他们的能力和潜力的判断。他们应该适当评估每个孩子的需求，然后确定最好的、最有效的方式来满足孩子的需要。如果我们拿罗布森建议的第一个方面来讲，教师需要充分认识和了解一些有特殊需求的儿童的困难，在所有的课程领域都应保持高度的期望。罗布森的第四个建议，即社会经济不利的情况，教师对儿童能力的预期可能很低，实际上一些社会经济处于弱势地位的儿童可能无法进步，因为他们没有办法在家里完成作业。除了在学校里之外，他们几乎没有机会来使用信息通信技术。

学校工作者需要反思并批判性地参与自己的实践工作、批判地学习他们自身环境发生的改变、思考教学的本质以及学校创建的环境等，这些因素会有助于创建高效的学习环境。有些人会争辩说，研究也是教师知识和技能基础的核心，这正是一个有效角色的必要部分。学生们本来就会被期待去熟悉各种理论观点，并阅读研究人员学习和教学的著作。他们通过在研讨会和教程中的讨论以及完成作业来综合选定研究。作为从业人员，教师应该通过积极地参加在职培训和阅读来了解教育领域的新发展。

尽管教师们不断获得新的知识和更新他们的技能，但是许多教师仍然不能意识到研究自己的实践工作和工作环境带来的可能性。事实上，有些教师将自己视为研究的消费者，认为研究应该是高校学术领域的工作。然而，可以说所有的教师都有潜力去做相关的、有用的和重要的研究。他们所需要的只是一些研究工具而已，或者是一些他们可利用的、与他们的教育实践相关的方法论。这样一种观点对于教师来说有很大的意义。也许更重要的是，这对于还在接受培训等下一年才进入教学行业的实习教师来说更有裨益。如果所有的教师在促进改革上都在一个享有特权的地位（Kearns，2003），那么这会使学习社区中的儿童受益，因为学习社区属于更广的社会社区以及整个社会的一部分。作为研究者教师可以凭借研究以一种更详细和批判的思维来理解这个过程。通过这样做，他们能够得到更多的对自己能力的自信并且为他们教的儿童创建一个更有效的学习环境。

每一天，教师都会有意无意地使自己沉浸在他们的学生的琐事中。他们处理这些事时处于不同的水平，并且通过这样做他们发挥的作用和影响是巨大的。现在的教师比以前更寻求理解，他们在更复杂的社会中从事着与儿童相关的教诲性和动态性的工作。这使得许多教师把更多的关注课程的注意力转移到了如何理解他们自己是复杂的社会过程中的辩证的一部分上（Kearns，2003）。尤其是在日常生活中，教师和学生之间的联系并不是一个孤立的经历片段，他们所体验到的情绪和感觉的因素都对他们的关系产生影响。相反，教师是作为在他们所教的儿童不断变化的故事或传记中连接并且互相联系的事件或情节而存在的（Schostak，1985）。每一天，教师和学生都口头描述分享着另一个他们自己经历的与其他人有关的事情。因此，教师在儿童如何建立自己的世界观、内化新的理解和自我认识上可以被看作扮演着一个独特的核心角色。在这个程度上，我们可以认为教师更有机会重新将他们自己定义为教师-研究者，并且通过这样做来创建更有效的学习环境。

教师通过与学生的交流，通过他们自己的生活经历、需求和驱动力，通过他们的生活兴趣、动机、关系等来理解学生的经历。例如，教师或专业人员可以像教育心理学家或社会工作者那样，当将事件与其他人联系在一起时，他们的具有叙事结构的账户就可以相应建立。然后，他们可以将这种账户作为中心结构的设备，通过这些设备来解释经验。叙事账户以及讲故事的过程可以成为主要的方法学手段来展现、解释和理解教师和他们的学生所存在的社会。因此，建立这种类型的账户能够提供一种强有力的研究方法，教师通过这种方法以研究者的身份将他们的学生的复杂世界融合在一起。特定事件的叙事账户也能为教师提供一种能够很容易被他人认识、理解和评价的媒介。叙事账户的这种优点是广泛存在的。早在 20 世纪 70 年代，著名的教育家劳伦斯·斯滕豪斯（Law-rence Stenhouse）(1975，p. 78)说道：

> 提供给法官的对案件的描述……行政官员、教师、学生或者父母……通过开放研究报告来认识和比较，从而根据经验进行批评。

当谈到叙事账户时，他们没有独立的叙事账户，但却有传统的、最常用的那个学校或社区的账户。并且，这一账户也会成为其他账户的参考点。当账户以文本或者报告的形式被叙述时情况也是如此，可以通过书写的时间来思考和组织语言，起草和重新起草经验。因此，账户存在于历史和更广泛的文化中，它是一种储存于他们心中的、在个人之间和在特定的社会环境中发生的语言和话语的使用。通常，学校及学校中的工作人员会设计他们自己的语言来向其他人解释现象。然而，个体仅存在于与他人的关系中，并且通过他们的生活经验来建立和表达这种关系。由此，像学校和早教机构这样的社会环境是仅仅为了创建了它们的个体而存在的。

教师们和早教从业者们通常使用奇闻轶事来分享对儿童和他们家人的行为序列的叙述性描述。可以说，奇闻轶事有它们自己内部的结构，并且可以与其他的奇闻轶事以及成人分享的独一无二的概念模式相关联。他们从来都不是指个体中的个人，而是指在个人中存在的在叙述中形成的学校或社区的社会和文化遗产的一部分。事实上，个体在他们的社会交谈中，通常把奇闻轶事作为他们很多项目中的一种。没有奇闻轶事，个体甚至可能会被认为是社会文盲。因此，奇闻轶事能够为教师和早教从业者提供儿童如何在自己的独特兴趣的背景下结构化自己的经验的观点。它们还能够提供关于儿童的社会和物理环境如何影响他们的意识、需要、愿望和动机的观点（Schostak，1985，1986）。

二、经济和社会因素及其对学习社区的影响

正如之前所指出的那样，所有的儿童都在社区中开始他们的生活，更通常地说是在家庭中开始他们的生活。然而，社区的性质会因为生活在那里的其他人的数量、供兄弟姐妹住的房间的数量、供玩游戏和隐藏的园林空间、家里是在农村还是在城市等发生很大变化。然而，在影响家庭的性质和儿童的发展与学习的因素中有两个重要的因素，它们分别是经济和社会因素。尽管一些儿童从一开始就能够得到更多的舒适感、好的事物、强烈的安全感以及稳定性，但是也有许多儿童在贫穷的家庭中长大。在最近的儿童行动（Action for Children）发布的一项名为《贫困和风险：早期干预的情况》（*Deprivation and Risk：The Case for Early Intervention*）的报告中，鲁思·勒普敦（Ruth Lupton）博士写道：

> 贫穷和受教育程度之间的关系是引人注目的。在英国，来自更贫穷的家庭的儿童在入学时的词汇量更有限并且更有可能出现品行障碍和多动症……在小学阶段，英国儿童进一步落后，甚至来自最弱势的背景的最聪明的儿童到 10 岁就被那些刚开始落后于他们的较富裕的同龄人超越……（Action for Children，2010，p. 12）

勒普敦继续强调父母的经济收入水平不是对儿童在家庭中的发展产生不利影响的唯一因素。她强调了在家庭中创建的环境的重要性，并且决定性的事实是，积极和有效的环境能在很大程度上抵制不利因素。例如，她强调定期给 3 岁左右的孩子阅读，"……到 5 岁时他们的发展是家庭收入的两倍"。

借鉴卡利斯（Cullis）和汉森（Hansen）的最近的一项研究，相当令人担心的是，勒普敦评论了家庭经济收入的重要性，尤其是在儿童出生后

的第一个月和第一年：

最近的研究表明在生命的前 9 个月中，每增加 100 英镑的收入会使孩子到 5 岁时产生大约一个月的发展差异。最贫穷的家庭支付不起书本、电脑、设备、课外活动以及他们的孩子的教育，并且更有可能遭受营养不良、住房过度拥挤和压力等问题。（Action for Children，2010，p. 13）

这样的陈述显然是非常令人担心的，并且读者肯定会意识到，在英国以及西方的工业化世界中的父母因为经济紧缩和主要经济体面临可能的衰退而经历越来越严重的经济困难。几乎不用说，许多有更低收入的家庭现在面临着为孩子买书、给他们提供电脑、支付校外活动资金等能够发展儿童的学习和知识的以及在拥挤的家庭中提供充足的空间等巨大资金困难。除此之外，在整个英国已经建立起的向正经历贫困的家庭提供基本食物的意识正在增长。所有这些因素的影响，包括对儿童饮食的影响以及对他们的学习的连锁效应是一个可展开的因素，需要更多的审查。像在其他国家一样，在英国人们越来越关心的是许多父母正面对可能的失业这一情况，这让他们正承受着越来越多的压力，面对着与此相伴随的问题，特别是让他们的家园重新得到收回。在这种家庭中生活对儿童的影响一定是重大的。

英国经济紧缩的影响能够在大多数地方被看到，学校也不例外。曾经随时可用的服务日益减少，更多的学校现在不得不"买入"之前由地方当局提供的教育心理服务。现在学校的预算比以往任何时候都能被更严格地审查。许多校长不得不面对在一些地区加剧贫困的经济和社会因素的挑战。也许最令人担心的是，毒品文化的发展似乎渗透到了社会的许多地区，并影响了一些在社会和经济上更为贫困的地区。在 21 世纪，教师、学校以及父母面临的在许多方面的挑战是巨大的，并且需要新的方法来理解许多儿童采用的学习方法。

更值得关注的是那些在早期就有照顾其他家庭成员任务的儿童，他们的父母身体通常都非常不健康。考虑正常发展的过程能够更全面地理解他们的生活经历的本质。一个非常有用的切入点可以在著名的心理学家埃里克·埃里克森的著作中找到，尽管他的著作大多与 20 世纪八九十年代相关，但是和现今仍有联系。

埃里克森将正常发展的过程看作八个阶段的发展（前五个与我们对儿童学习的理解尤其相关）。他的理论被称为社会心理发展理论。该理论认为当个体成功地度过每一个阶段时，他会取得平衡并发展出健康的人格，个体没有成功地度过这些阶段的结果是他们不能形成健康的人格。他的理论对我们理解生活和那些有照顾家人任务的儿童所面临的学习机会和障碍帮助很大。

第一阶段 基本信任对不信任的冲突（出生到 1 岁）埃里克森认为这个阶段的儿童会形成一种对他们周围的世界尤其是那些照顾他们的人的一种强烈的信任。在这个阶段中，信任在很大程度上取决于他们得到的照顾的一致性和可靠性。埃里克森认为，得到这种照顾的儿童将学会把这种照顾带到他们未来的关系中并且通过这样做来形成一种强烈的安全感。然而，如果照顾缺乏一致性和可靠性，那么儿童将会学到不信任，并再次将这种照顾带到他们将来的关系中，结果是他们可能会获得并内化成相联系的焦虑。

第二阶段 自主对害羞和怀疑的冲突（2～3 岁）埃里克森认为在第二个阶段中儿童发展出了独立性和自主性。他们学习走和跑并且可以使他们自己与最亲近的养育者保持一定的物理距离。例如，他们知道他们有关于吃什么、怎么玩等的选择。此时，玩变得很重要，玩的方式越来越多地以他们与其他人的联系为特征。在这一阶段中父母在支持儿童独立性的成长以及给他们提供获得成功的重要机会从而发展他们的自信和自我效能感方面扮演着重要的角色。这个阶段的成功的发展会产生自信和安全感。然而，这个阶段的不成功的发展如被他们亲近的抚养者责骂和过度严格要求会导致他们在以后的生活中过度依赖他人，感到自我怀疑和拥有较弱的自尊心。

这个阶段对那些生活在有一个负责照顾其他人的哥哥或姐姐的家庭中的儿童的意义是重大的。通常在这个阶段中父母会把他们的孩子送到蹒跚学步组、幼儿园、托儿所等社区中。例如，如果儿童有一个患有急性恐惧症或者被限制在床等心理健康问题的妈妈的话，这些经历可能就会非常有限或者在最坏的情况下根本不存在。对于一些父母来说，让他们很痛心的是，他们眼睁睁地看着自己的孩子错失其他孩子能够得到的机会。一些被孩子照顾的父母有时甚至会感到压力、对孩子过分严苛、误解孩子的失败，这是因为他们自己帮不上忙。

第三阶段　主动对内疚的冲突(3~5岁)在这个阶段中的儿童仍然发展得很快。他们的语言正在发展并且他们正在内化对身边人的共情，他们开始变得更有同理心。被照顾的父母会试着限制儿童的活动，因为他们关心潜在的风险，或者是因为他们没有能力从身体上支持他们的孩子进行此类活动。由于孩子在室内花太多的时间，所以他们在社会和身体上的经历非常有限。此外，被照顾的父母因为他们自己的压力和焦虑可能会对他们的孩子产生太多的限制甚至惩罚。在这个阶段中，埃里克森认为，过度控制会导致正在成长的孩子有内疚感，通常会表现出缺乏自主性。

这个阶段的儿童通常会热衷于问很多问题。一旦儿童对回答和知识的要求被忽视，那么他们的问题就不能得到合适的解决并且会再次有内疚感，接下来会伴随着尴尬甚至羞耻，并且降低他们随后寻求与周围人交流的程度。这个阶段的问题可能直接与儿童创造力的减少有关。在这个阶段中，儿童开始得到目的感。这对于那些有照料任务的儿童来说意义很多。例如，他们可能在表达他们自己的情感需求上受限制。他们的创造力会受损，他们会发现在他们的生活以及他们每天做的事情中发展一种目的感越来越困难。对于这些儿童的父母来说，在婴儿阶段以外的能够帮助他们的孩子成长的机会是非常有限的。

第四阶段　勤奋对自卑的冲突(6~12岁)处于这个阶段的儿童开始进入小学，在这时他们学习的性质是正式的。他们的教师和亲近的同龄人成为他们重要的榜样，并开始对儿童自己的活动进行多方面的指导。在这个阶段的发展中赢得同伴的赞同是非常重要的。因为通过它，儿童能够形成自己的对于他们是谁以及他们能够做什么的自豪感。这个阶段的成功发展使儿童在自己能够做到的事情上面增强了信心，进而变得更自信和勤奋；这个阶段的不成功发展通常会导致自卑感和自我怀疑的产生。也是在这个阶段中，儿童开始发展他们的能力。在学校里，许多有照料任务的儿童与同龄人在一起的时间有限，并且没多久他们的关注点就又回到了需要他们照顾的人的身上，他们会带有强烈的焦虑与担心。这种情况会严重影响他们注意力和学习，甚至影响他们与同学们做游戏时的快乐心情。

第五阶段　自我认同对角色混乱的冲突(13~18岁)所有的读者都会意识到从青少年过渡到成年的重要性。这个阶段的儿童获得了更多的独立并且发展出了新的不同类型的关系。他们开始更积极地关注他们的未来。关心这一方面的不是那些每天将校外空闲时间花在照顾家庭成员上的儿童。埃里克森将这一阶段看作人格形成的阶段，并且认为在这个阶段中有两个重要的同一性，它们被称为性别认同和职业认同。他认为这个阶段的儿童的社会特征正在变化并且这个阶段的顺利度过会使他们更有责任感。

案　例

佩德罗8岁了，他在家里与患有严重衰弱疾病的妈妈生活在一起。每天上学前他都要帮助妈妈起床和洗漱。然后他会为他的妈妈做一些三明治，也为他每天放学回来做晚饭准备一些蔬菜。放学后他很少在外面跟朋友一起玩耍，他感觉这让他很尴尬，他不能告诉他的朋友他回家要做的事情是帮助妈妈。他深深地爱着他的妈妈，但是他每天都在担惊受怕中度过，因为他害怕在某一天放学回家时发现自己的妈妈已经去世了。

练　习

思考这个例子，佩德罗的学校的工作人员应该了解他的这种状况吗？如果应该的话，那么他们应该怎样参与进来？

三、学习和隔离：新的学习途径

因为学习的目的而将儿童隔离起来的方法随处可见，但是隔离这一术语究竟是什么意思呢？以北爱尔兰的教育系统为例，在那里，许多儿童根据他们的父母的宗教信仰进入了不同的学校。许多男孩和女孩进入了性别单一的学校，在那里大约11岁的儿童就要被分开进入更高级的文法学校，有特殊教育需求的儿童或者残疾人进入特殊学校。在英格兰过去的几十年中，随着父母选择将他们的孩子送到信众学校的人数越来越多，这类学校的数量也在增加。最近，随着免费学校的引进，父母和儿童也有了更多的选择。所有的这些都意味着在实践中，许多在同一个早教机构或者同一所小学中一起长大的儿童可能会因为他们的父母选择将他们送往不同的学校而与他们的朋友分离。但是这算隔离吗？

免费学校的整体理念是学校计划的延伸，尽管这不是全新的，但这也是一个重要的发展，因为它是一个被现在的英国联合政府支持的理念。

教育部网站(2013)提供了关于免费学校的信息并且表明了对它高水平的支持就是给予它能动性：

　　免费学校是国家资助建立起来的全能学校。这是为了满足在社区中的当地人改善儿童教育的需要。这种学校能够改变儿童的生活并且帮助他们取得他们从来没有想象过的成就。免费学校计划可以让才华横溢的教师、慈善机构、父母和教育专家等有需要的人自己筹备开学校来解决一个地区的实际需求。

　　免费学校可以由父母团体、慈善机构、宗教团体等向教育部提交申请书而建立起来。政府可以提供启动补助金并且资金的额度与国家控制的当地的学校保持一致。免费学校有望提供广泛而平衡的课程，并由教育标准办公室进行检查。

　　在2013年4月，在英国最受欢迎的《每日电讯报》的教育编辑格雷姆·佩顿(Graeme Paton)将公众的注意力吸引到了对免费学校的需求显著增加这一事实上。他写道：

　　教育部发布的数字显示，几乎90％的由父母团体和慈善机构建立起来的新的小学和中学在9月份收到的申请都超过了学校的容量。总体上讲，有消息透露平均每3个人竞争一个免费学校的名额。最受欢迎的是位于哈默史密斯的西伦敦免费学院提供了120个名额，收到了1196份申请，这等于每10个学生竞争一张课桌。而位于布拉德福德的狄更斯三一学院则有676份申请来争取112个名额，大约是6∶1的比例。部长们坚持认为这些数字表明了"免费学校是多么受父母的欢迎"。(Paton，2013)

　　毫无疑问，像在瑞典这样的国家中，免费学校在概念上的争议已经存在一段时间了。在英国，在关于免费学校的观点上大家是有分歧的，一些人认为这些新的学校会增加隔离，而其他人认为它们是对父母愿望的必要且合适的回应。看来只有时间才能给出答案了。

　　当我们讨论学习和隔离的时候一个更进一步的思考就是特殊学校与主流学校的问题。在过去的几十年里，政策和决策制定者、学者、从业者、理论家和普通公众受到了"包容"这一概念以及儿童的需求在主流学校里或者在特殊学校里是否能得到满足的挑战。然而，他们至今尚未形成明确的立场，并且还在一直讨论着这个话题。儿童的很多需求在特殊学校里通过更小的班级规模、更高的师生比例以及额外的专家资源得到满足。然而，在近十年里尤其是 1978 年发表了有重大影响的《沃诺克》报告后，一种强大的"推力"使得先前特殊学校的儿童进入主流学校。

这个争论的核心特点是接受特殊教育的儿童通常在一个更小的学习社区里，在那里个体的需求能够更容易被评估和理解，那里有更多的时间和资源来实行必要的和有效的干预。在许多情况下，父母非常高兴他们的孩子进入这些较小的学习社区，在那里他们有更多的机会，尤其在中学时，去了解学校的工作人员，可能包括如言语治疗师或理疗师，他们可以更直接地参与儿童的教育。然而，其他父母努力使他们的孩子从特殊学校转到主流学校，在那里孩子会感觉到他们是主流儿童的一部分。这种情况不好解决并且不同的从业者对于特殊学校的宗旨是否符合 21 世纪的思想有非常强烈的不同的观点。然而，有趣的现象是，更多的有特殊要求或残疾的儿童搬到了免费学校。现在让我们来看一下爱德华的案例。

案　例

爱德华刚刚过了 5 岁生日，他的父母为他的学校教育做出了最后的决定。爱德华有严重和复杂的学习障碍，他需要密切的监督以及高水平的资源的辅助。他的父母参观了当地的很多学校，这其中也包括一些特殊学校。他们最后决定为爱德华选择一所专门负责有特殊障碍的儿童的特殊学校，那里班级的规模非常小并且有高水平的资源。这个学校有它自己的职业治疗师并且每个班级至少有两个学习助手与教师一起工作。爱德华的父母发现他们自己在很多情况下都被自己的情感左右，他们很难下决定把爱德华送到特殊学校学习。他们对于爱德华的哥哥姐姐都在当地离家很近的中学上学这个事实很挣扎。然而，当他们在学校里见到这所中学的校长和特殊教育需求协调员时，他们感到这个学校不能够容纳爱德华，于是就离开了，因为校长解释道"我们只是没有资源去满足爱德华的需求"。因为爱德华将要进入的特殊学校离家很远，所以这将意味着他需要在每天早上很早地离开家赶上校车然后在下午大约 5 点的时候才能回到家。他的父母担心与他的哥哥姐姐或者选择离家近的同伴相比，爱德华在成长过程中会花更多的时间。他们尤其担心当他到青少年中后期时，他会与他自己当地的社区完全脱离。

很显然，许多有特殊教育需求或者残疾的儿童都在特殊学校里接受教育，有一些孩子每天都需要走很多公里的路去上学。还有一种情况是，许多有严重学习障碍的儿童在离家很远的地方上学，他们基本会选择在学校里寄宿。

📖 练 习

思考因为他的特殊教育需求或者残疾而就读于特殊学校的爱德华被隔离这一说法。像爱德华一样有很强的特殊需求的儿童不应该与那些在他们自己的社区里跟他一起长大的儿童接受共同的教育这一观点是合理的还是不合理的？

我们现在来看一下"班级"的问题，并且探讨一下儿童是如何因为自身背景而被隔离的。在2012年4月，艾利森·克肖（Alison Kershaw）写了一篇能够吸引公众兴趣的题为《独立》（*The Independent*）的文章，这篇文章被教师和演讲者协会（Association of Teachers and Lecturers）（ATL）的秘书长玛丽·布斯特德（Mary Bousted）博士评论道：

玛丽·布斯特德博士……说分层教育对于被剥夺的孩子来说是有害的……"在英国，我们根据新生的阶层来划分学校。我们有精英学校，有中等阶级的学校和工人阶级的学校。然而，几乎没有学校是将新生混合在一起的……不平衡的新生学校的划分对那些穷困的孩子是有害的，在这些学校里学习是没有前途的。尽管这些学校的校长和教师绷紧每一根弦以提高孩子的抱负和成就，他们总是反对贫穷、疾病和剥夺的影响，但是在这些学校里就读的孩子通常不能取得与他们同龄的较有优势的孩子相同的教育进展。"……她认为政府削减了确保起点中心的资金，取消了对较贫穷的青少年的教育维持津贴，去除了学校午餐的保护性资金，削减议会预算并进行税收改革的这些举措更有可能打击中等收入的家庭……"学校不能够消除这些不平等现象；但是他们能够改善它们，在这个非常不平等的社会中，只有最聪明的人才能逃避来自不平等的持久影响"。

我们需要知道这个评论来自一个公会代表，尽管她表达的不是每一个单独的工会会员的意见，但是她的想法也值得我们重视。在这里，我们有可能找到支持学习观念的不同的意识形态，以及儿童接受正规教育的和他们来自的社区。

📖 练 习

> 反思在第一章中的那些当代哲学家的观点，并思考为什么不同的政治家、决策制定者和公众人士看待阶层对教育的影响是不同的。

四、文法学校、学院和私立学校

(一)文法学校

在 2012 年 4 月，教育部的网站显示：

根据定义，所有或者基本上所有的文法学校的学生都是经过挑选且具有较高学业水平的。文法学校也可以通过能力挑选学生，但学校必须通过一定的学业水平检测。在 1973 年至 1998 年，文法学校的数量由 809 所下降至 164 所。唯一的法律认可的文法学校是由国务大臣指定的、并以指定令命名的。"文法学校"一词不受法律保护——因此许多学校称自己为文法学校，尽管它们不是。因为这个定义仅仅包括了资助学校，所以转换成学院的文法学校不再属于文法学校这一类……到 2011 年 6 月 1 日，75 所文法学校已经完成了转型……它们将不再被包括在文法学校的范围内。(2012a)

自从 1965 年工党政府颁布了《通告 10/65》后，政府就要求当地的教育部门开始将中学转化为新的综合系统，在这个时候关于文法学校的作用的辩论已经激化。随着综合性学校的引进，许多文法学校开始关闭，并且不再使用有争议的"11＋"测试来测验 11 岁的儿童。在 2013 年，于 1970 年建立的国家文法学校联盟(National Grammar Schools Association)(NGSA)在他们的网站上表明当前在英格兰有 164 所文法学校，在北爱尔兰有 69 所。然而，文法学校的概念仍然保留着很大的争议和很高的政治性，像下面出现在英国最受欢迎的报刊上的评论所说的一样。

在 2010 年，英国《每日电讯报》的教育编辑格雷姆·佩顿写道：

超过 3/4 的成年人认为政府应该多开设一些学业选择性的学校，尤其是在教育标准较低的内地城市。有数据表明，人们对文法学校的支持竟然在过去的 4 年里增长了。ICM 的一项调查披露，人们越来越关心在全国综合性的学校里的最聪明的学生……10 年之前，当工党掌权时他们就开始立法禁止开设更多的文法学校。最近，学校大臣埃德·鲍尔斯(ED Balls)表示，他们谴责这些学校把许多 11 岁的孩子宣判为"失败者"。

两年之后，随着新的联合政府执政，格雷姆·佩顿(2012)给出了以下说法：

影子教育大臣(Shadow Education Secretary)斯蒂芬·特威格(Stephen Twigg)说，党通过反对修改国家的招生规则来给予英格兰的 164 所国家文法学校招收更多学生的自由。他指责部长们试图在没有充分咨询父母的情况下"通过走后门的方式"扩大学业选择。他认为部长们试图在这个问题上引发联盟分裂，他还说他会给自由民主党议员写信来寻求他们的支持以反对这个举动。这些意见在数天之后才出现，政策的改变可以为文法学校数量的大幅增长铺平道路……

在英国，现在仍有一些年长的人会因为他们在年轻时进入了文法学校而感到自豪。在一些方面他们可能将这认为是对他们的智力的证明，毕竟从传统来说能够进入文法学校的学生都拥有更高水平的智力。他们在入学时经历过包括书面考试的公开竞争，而这种考试通常与 11＋的过渡有关。同样地，也有许多年长的人仍然会想起他们因为在 11＋考试中失败而没能进入文法学校。这些没能就读于文法学校的人甚至承认在相对年轻的时候与那些能够进入文法学校的朋友分开会给他们带来一些内在的情感挣扎。他们甚至会认为这影响了他们生活的机会。例如，如果他们可以进入他们能够进入的文法学校，那么他们就能读大学了。那些没能进入文法学校的人会承认他们花了很多年的时间来试图证明自己与成功进入文法学校的同龄人一样优秀。

(二)学　院

在 2013 年 2 月，教育部网站给出了一些有关独立和公共资助的学院的信息：

学院能从更多的创新的自由及提高标准中获益。这包括：
- 不受当局的控制；
- 能够为员工设定他们自己的工资和条件；
- 教授课程的自由；
- 能够改变学期的长度和上学时间……

一些学院……会有赞助……这些赞助来源背景广泛，包括成功的学校、商业机构、大学、慈善机构和宗教机构。赞助者会对学校的改善负一定的责任。他们通过挑战学校运行的传统想法来做这件事……他们用低欲望和低成就的文化来寻求完全打破学校的传统思想……

学校从这些赞助机构中收到与他们从当局中收到的数量相同的对每个学生的资助……再加上额外的费用以支付当地政府不再为他们提供的服务……

已经选择了部分或全部学生的学校如果能成为学院，就能够继续这样做，但是学校成为学院之后，不能再成为新的选择学校……

在英国，学院数量的增长是相当惊人的。在 2010 年学院的数量仅仅超过了 200 所，而到 2012 年末数量则增长到了 2500 所。最近，学院委员会的报告(2013，p.5)强调了如下关于学院扩张的主张：

该委员会认为整个学院体系最好被看作一个学校社区，每一个学院都是独立的，当然如果它能够与体系中的其他机构联系起来那就是最好不过的了。这些学校将会通过与其他学校一起协作来促进学校的发展……在这个国家里，学校社区之间的合作应该能够在独立和相互依存之间取得平衡……

从最早获得资助的学院开始，学院建立的范围已经扩大到去代替那些贫困地区的落后的学校和高素质的战略投资变革。从 2010 年起，学院的建立都是源于联合政府鼓励把杰出的学校转变成学院并且将赞助学院的项目扩大到小学这一决议……这个报告认为提供这样的改进支持是学院发展的一个新时期。

这个报告还需要新一批重点落实学院计划，并提出了学院未来发展的三大关键要素：

• 我们必须辩证地关注教学与它对学生学习的影响，因此学院的愿景和教学实践的差距会相应减小，而"学业化"与"提高"这两个词语会难舍难分并且明确地联系起来；

• 我们需要确保一个新的学业系统对来自所有背景的儿童和青年人都是公平和平等的；

• 我们需要确保学院通过向学生、家长和其他利益相关者提供更大的责任心来表现他们的道德目的和专业精神，管理者的角色在学院系统中比任何时候都重要，所以我们必须确保他们的审查和挑战是有效的和正当的。(pp.4-5)

(三)私立学校

私立或者独立学校多年来一直是激烈辩论的根源，大部分辩论的重点源于"阶级"和不平等的概念。通常，在私立学校中，父母会为他们的孩子的教育付钱，班级的规模比在国家系统中的更小，并且私立学校总是宣称自己的学生的纪律更好，招生标准更高。私立学校通常以强调运动和竞争以及他们提供的范围更广的活动和资源为特征。

一直活到1985年的著名作家罗伯特·格雷夫斯(Robert Graves)在他的非常著名的在1929年出版的自传文本《向一切告别》(*Goodbye to All That*)中提到了他自己在预备学校(独立学校)的教育：

……预备学校的学生的生活与家庭生活是完全没有联系的。他们有不同的词汇、不同的道德体系甚至不同的声音。当他们度完假期回到学校时，他们从家庭的自我转变到学校的自我几乎在一瞬间完成，尽管这个过程至少需要两个星期。一个预备学校的男孩儿，当他被门卫抓住时，会喊他的妈妈"求你了，女舍监大人"……他们的学校生活变得很现实，而在家里的生活则是一种幻想。在英格兰，统治阶级的父母大约在孩子8岁的时候就失去了与孩子的亲密接触，并且任何企图让自己的家庭感

觉进入学校生活的尝试都是值得愤恨的。(p. 24)

　　当然，并不是所有的私立学校都是寄宿学校，并且在第二次世界大战之前(格雷夫斯发表他的文章时)私立学校的生活已经发生了很大的改变。然而，有一些格雷夫斯经历过的上学和教育方面的内容仍保留到了今天，尤其是那些学校离家很远的孩子通常会以学期寄宿。在最近几年里，他们开始每周寄宿。进入私立学校，缴纳学费是必要的条件，并且进入寄宿学校生活的私立学校的儿童有着更高的志向。本书的作者在这样的学校里当了两年教师；后来在私立学校里当教育心理学家，他为私立学校的学生的强烈的团体意识感到震惊。在写这篇文章的时候，教育标准办公室发布了一项新的报告(2013 年 6 月)《最有能力的学生：如果在公立学校里他们是否能够表现得同样优异呢?》(*The Most Able Students：Are They Doing as Well as They Should in Our Non-selective Secondary Schools?*)，这引起了很多关于较有能力的儿童如何在非选择性的国家中学里取得进步的问题。报告指出：

　　这项调查考察了为什么许多在非选择性公立中学包括学院里的最聪明的学生，与那些进入了选择性和私立学校的学生相比，不能够发挥自身潜力的问题……我们还考察了为什么只有很少的来自非选择性公立学校的学生申请或者考进了最有声望的大学。这项调查主要集中在了以下两个重要的问题上。

　　• 非选择性公立中学的最有能力的学生取得了他们应该取得的成绩了吗?

　　• 为什么最有声望的大学在招生上存在私立学校和选择性学校有较少的名额而主要的政府资助的非选择性学校和学院有很多名额这样一个差距?

　　这份报告尤其强调他们发现事实上许多有能力的儿童和青年人在那些非选择性学校中表现不佳。他们提供了来自他们研究的相当明显的结果：

　　太多有能力的儿童和青年人在我们的非选择性公立中学里表现不佳。

许多这些有能力的学生与平均标准相比取得了相当好的成绩，但是这远远不能够完全激发他们的潜力。我们测查了那些在小学时就在数学和英语方面都做得很好的学生，5 年以后，我们以国家水平为基线用普通中等教育证书检查他们的成绩，发现：

• 在 2012 年，在非选择性中学里，几乎 2/3(65％)的在离开小学时确保英语和数学达到 5 级的高分儿童在普通中等教育证书的科目中都没有达到 A* 或者 A。这样的学生超过了 65000 名。

• 仅仅超过 1/4(27％)的那些之前在非选择性中学里就读的高分儿童在 2012 年的普通中等教育证书中英语和数学都没有达到 B。这样的青年人超过了 27000 名。

• 在 1649 所招收 11～18 岁孩子的公立学校里，20％的学校均没有一名学生在 2010 年的高考中取得至少两个 A 和一个 B，现实就是他们的学生至少要有两个科目达到 A 水平才会被最有声望的大学接受。(Ofsted，2013，p.5)

据此，教育标准办公室得出了结论，这样的结果在竞争日益激烈的全球都是"不能接受"的。这份报告把像私立学校这样的选择性学校和国家资助学校之间的争论提高到了一个新的水平，最有趣的是，我们将一起来看看这个争论在接下来的几年中如何收场。很明显在现阶段，许多在国家资助的非选择性学校里工作的校长和教师都会因为这份报告而"伤痕累累"。

五、学习和移民

读者可能会意识到那些随着家庭移民到英国并接受当地教育的儿童的数量是增长的。在某些情况下，这些家庭的成员不会说英语或者英语水平很差。此外，他们可能带来关于教养、对儿童的惩戒、不同的抱负等不同的观点。他们可能带来新的思想、新的文化、新的见解以及其他元素。

对于一些家庭和孩子来说，搬到英国是轻松而愉快的。但是对于另一些家庭来说，这种迁移可能是极其困难的，它充满了他们没有准备好面对的挑战和困难。在学校里，儿童不仅需要花时间去适应和学习英国的课程，还可能需要学习与他们的同伴、教师以及教学助手打交道的新方式。在英国的大多数城市里面，很多学校都做好了准备去满足那些来自其他国家的新移民儿童的需求。然而，这种学校仅仅占英国学校总数的很小的一部分而已，因此在更多的农村地区很少有移民家庭选择把他们的孩子安顿在那里。事实上，在英国许多农村学校从来没有接触过移民家庭的儿童。正因为如此，我们应该重视给那些对第一语言不是英语或者最近从其他国家移民过来的儿童进行教育的教师展开培训。

移民的一些方面已经得到了人们的关注。例如，考伊（2012，p.1）引用的英国慈善机构巴纳多（Barnardo's）（2007）的内容表明，大约有27%的英国白人儿童当前生活在贫困中，而在英国黑人儿童群体中这个比例则提高到了48%，甚至有67%的巴基斯坦和孟加拉国的儿童都生活在贫困线以下，这种族群的对比非常鲜明。相当令人担心的是，考伊强调了生活在贫困家庭中的儿童通常身体很差，平均寿命也比较低。妮娜·夏尔马（Neera Sharma）写的巴纳多报告（2007，p.16）继续强调了英国政府的角色，表明除非政府实施合适的和有针对性的政策，否则种族将会是决定儿童未来和公开的生活机遇和机会的重要因素。例如，这份报告表明，"自20世纪80年代，16岁的白人学生之间的成就差距几乎是巴基斯坦和非洲加勒比学生的2倍"。在某些城市里，一些在开始接受义务教育时被评估为最高得分的非洲加勒比学生，在离开学校时也不可能在五个普通中等教育证书的项目上得到高分（p.21）。因此，优质的学校教育的重要性也得到了强调，尽管我们通过报告看到了一个非常令人担心的数字，这就是，"……去年大约75%的亚洲儿童没有接受过任何形式的正式托管教育，相比之下，仅有54%的白人儿童没有接受过托管教育"（p.20）。

这份报告提及了一些倡议，如力争上游（Aiming High）。这些倡议的确产生了一些影响，它强调了政府应该采取行动去提供合适的资助、解决种族和学校霸凌问题、解决早期个体发展的不利因素、提供合适的儿童养育、更积极主动地与早教机构合作如提供补贴甚至为来自最贫困家庭的儿童提供免费的居所。

📖 练 习

思考新建立的免费学校没有必要的资源和能力去有效地满足那些最近从其他国家移民到英国并且有很多学习困难的儿童的学习需求这一说法。

总 结

毫无疑问英国的教育和学校的性质发生了巨大的改变。尽管英国在过去的几十年里已经在教育领域经历了很多变革，但是教育改革的速度自从在 2010 年联合政府当选后明显加快。儿童和父母比以前有更多的选择，并且选择的开放程度也在加速。父母现在能够将孩子送到免费学校或者学院，这在几年前是不存在的。随着它们开始了建立自己身份的过程，这些学校的性质发生了变化。作为这一不断发展的过程中的一部分，一些学校正在招聘不同类型的教师以配合它们的愿景，实施新的课程，采取新的举措，也许更重要的是创建新的社区。在社区中，未来英国儿童的父母将会受到教育。

本章旨在探索学习社区的概念以及英国儿童在不同的社区中接受的教育，尤其是文法学校、新的学院和免费学校以及独立的机构。我们探索了与学习社区的有效创建和维持相关的问题，这些问题集中在经济和社会因素、隔离和移民方面。在接下来的一章中，我们将要解决的是儿童将来的学习会是怎样的这个重要的问题。

推荐阅读

Academies Commission（2013）*Unleashing Greatness：Getting the best from an Academised System*．*The Report of the Academies Commission*．Pearson RSA．

Cowie，H.（2012）*From Birth to Sixteen：Children's Health，Social，Emotional and Linguistic Development*．London：Routledge．

Gray，C. and MacBlain，S. F.（2012）*Learning Theories in Childhood*．London：Sage．

参考文献

Academies Commission（2013）*Unleashing Greatness：Getting the best from an Academised System*．*The Report of the Academies Commission*．Pearson RSA．

Action for Children（2010）*Deprivation and Risk：The Case for Early Intervention*．London：Action for Children．

Barnardo's (2007) *It Doesn't Happen Here: The Reality of Child Poverty in the UK*. Ilford: Barnardo's.

Cowie, H. (2012) *From Birth to Sixteen: Children's Health, Social, Emotional and Linguistic Development*. London: Routledge.

Cox, S. (2011) *New Perspectives in Primary Education: Meaning and Purpose in Learning and Teaching*. Maidenhead: Open University Press.

Cullis, A. and Hansen, K. (2009) *Child Development in the First Three Sweeps of the Millennium Cohort Study*, DCSF Research Report RW-007.

Department for Children, Schools and Families (DCSF) (2008) *Special Educational Needs in England*. London: DCSF.

Department for Children, Schools and Families (DCSF) (2009) *Statistical First Release, August 2009*. London: DCSF.

Department for Education (2012a) *Statistical First Release: Special Educational Needs in England, January 2012*. London: DfE.

Department for Education (2012b) Grammar Schools, Available at http://www. education. gov. uk/schools/leadership/typesofschools/maintained/a00198400/grammar-schools (accessed 21 May 2013).

Department for Education (2013) What is an academy? Available at http://www. education. gov. uk/schools/leadership/typesofschools/academies/b00205692/whatisanacademy (accessed 20 February 2013).

Department of Education Northern Ireland (DENI) (2009) *The Way Forward for Special Educational Needs and Inclusion*. Bangor: DENI. Available at: http://www. deni. gov. uk/) (accessed 5 February 2013).

Department of Education Northern Ireland (DENI) (2010) *Statistics on Education*. Bangor: DENI.

Graves, R. (1929) *Goodbye to All That*. London: Penguin.

Frederickson, N. and Cline, T. (2009) *Special Educational Needs, Inclusion and Diversity: A Textbook* (2nd ed). Buckingham: Open University Press.

Kearns, H. (2003) University accreditation of professional development in schools: can professional development serve two masters?, *Journal of In-Service Education*, 29(1).

Kershaw, A. (2012) School intake 'segregated by class', *i-Newspaper*, *The Independent*, 4 April, Available at http: //www. independent. co. uk/news/education/education-news/school-intake-segregated-by-class-7618824. html (accessed, 18 April 2013).

Office for Standards in Education (Ofsted) (2013) *The Most Able Students: Are They Doing as Well as They Should in Our Non-selective Secondary Schools?* London: Ofsted.

Paton, G. (2010) Grammar schools 'should be expanded', *Daily Telegraph*, 9 February.

Paton, G. (2012) Labour seeks Lib Dem support to oppose grammar schools, *Daily Telegraph*, 16 January.

Paton, G. (2013) Nine-in-10 of the Coalition's free schools 'oversubscribed', *Daily Telegraph*, 10 April.

Schostak, J. (1985) Creating the narrative case record. *Curriculum Perspectives*, 5(1): 7-13.

Schostak, J. (1986) *Schooling the Violent Imagination*. London and New York: Routledge and Kegan Paul.

Special Educational Needs and Disability Act (SENDA) (2001) London: HMSO.

Stenhouse, L. (1975) *An Introduction to Curriculum Research and Development*. London: Heinemann Educational.

United Nations Children's Fund (UNICEF) (1989) *Convention on the Rights of the Child*. UNICEF.

United Nations Educational, Scientific and Cultural Organization (UNESCO) (1994) *The Salamanca Statement and Framework For Action On Special Needs Education*. UNESCO.

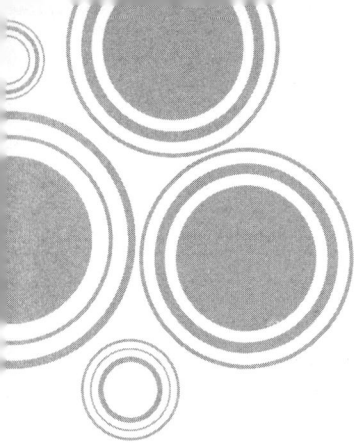

第十章　未来学习

本章主旨：

· 探究 21 世纪的儿童不断变化发展的本质；

· 研究创造力、学习和成功之间的关系；

· 思考儿童在日益受到经济因素驱动的社会中学会工作所面临的挑战；

· 探索创业的本质以及它和学习之间的联系；

· 研究网络通信的发展性质以及它和 21 世纪的儿童学习之间的关联性。

导　言

在未来，我们不能抛弃过去，而应该从中学习。我们必须意识到追问我们自身的重要性。在此，我们不仅要问自己儿童是如何学习的，而且更重要的是，我们还要问自己为什么如此多的儿童在学习一些基础知识时就失败了。例如，21 世纪的英国青年人在经历了数年的学习离开学校之后，仍旧有着较差的读写能力、计算能力，欠缺最基本的课程知识内容。并且，在很多情况下，他们都没有读写以及精确计算数字的能力。可是为什么这些人的数量会有这么多呢？可能更令人担忧的是，为什么如此多的儿童和青年人正生活在以学业失败和缺乏学习参与为特征的生活中？为什么他们带着自尊心弱、低自我效能感以及有限的自信的特质结束了自己的学业？本章的主要关注点是由于儿童不能从他们周围的成人身上获得足够的支持，所以他们的学业失败了。可是为什么这一情况仍然在持续发生呢?

在未来,我们必须抛弃儿童由于缺乏动机、没有能力或者没有兴趣等自身原因而不能单纯地学习这一看法。这样思考没有什么作用,这扩展了非关键的和非反思的实践类型,过去许多儿童本应该好好学习却失败了,不能发挥他们的潜能。生活在 21 世纪的儿童和生活在先前几代以及几十年的儿童和青年人所需要的经验不同。例如,当今的儿童和青年人需要更高水平的承受力来面对遍布全球的连续的挑战,如雇佣、就业保障以及恐怖主义的兴起等新形式。信息通信技术的知识和熟练将会是成功的先决条件,这就需要孩子又快又自信地适应并参与以学习为关键特征的问题解决的能力。

一、改变儿童期的结构

众所周知,儿童期是一个快速发展的时期,儿童的身体不断地发育成熟,这使他们能够进入和他们亲近的成人的世界。社交网站、手机、媒体、信息和通信技术以及物质的快速发展已经改变了当代青年人的生活方式,给年轻的女孩也提供了更简单的控制生育的途径。在当今变化着的社会经济背景下,许多传统的价值观和障碍不断地变化成一种新的方式,在文化方面的学习也日新月异。在英国,社区也变得更加多元化。移民家庭带来了许多反思儿童期和学习的新方式。

关于儿童期的研究历史非常短暂(Gray and MacBlain,2012),并且该领域的研究在当今时代也存在局限性。埃里斯(Ariès)(1962/1986)和泽利泽(Zelizer)(1985/1994)就它在当今的时代含义进行了研究,他们认为在早些世纪,儿童期不仅是一个分离的发展阶段,而且从某种意义上来说,更多的是"父母等待"的一个时期(Gray and MacBlain,2012,p.124),如洛克和卢梭生活的时代的儿童期就不同于当今社会。伴随着英国工业化的出现以及工厂的不断增加,人们建立了保护儿童的立法机构。在现实中,人们不断地认识到了儿童的独特性以及儿童期是一个不同于成年期的阶段。泽利泽的著作《给无价的孩子定价:变迁中的儿童社会价值》(*Pricing the Priceless Child:The Changing Social Value of Children*,*Zelizer*)(1985/1994),引用了格雷和麦克布林的观点(2012,p.124),提到人们注意到了在 19 世纪和 20 世纪,儿童期的感知发生了很大的变化,他们发现儿童从经济上的"有用"变成了经济上的"无用",

但是泽利泽认为他们也带来了情感上的"无价"，儿童的真实价值在于他们给父母的生活带来意义和满足的能力（Gray and MacBlain，2012，p. 124）。麦克道尔·克拉克（McDowall Clark）（2010）提出，儿童期没有统一的定义，并且和儿童期相关的感知和经验在全球以及不同文化之间都存在显著差异。在很多研究中也存在着这样一种观点。如普劳特（2005，p. 3）认为儿童期形式的多样化正在不断扩展并通过媒体等形式逐渐透明。正因为如此，普劳特提出了修改儿童期是一个"单一现象"的假设的必要性。近来，格雷和麦克布林（2012，p. 124）进行如下评论：

社会不平等存在于多种情况下，尤其是在全球的雇佣模式中。例如，在英国，14 岁的儿童以兼职的形式被雇佣，16 岁的儿童以全职的形式被雇佣。国际劳动力报告（2005）提出全球的儿童劳动力有 2.46 亿，其中由 1.79 亿个 5～17 岁的儿童组成的劳动力存在不可避免的身心伤害，这甚至威胁到了他们的生命。从更深层次上来说，有 840 万个儿童陷入最坏的劳动力形式中，包含强迫性劳动和抵债性劳动，如色情、卖淫和武装冲突。另外，每年有 22000 个儿童死于与工作相关的事故（Magliano，2005）。因此，发展中国家的许多儿童的儿童期和教育在很小的时候就由于社会、文化和经济环境因素被剥夺了。但是，在发达国家，儿童期的显著构造是单纯、游戏、教育和经济依赖的儿童时期（Woodhead，2005）。

不管怎样，一系列关于儿童期的研究认为，许多的成年人都坚持儿童期是儿童在生活中的一段快乐的、有趣的、不需要承担责任的、自由和天真的时期（Jenks，1996）。大约在 20 年前，肖斯塔克（1991，p. 10）认为：

社会存在理想家庭的蓝图……可是，在理想家庭中也存在争议，如它认为儿童期是一个单纯的时期，脆弱的儿童需要保护……理想家庭是无数的电影、电视剧和小说的主题。

肖斯塔克提出的家庭构想可能和当今的家庭是有关联的，它也和多数研究描述相关。

在过去的 10 年间，英国普遍的儿童观已经被高度挑战，如以维多利亚·克里比和巴比（Baby P）为代表的儿童，他们被他们的照料者或者被原应保护他们的制度伤害了。这两个案例震惊了大众，并在一些方面带来了显著的改变，如教师和早期教育的实践者会与儿童一起学习。此外，孩子们在稳定和有爱心的家庭中被养育的观念受到了严格的审查，许多人认识到了大量的儿童在贫困中成长。很多儿童在功能失调的家庭中会遭到忽视，在这样的家庭里儿童在许多情况下会受到虐待。这些因素将对学校里和学校外的儿童的学习和认知发展产生巨大的影响。

考伊（2012，pp. 1-2）认为：

与其他国家相比，英国的儿童更有可能喝醉。未成年人发生性行为的概率很高，青少年怀孕的发生率也很高……今天的青年人似乎面临着不被前一代人了解的更严重的压力。自杀的想法在青少年中很常见，无助和无用感也很常见。儿童和青少年离家出走的数字也很令人不安……在英国每年大约有 100000 例离家出走事件，大约有 1/4 的儿童在 13 岁前离家出走，1/10 的离家出走事件发生在 10 岁之前。

考伊还说在 2012 年英国全国防止虐待儿童协会（National Society for the Prevention of Cruelty to Children）（NSPCC）处理了 30000 例案件，约占人口总数的 0.25%。

在当代工业化社会中的父母与在前几十年和前几代的父母相比倾向于花更少的时间与他们的孩子在一起。其中一部分原因是工作形式的改变。最近，詹姆斯（2007：273）认为：

自 1998 年起英国人每周工作的时间都超过了 60 小时，还有一些人的工作时间是这个的两倍（10%～26%），全职的英国人平均工作 44 小时，这在欧盟国家中是最多的。

如今有很多父母感觉到了他们花较少的时间与他们的孩子在一起，他们需要更重视他们跟孩子在一起的时间的性质以及他们感觉他们应该参加的活动的类型（Buckingham，2000）。这一部分是受他们过分夸大需要提高他们与孩子交流的质量驱使。事实上，贝克汉姆提到父母的时间是一个被调整过的概念，他们认为他们应该被其他人看到他们正全身心地投入并参与儿童的活动。最近，在英国出现了"Yummy Mummy"的概念，它为家长提供了普遍的术语来解释某种类型的育儿，一些人会说，这个概念是以夸张和竞争为特征的。

案　例

马尔科姆 10 岁了，他进入了一所被认为是当地最好的学校。事实上，因为这所学校被父母认为是非常成功的，所以这所学校附近的房价在过去约 20 年里急剧增长。当地的房地产代理很容易地就将房子卖给了那些希望孩子进入这所学校的父母。马尔科姆的父母双方都是专业人士并且收入很高。他是两个孩子中较大的一个，他的妹妹明年就上学了。

尽管马尔科姆的父母在他们的事业上都很成功，但是他们肯定会承认他们工作得非常努力以至于时常会后悔他们没有在马尔科姆小的时候花足够多的时间陪他。自从在 4 岁上了学前班后，马尔科姆就需要每天早上大约 6 点就早起练习小提琴。他现在对这个乐器非常熟练，也正努力使他的等级变得更高。每周二晚上 5 点到 8 点，他会在当地的一个青年乐团弹奏。此外，他还经常在周末参加活动，这意味着他需要经常出门。通常，他在周六早上离开家后，直到傍晚时分才回到家。除了他的音乐外，马尔科姆的父母还鼓励他加入学校的象棋俱乐部，这意味着放学后他需要留下来并且在周末花时间与他们学校的成员一起去参加当地的锦标赛。马尔科姆还加入了当地的游泳俱乐部，他的父母在他 4 岁生日后不久就将他介绍了进去。这要求他每周参加一次下午以及每周六上午的训练。在过去的两年里，马尔科姆的父母鼓励他学习第二种乐器——钢琴。尽管他有时会觉得大量的练习让他十分劳累，但是他也取得了很大的进步。当马尔科姆面临着向中学的过渡时，他开始表现出了青少年时期才有的叛逆迹象。他的父母不断地问自己和彼此，他们在马尔科姆成长的过程中是否应该花更多的时间跟他一起玩而较少地鼓励他去参加亲近家人之外的活动。他们开始调整他们对马尔科姆的妹妹的想法，积极地承诺花更多的时间与她在一起并且更积极主动地跟她一起玩。他们决定在周末会陪她去游泳并且花更多的时间一起去散步和组织家庭外出。

上面的例子反映了现今一些望子成龙的家长的家庭生活。那些父母认识到了他们望子成龙的期盼，也意识到了当他们的成功可以用金钱和地位来衡量时，他们就应该参加孩子的更多的活动使他们为将来做好准备。在马尔科姆的案例中，他的父母进入了一个反思的阶段，他们以陪伴妹妹的名义让马尔科姆花时间参加家庭活动，他们试图这样做去平衡马尔科姆的家庭外部活动和家庭内部交流。对于一些年长且抚养过孩子的读者来说，他们应该对儿童期结束得太快这一说法并不陌生。尽管马尔科姆和他的妹妹已经从积极工作为他们的孩子提供物质利益和家庭安全的父母那里获益，但对于许多儿童来说情况并非如此。

最近的一项由教育标准办公室和护理质量委员会（Care Quality Commission）（CQC）（2013）发出的题为《儿童怎么样?》（*What About the Children?*）的报告从来自 9 个地方当局、合作机构的证据中，从征集了父母、照顾者、儿童、从业者和管理者的意见中，对儿童父母的精神健康进行了调查。报告表明，1/6 的成年人即约 900 万人有心理健康问题，并且据估计在这些成年人中有 30% 的未成年的孩子（0~18 岁）。这份报告还表明，从一些规模较小的关于个体健康问题的研究中他们发现有证据表明此数量可能更大，"至少 25% 或可能更多的人存在心理问题，而这些人群集中在年轻女性上"。大多数在急性精神病医院接受治疗的成人可能身为父母（Ofsted，2013，p.9）。这份报告参考了最近全国防止虐待儿童协会（Cuthbert et al.，2011）发布的结果，据估计，144000 个一岁以下的婴儿与"有普遍心理健康问题"的父母生活在一起。这份报告还参考了国家药物滥用治疗机构（National Treatment Agency for Substance Abuse）（2011）从那些用药和酒精的个体中搜集的数据。这份报告估计约有 200000 个成年人目前得到了关于药物滥用的某种形式的治疗，并且在他们之中大约有 30% 是与孩子生活在一起的父母。全国防止虐待儿童协会（Cuthbert et al.，2011）最近进行的审查发现，估计在前几年约 19500 个一岁以下的婴儿在家里与服用 A 级药物的父母住在一起，约有 93500 个一岁以下的婴儿与有酗酒问题的父母住在一起。

几乎不用说，与那些滥用药物的父母住在一起对儿童的影响变化很大，并且每种情况都是不一样的。例如，研究表明，居住在家中的第二个父母或亲近的主要照顾者如果没有药物滥用的问题，那就可以减轻对孩子的潜在忽视和模仿不良行为的影响。例如，年幼的儿童可能经常观察到喝醉酒的父亲有攻击性的甚至是暴力的行为。他们甚至可能会发现自己是暴力行为的接收者。因此，很明显在 21 世纪，很多儿童与在很多方面都失败的父母和抚养者住在一起。对于这些孩子中的一些来说，向他们开放的最稳定的地方就是他们的学校。在学校里他们可以观察到积极的成年人的行为并且通过这样做来了解他们自己以及他们可以如何成为一个有效的成人。

练 习

思考早教从业者和小学教师的角色在近 10 年里是如何改变的，将来他们需要怎样改变来适应儿童期性质的不断变化。

二、创造力、学习和成功

我们需要认识到一开始在学校里具有很强的创造力并且有潜力能够做得很好的许多儿童因为他们的学习障碍而不能很好地发挥出自己的应有水平。尤其是那些有特殊障碍的儿童（见第八章），他们的创造力和潜力得不到很好的发挥。在 2010 年对有特殊教育需求的和残疾的儿童的审查中教育标准办公室发现，如果某些具有特殊教育需求的和残疾的儿童的学习是突出的，那么教师就会启动一系列相应的细致的评估，并将对他们的评估集中在教学上，企图缩小他们在早期学习中的"差距"（Ofsted，2010b）。教育标准办公室还报告了当他们的学习是突出的时候，教师会很有信心地"调整课程"来满足那些学习更快或者更慢的学生的需要。课程被认为是最有效的结构，教师得花时间仔细地向学生们解释。他们应该强调学习，而不是使学生很忙，这是儿童在学习上取得成功的关键因素。教育标准办公室报告的更重要的因素是，教师需要给学生时间去思考他们正在做的事情，教导学生通过自己的努力来解决问题。在有些情况下，学生会感知到他们在早期学习中的失败，这份报告还强调了教师的反馈尤其重要，"如在优秀的课堂上，我们可以看到谨慎、明确的反馈是建立在成功以及学生可以做什么的基础之上的"（Ofsted，2010b，p.46）。

在报告中，教育标准办公室也确认了一些学习障碍，这包括不充分的准备以及在教室内的成人使用不当等问题：

我们在审查中看到过太多这样的例子，当一个儿童或青年人被一个成人密切支持时，成年人关注的是任务的完成，而不是真正的学习。成年人干预得太快，因此阻碍了儿童和青年人有时间来思考或者从他们的错误中学习。(p. 46)

这份报告表明了当学生做出关于向他们提供支持的方式的决定时，学生应该被给予发言的机会，尤其是那些年纪较长的中学生。在报告中，教育标准办公室(2010b，pp. 47-48)得出了结论，当学生的学习最不成功时有几个因素的作用是很明显的，如教师没有花足够的时间去明白什么事是学生已经知道的，以及不清楚他们自己对学生在实际的学习结果上而不是在完成活动上的期望。教育标准办公室还明确了像学习支持助手这样的没有被明确计划的额外工作人员应该如何工作，他们的角色没有被清楚地理解和认同，他们所做的学生工作不受教师的监控并且他们缺乏培训。检查员还发现，当儿童的学习不成功时，教师对有特殊教育需求的或者残疾的儿童的期望是低的，教师花太多的时间和他们交谈，并且他们对儿童的反馈是不一致且令人困惑的，他们使用的语言过于复杂，这对于儿童的理解能力来说是很有挑战的。此外，他们发现教师并没有评估儿童参加的干预和额外的活动。教师的教育资源条件很差，并且对于自己的教学目的和有效性有太少的思考。检查员还认为，相当令人担忧的是，当儿童的学习不成功时，儿童"很少进行对于他们正在学的东西的思考"(p. 48)。

教育标准办公室进一步报告，当检查员参观机构时，他们在课程方面观察了残疾的儿童和青年人以及那些有特殊教育需求的儿童和青年人，他们发现最好的课堂应该包括一些重要的特征。这些最好的课堂需要教师对他们的学生有全面和详细的了解，以及"对教学策略和技术包括对学习的评估有系统的知识和了解"(p. 45)。最好的课堂还包括了教师对他们所教的科目或者"学习的范围"有系统的知识，对学习障碍能够如何影响儿童和青年人的学习有很好的理解。

在《学习：提高标准的创造性方法》(*Learning：Creative Approaches that Raise Standards*)这份报告中，教育标准办公室调查了由幼儿园、小学、中学和特殊学校组成的44所学校，此外还收集了对其他学校的访问之外的更多证据，并将其作为更广泛的主题调查计划的一部分。他们报告了下面的结果：

>……在很少的被参观的学校中，学生作为创造性学习者的个体发展与他们的核心学业技能如读写和算术的发展不匹配……教师不能够理解创造性学习不仅仅是允许学生跟随自己的兴趣的问题；疑问、辩论、推测、实验、回顾和具有成效的表现被仔细的计划需要……创造性学习的有效促进取决于领导和管理的高质量以及教师的学科知识足够牢固和丰富来支持学生的疑问、独立思考和辩论。在学校中好的职业发展是一个重要的因素……全校都致力于开发和利用技术，这也增强了学生的信心，提高了他们的参与度……记录和评估儿童作为学习者的发展而不是他们在每个单元或者重要阶段末所取得的成就的方式，在早期的基础阶段之外，一般都不是发达的或嵌入式的……(2010a, p. 6)

这份报告(p. 7)认为所有的学校应该：

• 从早期基础阶段往前，确保儿童被积极地鼓励去问问题、提出假设、分享自己的观点并且将这些技能扩展到他们的写作上；

• 在课程计划上，通过全面地覆盖国家课程科目和技能，平衡创造性学习方式的机会；

• 提供不断的职业发展来确保教师和支持人员掌握应有的知识，他们需要技能和信心来鼓励学生变成独立、有创造性的学习者，并且通过发展这些能力来有效地监控和评估学生的学习和发展；

• 确保所有的学生发展在技术上的技能来支持他们独立的和有创造性的学习；

• 支持并维持同伴关系，这将有潜力发展学生作为一个自信的和有创造性的学习者的所有能力。

报告发现，尽管"创造力"一词在学校里被普遍使用，但是对于它意味着什么大家存在很大的分歧，缺乏共识。它一般指的是"从一个天生的属性到一个可以培养的方法和一套技能"(p. 7)。这份报告还表明了当明确和评估创造性作为学习的一部分时，当这个概念与特定的活动相关时，教师和高级领导者会变得更自信，如在出版物《创造力：发现它，促进它》(Creativity：Find It，Promote It)(QCA，2004)中被明确的，而不是以一种抽象的形式表达它。这份报告所得出的结论是，具有创造性的学习者通常被教师和高级领导者认为有以下特征：敢于提问和挑战；能够进行联系并发现关系；能够设想可能是什么；勇于探索想法，选择开放；能够批判性地思考想法、行动和结果(Ofsted，2010a，p.8)。

如果我们把这一点放置在更广的全球环境中去探索创造力和学习，那么我们就能够对那些在学校中提高创造力的因素产生更好的理解。克拉夫特(Craft)(2011)确认了三种她认为重要的且能够提高创造力的关键驱动因素，即经济、社会和科技。她将第一个因素视为最重要的因素，她警告我们应该去增加那些30岁以上的目前正从事在他们上学时不存在的工作的成人的数量。她认为，这样一种情况具有增长的趋势，对于那些正在接受正式教育的年幼儿童来说，未来的就业甚至更不可预测。另外，克拉夫特还认为，未来需要的人才个体能力要不断增长，能进行创新，能够灵活地应对正在不断变化的但始终以日益市场化为特征的世界。她认为，创造力"需要使经济改革足够快来跟上消费主义"(p.21)。

克拉夫特确认的第二个驱使因素是社会驱力，它从如何看待学习的角度提供了最有用的观点。克拉夫特认为：

> 社会参与模式日益受个人偏好而不是义务或传统的驱使，这种变化的核心是选择……教育……需要逐渐调整来帮助儿童和青年人了解他们所面对的一系列选择，锻炼在想象潜力上的创造力，并且遵循可能性。(Craft，2011，p.21)

读者可能会回忆起他们听到较老的人哀叹过去的时光，在那些时候儿童会离开学校去进行一项交易或者成为一个学徒。当时的传统被严格地遵守着，男孩和女孩通常跟随着他们的爸爸和妈妈来选择职业。然而，流动性的增加是现在的许多儿童和青年人生活的特征。如今，青年人几乎期待着在离开学校后花一个"空档年"去旅游然后继续完成他们的大学学习，或者考虑在国外的澳大利亚或者新西兰工作一到两年。这样的机会在30年前是不可能存在的。

克拉夫特的最后一个驱使因素是科技，它的影响随处可见。她认为，数字科技是最重要的。所有的读者都知道了在前10年里科技的飞速发展，并且它带来的不仅仅有影响还在一些情况下控制了我们的生活。它对儿童的影响是巨大的，毫无疑问，学校和教师都会努力跟上这个领域的变革。现在许多儿童都有电脑和手机，他们可以在几秒内下载 App，这些 App 会给他们提供数量相当惊人的信息。而在前几十年里，他们只有去图书馆借书才能获得这些信息。数字科技的发展，再加上有必要的资金去购买，意味着当今的大多数儿童需要在他们的思考和学习上比以前的人更有创造力。也许更重要的是，我们需要更全面地认识到，对于许多尽管不是大部分的儿童来说，掌握数字科技是具有极其强大的能力的，他们通过这种手段逐渐定义自己。

📖 练 习

思考年幼儿童是如何通过使用不同的数字科技来将他们自己定义为个体的。学校应该参与帮助或者挑战学习和发展的这一方面吗？

三、在社会中学习工作越来越受到经济因素的推动

最近，克拉夫特(2011，p. 5)关注了存在于儿童和他们的父母、社会之间以及日益重要的经济全球化之间的密切和不可避免的相互依存的关系：

在 21 世纪早期，家庭、儿童和青年人充分利用了经济全球化……就业的改变以及经济发展和再发展的速度意味着创新、创造力、事业以及传统的技术和知识对成功都是很重要的。

这个观点引起了一些关注，最特别的可能是变革发生的速度以及许多儿童不能从中受益，尽管这些基本的机会对那些出生在认为事业、创造力和创新思维是未来成功的因素的富裕家庭中的儿童是开放的。这对那些成长在收入不足、父母努力争取收支平衡并且得不到基本设施的家庭中的儿童的学习和社会性、情绪发展的影响，是不可低估的。在这里有一个有用的切入点是布朗芬布伦纳(见第五章)的著作。在涉及他的著作前让我们先来看下面两个案例，它将会帮助我们探索布朗芬布伦纳的观点。

📶 案 例

妮古拉 8 岁了，被她的教师描述为"一个非常外向并且努力的小女

孩"。她与她的单亲妈妈珍妮特一起生活了 6 年，她的弟弟迈克尔 3 岁了。她的异父哥哥韦恩 14 岁，他是戴伦的儿子，戴伦是她妈妈的新的另一半。珍妮特在一年前遇到了她的新的另一半戴伦，6 个月后戴伦和他的儿子搬到了珍妮特的家。在他们搬进来和珍妮特住的一小段时间里，戴伦变得十分具有攻击性并且对妮古拉和其他孩子进行口头虐待。当他生气的时候，妮古拉和迈克尔总是很害怕的。迈克尔进入了当地的一所幼儿园并且开始模仿戴伦的攻击性行为。妮古拉的妈妈珍妮特自从妮古拉出生后就没有工作，在那之前她也只是为朋友做过临时工。自从在 16 岁怀上了妮古拉离开学校后，珍妮特就失去了福利。妮古拉的教师最近描述她的阅读极差，教师强调妮古拉仍然不能以正确的顺序背诵字母表并且只有在被要求的时候才会读。妮古拉的教师还报告说她"不擅长建立和维持友谊"并且"不断地寻求学习支持助手的注意"。在她 8 岁零 10 个月的时候，她的教师记录到她的阅读和拼写年龄分别是 6 岁零 3 个月和 6 岁零 2 个月。

与妮古拉在同一个班级的丹也是 8 岁，被他的教师描述为"社交很熟练并且善于表达，总是渴望参与并且非常勤奋"。他在家里和爸爸妈妈生活在一起，他有两个哥哥和一个 3 岁的妹妹劳拉。丹的父母是正规教会的职员，也是当地教会协会的成员。他们也常常与丹的教师见面，并且从她那里获得自信。丹的父母都上过大学，并且从事的职业收入很高。他们有很广的交际圈，当他们被邀请到其他人的家里做客时，他们的孩子总是被鼓励与他们的朋友在一起。他们的朋友总是花时间与丹和他的哥哥们以及劳拉进行谈话，请他们谈论他们自己的学校、他们正在参加什么项目、他们未来想要研究哪类事物以及他们在毕业后会选择什么事业。他们通常与丹和劳拉分享他们读大学时的故事。丹的父母对他非常有耐心并且喜欢花时间带他、他的哥哥们和妹妹去博物馆、公园和度假，他们认为在这些活动中他们的孩子不仅能够在身体和社会方面得到发展，还能了解其他文化。丹在上学前就会读书了并且这给了他很大的自信，因为他比其他大多数同龄人的阅读速度都快。在一年级结束时，他的阅读和拼写年龄都超前于他的年龄，教师记录到的他在 8 岁零 6 个月的阅读和拼写年龄分别是 10 岁零 3 个月和 9 岁零 2 个月。他的教师说他的词汇"非常高级"。丹的社会化程度很高，他很自信并且有很多朋友。

布朗芬布伦纳(1979；Bronfenbrenner and Ceci 1994)的理论可以帮助

我们理解像妮古拉和丹这样的孩子是如何在当今日益受全球经济因素以及增长的消费主义和物质主义驱使的动态社会中成长的。布朗芬布伦纳强调了学习"发展环境"或者"发展的生态"的重要性(Smith et al.，2003：9)。我们以长大后并且在读中学一年级的妮古拉和丹的情况为例。

案　例

7年过去了，妮古拉和丹现在在中学就读，他们正在为正式的普通中等教育证书的考试做准备。妮古拉的妈妈与她的另一半分手了，现在与另一个带有两个分别是3岁、9岁的孩子的人住在一起。他们都没有工作。妮古拉有几次被学校停课了，因为她有两次被警察警告有在商店里盗窃的行为。每个晚上，她都在房间里用电脑与其他人交流。当丹的妈妈在他小学的最后一年去世的时候，丹经历了很大的困难。后来他的爸爸又结婚了，丹现在与他的继母和她的那个十几岁的孩子生活在一个他爸爸买的更大的新房子里。

很显然，妮古拉和丹都经历了生活中的重大变故。

从生活的早期开始他们就很不同，丹可以得到的机会比妮古拉多。丹的父母的期望总是很高，并且从他一出生他的父母就猜测他会在学校里做得很好，能够进入大学并找到一份专业性的工作。妮古拉的父母从来没有想过她会读大学，他们总是猜测她会在16岁时离开学校，在当地找一份工作，遇见某个人然后安顿下来。

在现代工业化社会中，一个关于青年人学习工作的进一步的思考是，随着社会大众越来越多地接受在教育中的治疗精神，这间接地使大量的青年人变成了易受伤害和焦虑的人而不是有抱负和有弹性的成年人(Ecclestone，2007；Ecclestone and Hayes，2009；Furedi，2004)。也许比起以前，现在有更多的儿童在心理弹性的发展过程中需要得到帮助。尽管在前几个世纪的儿童经历了严重的贫困，但是如今的儿童正经历着物质主义增长、更多的进入成人世界的机会，承受着被渴望成功和被接受驱使等新的压力。所有的这些因素均影响了儿童的学习和他们的创造力，以及他们作为人类的最终成功。他们的改变不仅仅是快速变化的全球背景的产物。进一步来讲，关于创造力、学习和成功的潜在担忧是儿童真正阅读的程度和儿童的学习在将来如何受缺少独立阅读的动机和未来的阅读乐趣的减少的影响。

四、学习和阅读：展望未来

学习和发展个人创造力的核心不仅是阅读考试所需的课程的需要，还是快乐和自我实现的需要。在这个时候，我们马上就可以想到诗歌和戏剧的创作本质，以及儿童现在可以在电子设备上下载的无数的书而不是去买真正的书。

克拉克(Clark)和朗博尔德(Rumbold)(2006)认为阅读乐趣与阅读和写作的成就、阅读理解、常识和词汇的发展、对其他文化的更多的理解和见解、人类自身的本质、作为一个阅读者不断增长的自信、也许最重要的是在成年阶段里更多的阅读乐趣呈积极相关。其他人(Appleyard，1991；Benton and Fox，1985；Fisher，2008)进一步提出，在情感层面进行文字阅读不仅有助于提高高阶阅读技能，还有助于社会和个人的发展。

当我们考虑并充分认识到阅读所带来的重要的益处时，毫无疑问，学校和教师不应该过分地将自己限制在教授阅读的技能上，还应积极寻求发展儿童对阅读的热爱，也许更重要的是对读写各方面的热爱。然而，研究(Cremin et al.，2008b，2009)表明，许多教师自己并不是像他们建议的读者那样去阅读的。鉴于这种情况，那么也许培养儿童一生的阅读兴趣的重要的第一步是，试着去理解为什么许多教师从一开始就已经摆脱了阅读的乐趣和自我实现，以及他们对自己作为读者的看法。

媒体中流行的解释也常常展现出英国一代儿童的沮丧的画面，与其他国家的儿童相比，他们不能独立阅读和享受阅读。然而，这样的解释并没有叙述整个事实，并且可能甚至扭曲了正确的事实。实际上，很多儿童很享受阅读(Clark and Rumbold，2006)。实际上，塞恩斯伯里(Sainsbury)、斯哈亨(Schagen)和克拉克森(Clarkson)已经暗示了一个事实，孩子对阅读的态度已经发生了改变，尤其是阅读的动机在 1998 年国家文化战略(National Literacy Strategy)(NLS)被提出的 5 年后就已经削弱了，这似乎将许多学校和教师限制在一种非常规范的阅读教学方式。

时不时地就会有人提出对这个问题的关切(Dombey，1998；Frater，2000；Sainsbury and Schagen，2004；Clarke et al.，2008)，这些过度煽动和过度结构化的观点可以说是狭义地强调了语音和文本分析的教学。在 20 世纪 90 年代的英国，语音和文本分析成为小学教学阅读特点的"读写时间"的一部分。尽管这可能导致了阅读能力的提高，但是孩子的阅读享受降低了。其他人（Bearne et al.，2007；Clark and Osborne，2007；Cremin et al.，2008b)也表示，儿童校外阅读材料的多模式文本的扩散可能被认为也在减少儿童的阅读乐趣中发挥着重要作用。

毫无疑问，动机在影响儿童和青年人的更广泛的阅读意愿并将诗歌、剧本、戏剧和小说这些文学方面纳入他们的阅读范围发挥着至关重要的作用。尽管还有一些争论似乎在反对内在动机和外在动机的作用，但是温菲尔德（Wigfield）和格思里（Guthrie）(1997)认为像渴望被认可、更好的分数或者比同龄人做得好的挑战这种外在的奖赏能够大大地增强内在动机。对于它本身来说，奖赏来自对阅读的渴望。

教育标准办公室（2004）的一份报告《阅读的目的和乐趣》（*Reading for Purpose and Pleasure*)表明，很少有学校能"成功地吸引那些人的兴趣，即使是有能力的阅读者，也不是为了乐趣而进行阅读"(p.4)，学校也没有建立起孩子自己的兴趣。教育标准办公室的学科报告《英语2000—2005》（*English 2000—2005*)也描述了教师更多地采用了阅读的工具，更加强调了引入给学生提供发展写作技巧的潜力的文本，这种做法往往以牺牲支持学生朗读的时间为代价，而大多数（如果不是全部）的这种文本的读者都会自觉地记住他们的这种情况。

洛克伍德（Lockwood）(2008)指出了几个能与增强阅读动机联系起来的教室实践的重要特征。在这其中，儿童需要有进入书本丰富的环境的机会，有机会选择和讨论阅读材料，并且非常重要的是教师要像塑造儿童的阅读一样塑造他们自己的阅读行为和动机。然而，最后一个特征很可能会造成一些困境。因为像前面说过的，如果教师自己不是读者，那么他们怎么能给他们的学生做出行为榜样呢？同样地，如果他们对儿童读物没有全面的知识，那么他们怎么能够成功地增强儿童的阅读兴趣呢？这个明显的难题需要我们去进一步分析。

大约在50年前，钱伯斯（Chambers）(1969，p.117)提到教师是"不情愿的读者"。这表明实际上在教师中那些狂热又贪婪的读者更有可能在他们的学生中养成积极的有目的的阅读习惯。钱伯斯的观点继续成了教室实践的研究主题。例如，教育标准办公室在它的报告《阅读的目的和乐趣》中强调了教师在向学生介绍文学作品时的重要作用，如向他们介绍新的作者和不同的文章。通过这样做，教育标准办公室认为教师就能走上培养学生的更积极的阅读态度的道路。最近，洛克伍德（2008）在一项对来自 40 所学校的教师的调查中，证实了英语学科带头人一直相信在市场上可得到的对文本的范围和种类的知识和理解是重要的因素。

然而，克雷明等人（Cremin et al.）（2008c）对英国文化协会（United Kingdom Literacy Association）的报道证实了教育标准办公室的关于许多小学教师过度依赖作品太狭窄的作者包括诗人的断言。结果表明，在 1200 个小学教师样本中超过 50% 的教师不能说出两个以上的绘本作者，25% 的教师一个也说不出来。实际上儿童和教师读的内容非常重要。米克（Meek）（1998）发现读了一系列的有质量的绘本的儿童比那些只读了常规读本的儿童表现出了对阅读的不同态度。

五、学习和网络交流

毫无疑问，网络对儿童和青年人的生活有极大的影响。考伊（2012）提出大多数英国儿童第一次接触网络的平均年龄是 7～9 岁。考伊还强调了整个欧洲的儿童都在远离他们亲近的家人和隐私，都在增加他们在网上花费的时间(p. 110)。她还说，目前在英国，大约有 65% 的 11～16 岁的儿童透露他们在社交网站上有登记他们的个人资料。相当令人担忧的是，她还说 27% 的儿童向成人提供了不正确的年龄。我们能够推测他们使用的是更大的年龄。

向一个又一个人发信息、进入聊天室、社交平台等意味着儿童可以立即访问他人。科技的进步加速了交流。网络交流为新的学习提供了大量的机会以及去接触住得离儿童很远的社区的其他人的可能性。以上面妮古拉和丹的情况为例，他们自从上小学后就有了手机。他们定期在社交网络上与他人交流并且几乎能够立马与其他国家的同龄人连线。丹最近同三个美国的同龄人进行了谈话，他的父亲通常向他讲网络交流的所有方面，他的父亲不仅把它看作社交活动，还把它看作发展丹的信息通信技术的机会，他的父亲希望他去管理自己的社交时间并且学习对它的使用负责。丹越来越能够准确地了解交流的重要性，并且以他的听众来决定他的交流方式。像丹一样，妮古拉每天都通过家里的电脑和她的手机进行社交。他们都了解到了其他人的生活并且分享了自己的经历，还会探索其他人的经历。通过这种方式，他们探索其他社会的以及他们自己的社会的文化。

网络交流意味着儿童和青年人的社会交流不再像以前一样受限于他们亲近的社区。他们可以同其他社区甚至其他国家的儿童建立友谊。这对于那些有听力损伤或者具有影响他们的能动性的感觉障碍的儿童和青年人来说尤其有益。此外，网络交流也能够使社会交流减少甚至被隔离起来，并且对家庭的凝聚力和与家人在一起的时间有负面影响，像上面的妮古拉大多数晚上都在自己的卧室里用电脑与别人交流的情况。

儿童越来越多地把互联网作为采集自我帮助方面的信息的手段，并且作为一种他们能够表达自己的感受和情绪的手段。这种手段是否能够帮助儿童和青年人在情绪方面的发展还有待证明。但是我们必须意识到，网络正在削弱父母的参与度。在学校里教师在日常生活中使用网络去进行学生教学工作。现在有许多不同的网站只有教师才能进入。

📖 练 习

> 思考对于早教从业者和教师来说具有信息通信技术领域的全面的知识和技能有多么重要并且他们的知识或者知识不足会如何影响儿童在将来的社会和学业进步。

最令人担心的是，网络交流中的网络欺凌和骚扰不仅会对儿童的学习还会对社会性及情绪的发展产生有害影响。在被报道过的最极端的案例中，青年人与那些想要自杀的人聊天。考伊（2012）提到网络欺凌是心理欺凌的一种隐蔽形式，它通常使用电子设备主要是手机来骚扰、跟踪、捉弄、孤立和诋毁他人。她引用了史密斯等人（2008）进行的对超过 500 名中学生的调查，并且总结出网络欺凌的发生率是 6.6%。一个月大约有两个或三个事例发生，每周一次或两次的发生率为 15.6%，77.8% 的中学生报告他们从来没有经历过网络欺凌。考伊认为相当令人担忧的是：

> 网络欺凌随年龄而增多，并且大部分被报告的网络欺凌的类型是消息（9.9%）和短信（6.6%）……在这些儿童中最脆弱的是网络欺凌者和网络受害者。这与传统的欺凌受害者倾向于面对更大范围的心理问题、犯罪和自杀念头的极大风险的研究结果是一致的……青年人现在有能力通过电子邮件或者短信将同龄人排除在社会网络之外……（2012，p. 114）

很显然，儿童作为受网络欺凌的一方会经历严重的不适感，这肯定会对他们在学校里的学习和进步产生影响。通常大多数这样的感受会从青少年时期贯穿到成年人阶段。因为这些原因，对于这个最近发展很快的现象，学校的积极处理势在必行。大部分的学校都将会有合适的政策和实践来阻止网络欺凌并且帮助那些受到伤害的儿童。这就是说，它会继续发生，学校和教师必须保持高度警惕。

许多儿童在上学过程中还会受到特定的学习障碍的影响，如阅读障碍和运动障碍。通常，许多这样的儿童需要努力地与他们的教师和同龄人进行交流，发挥他们的真正能力以及天生的潜力。以 17 岁的唐娜为例，在学校里努力学习了几年后，因为她的特定的学习障碍被一个教育心理学家评估，之后她成功地考入了大学。教育心理学家的报告摘录表明了她经历的困难的程度。但更特别的是，她通过技术的使用在大学中受益，把她安置在学校旁边的一个地方帮助她认识到了自己的潜力。

案　例

转　诊

我在唐娜父母的请求下见到了唐娜，她的父母希望更好地了解唐娜当前的智力水平并为她的大学学习确定合适的干预。唐娜的父母告诉我唐娜"在小学和现在的中学阶段经历了重大困难"，并且她的教师向他们描述唐娜是"一个非常努力的并且很善良的可爱的女孩"，但是"她不是一个具有很高的学业水平的孩子"。

对唐娜的采访

唐娜是一个非常愉快的且非常喜欢表达自己的青年人……她有实现的动机……在评估中唐娜坚持下来了所有的给她的任务，即使她在过程中发现她在一些任务上存在很明显的困难。

智力功能

心理测验提供了以下情况（见表 10.1）。

表 10.1　韦克斯勒成人智力量表（WAIS III UK）

	百分位数	指数分数	自信水平 95%
言语理解	99	134	125～139
知觉推理	70	108	100～115
工作记忆	1	65	60～75
加工速度	1	65	60～78

通常 2/3 的学生被认为处于平均水平，这个范围被表现为第 16 百分位数至第 84 百分位数，第 16 百分位数是平均水平最低的一端而第 84 百分位数是平均水平最高的一端。第 85 百分位数越往上代表越来越高的能力水平，第 95 百分位数表示能力最高的 1%。在这个范围的另一端，第 1 百分位数表示能力最低的 1%。

唐娜的读写水平的额外评估结果如下：

很显然，唐娜被期待有非常强的智力功能的读写水平非常低，这导致了她在学校里甚至在很早的时候就经历了重大困难。

数据结果讨论

我们要特别注意的是唐娜在言语理解和知觉推理项目上的百分位数与工作记忆和加工速度的百分位数之间的差异。

对唐娜的读写能力的测验结果见表 10.2。

表 10.2　韦克斯勒个人成就测验（WAIS II UK）

	标准分	百分位数
词语阅读	96	39
阅读理解	112	79
拼写	69	2

结　论

总的来说，很显然，唐娜的认知能力（表 10.1）与读写能力（表 10.2）之间存在着显著差异……评估表明，唐娜在试图表达自己在写作上的理解水平时有特别的困难。在拼写和句子结构上的困难会影响她的准确的书写能力，尤其是当唐娜在有压力的情况下，如在考试环境中或者在有时间限制的课堂写作测验中完成任务时她会出现很大的困难。似乎我也是这种情况，唐娜也试图同时处理涉及书面符号信息和口头指令的一些操作，如在全班提问和回答期间。

建　议

我会建议唐娜在大学学习时配备一项技术评估使合适的信息通信技术（如一台用来记笔记的录音机以及相关的软件）能够被识别，这会使她的学术计划得到实施。特别是我建议唐娜应该做到以下几点。

· 被鼓励去通过使用录音机来发展她的能力，录音机可以录下讲座，唐娜可以将它作为一种方法在进行任何考试或者写作测验时来组织复习。

- 以信息通信技术为基础，被积极地支持去增长知识，提高技能，扩展她如何在这样的知识和技能的基础上帮助她完成在大学里的学习的想法。

- 定期接受来自学习技能导师的专业帮助，他们在进行有特殊学习障碍(像阅读障碍和运动障碍)的儿童的工作上是合格的且有经验的。他们可以帮助唐娜使她能够选择用电脑和键盘来完成考试。

- 在任何的正式的考试中被给予额外的时间(25%)使她能够做到以下几点。

1. 以一种可以表现出她的能力和潜力的方式在有限的时间里正确地理解问题和说明并有效率地加工书写符号信息。

2. 检查她的写作的准确性。

3. 检查她正在阅读以及将要回答的内容。

4. 撰写和执行书面证据，以证明她在正在被考查的科目上的相关专业知识和理解。

上面的例子说明许多具有学习障碍的儿童可以从干预中获益。唐娜的情况中的令人担忧的内容也是许多其他的儿童和青年人的情况，就是她直到接近正式教育结束的时候才能得到评估并且她本可以从信息通信技术中获益但她却做不到；因为她在学校里待的时间太久了，她不能跟其他人交流她的非常高的能力水平。

学校和教师意识到了网络交流的好处，以及网络交流如何通过支持他们的社会和学业发展来影响儿童和青年人的学习，这变得越来越重要。在唐娜的案例中，人们可能会认为如果她能够早点通过发展她的信息通信技能来获得支持，那么她可能就已经能够使用媒介来表现她的高水平的推理能力以及要做得很好的动机。她也不会因为关于有特定学习障碍的儿童应该继续把书写作为主要的方式来表达他们自己以及与别人交流自己的想法这一过时但持久的想法被隐藏。

＊　　　　　　＊　　　　　　＊

总　结

本章旨在考察 21 世纪的儿童的性质以及它是如何改变的。很显然，在英国这个工业化世界中长大的儿童大多都亲眼看到过药物滥用、家庭虐待和暴力。在 20 年前，我们几乎难以想象现在会有那么多的儿童能够接触媒体。这影响了儿童学习的实质，在未来也会以一种我们现在想象不到的方式来加深这种影响。由此，我们需要去探索创造力、学习和成功之间的联系的重要性，去考虑儿童的学习如何受经济因素的影响。现今一些主流文化的改变使儿童必须学会在全球环境中工作，而这样的挑战越来越大。

网络交流的增多正改变着儿童的学习方式，教师越来越成为在学习过程中的促进者。我们都可以推测在接下来的几十年里学习会如何发生，并且需要所有的以儿童为工作对象的从业者打开思路去思考那些新的理论家和哲学家的观点，像在第一章中讨论的，批判性地对待真理以及为什么要这样做，毕竟我们是从事学习的。英国的一个看似令人担忧的发展是很多的教师和早教从业者似乎与检查的本质有关。在最近与两位学者的关于教师培训的讨论中，作者认为教师培训在教育和学习实践中是"非常昂贵且没有成效的""野蛮的""沉闷的"并且"恶劣的"。当然这样的观点需要谨慎对待。正是因为这个原因，当所有的以儿童为工作对象的从业者企图抓住问题的重中之重时需要保持开放的心态去思考儿童是如何学习的。

推荐阅读

Buckingham, D. (2000) *After the Death of Childhood：Growing up in the Age of Electronic Media*. Cambridge：Polity Press.

Cowie, H. (2012) *From Birth to Sixteen：Children's Health, Social, Emotional and Linguistic Development*. London：Routledge.

Craft, A. (2011) *Creativity and Education Futures：Learning in a Digital Age*. Stoke on Trent：Trentham Books.

Ecclestone, K. and Hayes, D. (2009) *The Dangerous Rise of Therapeutic Education*. London：Routledge.

参考文献

Appleyard, J. (1991) *Becoming a Reader：The Experience of Fiction from Childhood to Adulthood*. Cambridge：Cambridge University Press.

Ariès, P. (1962/1986) *Centuries of Childhood: A Social History of Family Life*. London: Penguin Books.

Bearne, E., Clark, C., Johnson, A., Manford, P., Mottram, M. and Wolstencroft, H. (2007) *Reading on Screen*. Leicester: United Kingdom Literacy Association.

Benton, M. and Fox, G. (1985) *Teaching Literature: Nine to Fourteen*. Oxford: Oxford University Press.

Bronfenbrenner, U. (1979) *The Ecology of Human Development*. Cambridge, MA: Harvard University Press.

Bronfenbrenner, U. and Ceci, S. J. (1994) Nature-nurture reconceptualized in the developmental perspective: a bioecological model, *Psychological Review*, 101(11): 568-86.

Buckingham, D. (2000) *After the Death of Childhood: Growing up in the Age of Electronic Media*. Cambridge: Polity Press.

Chambers, A. (1969) *The Reluctant Reader*. Oxford: Pergamon Press.

Clark, C. and Osborne, S. (2007) *Demystifying the Reluctant Reader*. London: National Literacy Trust.

Clark, C. and Rumbold, K. (2006) *Reading for Pleasure: A Research Overview*. London: National Literacy Trust.

Clark, C., Osborne, S. and Akerman, R. (2008) *Young People's Self-perceptions as Readers: An Investigation Including Family, Peer and School Influences*. London: National Literacy Trust.

Cowie, H. (2012) *From Birth to Sixteen: Children's Health, Social, Emotional and Linguistic Development*. London: Routledge.

Craft, A. (2011) *Creativity and Education Futures: Learning in a Digital Age*. Stoke on Trent: Trentham Books.

Cremin, T., Mottram, M., Bearne, E. and Goodwin, P. (2008a) Exploring teachers' knowledge of children's books, *Cambridge Journal of Education*, 38(4): 449-64.

Cremin, T., Mottram, M., Goodwin, P. and Bearne, E. (2008b) Primary teachers as readers, *English in Education*, 42(1): 8-23.

Cremin, T., Mottram, M., Collins, F. and Powell, S. (2008c) *Building Communities of Readers*. Leicester: UKLA.

Cremin, T., Mottram, M., Collins, F., Powell, S. and Safford, K. (2009) Teachers as readers: building communities of readers. *Literacy*, 43(1): 11-19.

Cuthbert, C., Rayns, G. and Stanley, K. (2011) Available at: All babies count: prevention and protection for vulnerable babies: a review of the evidence, National Society for the Prevention of Cruelty to Children, November. Available at: http://www.nspcc.org.uk/inform/resourcesfor-professionals/ underones/all-babies_count_wda85568. html.

Dombey, H. (1998) Changing literacy in the early years of school. In B. Cox (ed.) *Literacy is not Enough*. Manchester: Manchester University Press and Book Trust.

Ecclestone, K. (2007) Resisting images of the 'diminished self': the implications of emotional well-being and emotional engagement in education policy, *Journal of Education Policy*, 22(4): 455-70.

Ecclestone, K. and Hayes, D. (2009) *The Dangerous Rise of Therapeutic Education*. London: Routledge.

Edmunds, K. and Tancock, S. (2003) Incentives: the effects on the reading motivation of fourthgrade students. *Reading Research and Instruction*, 42 (2): 17-37.

Fenton, B. (2006) Junk culture 'is poisoning our children', *Daily Telegraph*, 12 September, p. 1.

Fisher, A. (2008) The magic of poetry, *English Four to Eleven*, 23: 7-11.

Frater, G. (2000) Observed in practice, English in the National Literacy Strategy: some reflections, *Reading*, 34(3): 107-12.

Furedi, F. (2004) *Therapy Culture: Cultivating Vulnerability in an Uncertain Age*. London: Routledge.

Gray, C. and MacBlain, S. F. (2012) *Learning Theories in Childhood*. London: Sage.

International Labour Force (2005) *A Global Alliance Against*

Forced Labour: Global Report Under the Follow-up to the ILO Declaration on Fundamental Principles and Rights at Work 2005. Geneva: International Labour Force Office.

James, O. (2007) *Affluenza*. London: Vermillion.

Jenks, C. (1996) *Childhood* London, Routledge.

Lockwood, M. (2008) *Promoting Reading for Pleasure in the Primary School*. London: Sage.

Magliano, T. (2005) The world's working children, *Catholic News Service*, posted 06.09.05 at http://www.freerepublic.com/f-religion/1420002/posts (accessed 25 September 2013).

McDowall Clark, R. (2010) *Childhood in Society*. Exeter: Learning Matters.

Meek, M. (1988). *How Texts Teach What Readers Learn*. Stroud: Thimble Press.

Office for Standards in Education (Ofsted) (2004)*Readng for Purpose and Pleasure*. London: Ofsted.

Office for Standards in Education (Ofsted) (2005) *English 2000—2005: A review of inspection evidence*. London: The Stationery Office.

Office for Standards in Education (Ofsted) (2010a) *Learning: Creative Approaches that Raise Standards*. London: Ofsted.

Office for Standards in Education (Ofsted) (2010b) *The Special Educational Needs and Disability Review*. London: Ofsted.

Office for Standards in Education (Ofsted) (2013) *What About the Children?* Joint working between adult and children's services when parents or carers have mental ill health and/or drug and alcohol problems. Manchester: Ofsted.

Prout, A. (2005) *The Future of Childhood: Towards the Interdisciplinary Study of Children*. London: Falmer Press.

Qualifications and Curriculum Authority (QCA) (2004) *Creativity: Find It, Promote It*. London: QCA.

Sainsbury, M. and Schagen, I. (2004) Attitudes to reading at ages nine and eleven. *Journal of Research in Reading*, 27 (4): 373-86.

Sainsbury, M. and Clarkson, R. (2008) *Attitudes to Reading at Ages Nine and Eleven: Full Report*. Slough: National Foundation for Educational Research (NFER).

Schostak, J. (1991) *Youth in Trouble*. London: Kogan Page.

Smith, K. S., Cowie, H. and Blades, M. (2003) *Understanding Children's Development* (4th edn). Oxford: Blackwell.

Smith, P. K., Mahdavi, J. and Carvallo, M. (2008) Cyberbullying: its nature and impact in secondary school pupils, *Journal of Child Psychology and Psychiatry*, 49(4): 376-85.

Wigfield, A. and Guthrie, J. (1997) Relations of children's motivations for reading to the amount and breadth of their reading, *Journal of Educational Psychology*, 89(3): 420-32.

Woodhead, M. (2005) Children and development. In J. Oates, C. Wood and A. Grayson (eds) *Psychological Development and Early Childhood*. Oxford: Wiley-Blackwell, pp. 9-46.

Zelizer, V. (1985/1994). *Pricing the Priceless Child: The Changing Social Value of Children*. Princeton, NJ: Princeton University Press.